地方財政改革の検証

橋本恭之・鈴木善充・木村真・小川亮・吉田素教[著]

清文社

はしがき

　わが国では，さまざまな改革が実施されてきたが，その改革がもたらした影響を充分に吟味することなく，あらたな改革が提案されることも多い。マスコミや学界においても，改革が実施される前には活発に議論が展開されるものの，改革が実施された後にその効果を検証することは少ない。本書のタイトル「地方財政改革の検証」は，これまでおこなってきた改革を「検証」するという地道な努力が必要だというメッセージを込めたものとなっている。

　本書は，2000年代に実施された三位一体の改革を中心とした地方財政改革を検証することと，地方財政改革を題材としたテキストという2つの目的で執筆したものである。地方財政の通常のテキストは，複雑な地方財政制度を対象とするために，ハードルが高くなってしまう。ふるさと納税や夕張市の事例など，学生にも関心を持ちやすいトピックスを盛り込むことで，地方財政への理解が深まることを期待している。

　本書の全体的な構成は，序章と4部12章からなっており，第1部では地方税改革について，第2部では地方交付税改革，第3部では国庫支出金改革，第4部では財政再建について取り扱っている。序章では，地方財政改革全体の流れを概観し，主な議論を紹介することで地方財政改革全体を俯瞰する。第1部では，地方税改革の概要を説明したうえで，税源移譲，ふるさと納税というトピックスをとりあげて各種の分析を提示している。第2部では，地方交付税改革の概要を説明したうえで，三位一体の改革による交付税の構造変化を検証している。第3部では，国庫支出金改革の概要を説明したうえで，三位一体の改革に伴い，各地方団体の国庫支出金がどのような影響を受けたのかを検証している。第4部では，地方財政健全化法の概要を説明したうえで，健全化法のもとで財政再建の途上にある夕張市の事例を紹介している。さらに，地方財政の持続可能性についての計量分析をおこなっている。

　本書は，各部の地方財政改革の概要を学んだうえで，学部ゼミナールにおいて，卒業論文の作成に取り組んで欲しいという想いで執筆したものである。各

部でおこなわれている改革の検証の章は，地方財政の分野での卒業論文のサンプルでもある．本書では，第12章を除けば高度な計量分析のテクニックを駆使しているわけではない．第12章では，近年地方財政の分析においても使用されることが多くなったパネル分析をおこなっている．第12章で提供しているパネル分析に関する補論を参考にして，より高度な分析ツールを用いた研究にもトライして欲しい．

　本書は，橋本が木村，鈴木と共同しておこなった夕張市の財政再建の研究を出発点としている．その後，橋本が鈴木と共同でおこなったふるさと納税に関する研究を加え，さらに，小川，吉田にそれぞれ，第２章，第12章の執筆を依頼し，地方財政のテキストとしても利用可能にするための章を加えて作成したものである．夕張市の財政再建，ふるさと納税に関する研究の過程では，総務省の基本問題研究会（座長：堀場勇夫 青山学院大学教授）での報告において，研究会のメンバーから貴重なコメントをいただいた．また，元総務省大臣官房総務課長，内閣府官房参与，福島復興再生総局事務局長の岡本全勝氏には，本書で使用したデータの入手等に際して，総務省各課の担当者をご紹介いただいた．政府の要職にありながら，ご助力をいただいた岡本全勝氏には深く感謝したい．総務省，夕張市，増毛町でお世話になった方々にも深く感謝したい．

　なお，第11章の研究に関し，木村はJSPS科研費，基盤研究（B）・課題番号25282094の助成を受けた．第12章の研究に際し，吉田はJSPS科研費，基盤研究（C）・課題番号25380309の助成を受けるとともに，大阪府立大学大学院経済学研究科助成室にデータ入力の面でご協力いただいた．これら関係機関に対して深く感謝の意を表したい．本書を出版するにあたっては，清文社の冨士尾榮一郎氏と，佐伯奈月氏に大変お世話になったことも記して深く感謝したい．

　最後に，我々全員の恩師である大阪大学名誉教授の本間正明先生に本書を捧げたい．

　　2017年３月

　　　　　　　　　　　　　　　　　　　　　　　　　　　　著　　者

目　　次

序章　地方分権改革の潮流
第1節　地方分権改革の推移と影響……………………………………………1
　(1)　地方分権改革の推移　1
　(2)　地方分権改革の影響　5
第2節　地方分権改革論議…………………………………………………………7
　(1)　地方分権の理論　7
　(2)　地方分権推進委員会最終報告　10
　(3)　地方分権改革論議　11

第1部　地方税改革

第1章　地方税改革の概要
第1節　地方税の現状と推移……………………………………………………17
　(1)　地方税体系の現状　17
　(2)　地方税改革の推移　23
第2節　地方税の仕組み…………………………………………………………25
　(1)　個人住民税　25
　(2)　地方消費税　26
　(3)　固定資産税　28
　(4)　地方法人課税　28
第3節　地方税改革の理論………………………………………………………30
　(1)　地方税固有の原則　30
　(2)　伝統的税源配分論　32
　(3)　新しい税源配分論　33

第2章　三位一体の改革の税源移譲と地域間税収格差
第1節　住民一人当たり所得割の地域格差に関する推移………………………37
　(1)　住民一人当たり所得割の都道府県間格差　37
　(2)　住民一人当たり市町村民税所得割の市町村間格差

　　　　（大阪府・奈良県の市町村）　40
　第2節　税源移譲が地域間税収格差に影響する仕組み……………………………40
　　⑴　税制改正の内容　41
　　⑵　地域格差に与える影響の仕組み　46
　　⑶　識別すべきほかの変動要因　51
　第3節　税源移譲による税収格差変動の試算…………………………………………52
　　⑴　住民一人当たり税源移譲額の算出　53
　　⑵　変動係数の比較　58
　第4節　まとめ……………………………………………………………………………59

第3章　ふるさと納税制度の検証
　第1節　ふるさと納税の仕組みと現状…………………………………………………61
　　⑴　ふるさと納税の仕組み　62
　　⑵　ふるさと納税の現状　65
　第2節　ふるさと納税制度の検証………………………………………………………73
　　⑴　寄附の経済効果　73
　　⑵　ふるさと納税の分析　75
　第3節　増毛町のヒヤリング結果について……………………………………………80
　第4節　ふるさと納税制度の課題とその改善策………………………………………87
　　⑴　ふるさと納税研究会報告書　87
	⑵　ふるさと納税制度の問題点とその改善策　89

第2部　地方交付税改革

第4章　地方交付税改革の概要
　第1節　地方交付税の仕組み……………………………………………………………95
　　⑴　交付税財源　95
　　⑵　交付税の配分方法：基準財政需要額の算定　98
　　⑶　交付税の配分方法：基準財政収入額の算定　104
　　⑷　地方交付税配分の仕組み　106
　　⑸　交付税総額の決定　108

第 2 節　地方交付税改革の議論……………………………………………… 111
　　(1)　地方交付税の機能　111
　　(2)　地方交付税改革の推移　112
　　(3)　交付税改革の議論　119

第 5 章　交付税改革の検証
第 1 節　地方交付税の現状 ……………………………………………………… 121
第 2 節　基準財政需要額の構造変化……………………………………………… 123
　　(1)　基準財政需要額の構造変化　123
　　(2)　人口と面積による基準財政需要額の推計　125
第 3 節　基準財政収入額の構造変化……………………………………………… 135
第 4 節　まとめ…………………………………………………………………… 138

第 6 章　交付税改革が夕張市財政に与えた影響について
第 1 節　夕張市における地方交付税の推移……………………………………… 139
第 2 節　交付税改革が夕張市財政に与えた影響………………………………… 143
　　(1)　段階補正見直しの影響　147
　　(2)　包括算定経費の影響　149
第 3 節　まとめ…………………………………………………………………… 150

第 3 部　補助金改革

第 7 章　国庫支出金改革の概要
第 1 節　国庫支出金改革の推移…………………………………………………… 153
　　(1)　補助金の分類　153
　　(2)　国庫支出金改革の変遷　154
第 2 節　国庫支出金改革の議論…………………………………………………… 161
　　(1)　補助金の経済効果　162
　　(2)　先行研究での議論　164
第 3 節　国庫支出金改革の影響…………………………………………………… 165

第8章　国庫支出金の構造変化について―夕張市の事例
第1節　夕張市における補助金の推移 ……………………………………………… 168
(1) データの詳細　168
(2) 夕張市における補助金の推移　170
第2節　国庫支出金改革の検証 ……………………………………………………… 175
(1) 分析の手法　175
(2) 分析結果　184
(3) まとめ　188

第4部　財政再建

第9章　地方財政健全化法の概要
第1節　地方財政健全化法制定の経緯 ……………………………………………… 193
第2節　地方財政健全化指標の概要 ………………………………………………… 194
第3節　地方財政健全化法とその影響 ……………………………………………… 200
(1) 先行研究　200
(2) 健全化法と地方団体の財政状況　202
第4節　おわりに ……………………………………………………………………… 203

第10章　夕張市の財政再建
第1節　夕張市の財政再建計画と財政再生計画の概要 …………………………… 204
(1) 財政再建計画の概要　205
(2) 財政再生計画の概要　207
第2節　夕張市の現状 ………………………………………………………………… 209
(1) 夕張市財政の現状　209
(2) 財政再建計画，再生計画と決算額　214
(3) 財政再建・再生計画の総括　219
第3節　夕張市の公営事業会計と国保事業の現状と課題 ………………………… 223
(1) 夕張市の公営事業　224
(2) 夕張市の観光事業　226
(3) 市民病院閉鎖と診療所の民間委託　233

(4)　夕張市の国民健康保険会計　235
　(5)　夕張市の下水道事業　242

第11章　夕張市の財政再建と税収への影響
第1節　主要税目の推移……………………………………………………………… 246
第2節　財政再建と税収の変動……………………………………………………… 250
　(1)　個人住民税　250
　(2)　固定資産税　260
　(3)　地方法人課税　263

第12章　地方財政運営の持続可能性
第1節　地方財政の長期債務残高，地方債現在高，各財政指標の推移と
　　　　財政運営の傾向…………………………………………………………… 268
　(1)　国と地方財政の長期債務残高の推移と地方債現在高の推移　268
　(2)　地方自治体区分毎の各財政指標の推移　271
　(3)　地方自治体区分毎の財政運営状況　272
第2節　分析の狙い…………………………………………………………………… 273
第3節　公債の中立命題と経済の動学的非効率性………………………………… 274
　(1)　公債の中立命題成立の有無について　274
　(2)　経済の動学的非効率性成立の有無について　275
第4節　分析モデル…………………………………………………………………… 276
　(1)　モデルの基本的枠組み　277
　(2)　本章の分析モデル　278
第5節　分析対象・期間とデータ…………………………………………………… 281
　(1)　分析対象・期間　281
　(2)　データ　282
第6節　分析結果と国と地方の財政運営姿勢に関する総体的考察……………… 285
　(1)　推定方法　285
　(2)　推定結果　285
　(3)　国と地方の財政運営姿勢に関する総体的考察　292

第7節　まとめ………………………………………………………………… 296

補論：パネルデータ分析の基礎………………………………………………… 297
 （1）　パネルデータとは？　297
 （2）　パネルデータ分析の基本モデル　298
 （3）　モデルの選択　299
 （4）　ソフトウェア　299
文献案内………………………………………………………………………… 301

【索引】………………………………………………………………………… 303
【日本語文献】………………………………………………………………… 307
【外国語文献】………………………………………………………………… 314
【執筆者紹介】………………………………………………………………… 316
【執筆分担】…………………………………………………………………… 317

カバーデザイン＝前田俊平

序章　地方分権改革の潮流

　この章では，地方分権改革の経緯について学ぶ。2000年代に入って，日本では**三位一体の改革**を中心とする地方分権改革が実施されてきた。三位一体の改革とは，**国庫支出金**と**地方交付税**の削減と国から地方への**税源移譲**をセットとした改革である[1]。三位一体の改革以外にも，**地方財政健全化法**の制定，**ふるさと納税制度**の導入などの改革が実施されてきた。これらの改革は，いずれも地方分権を推進するための改革の一環として位置づけられる。三位一体の改革は，国への財源面での依存度を下げ，地方の自主財源を強化することで，地方が自ら集めた財源で，地方が責任をもって政策を実行することを期待するものである。地方財政健全化法の制定は，財政運営を自由化することで，地方団体が放漫な財政運営によって財政破綻してしまうリスクを軽減するために必要な措置であった。

　この章の具体的な構成は，以下の通りである。第1節では，2000年代以降の地方分権改革の経緯を時系列に沿ってみていく。第2節では，地方分権改革についての議論を先行研究での議論を紹介することで整理する。

第1節　地方分権改革の推移と影響

(1) 地方分権改革の推移

　地方分権の考え方は，1949年の**シャウプ勧告**にまでさかのぼることができる。シャウプ勧告では，事務配分においてまず市町村が担当し，市町村が担当できない事務を都道府県，そして国が担当するという**市町村優先の原則**が提示され

---

1) 国庫支出金とは，国から地方へ渡される使い途が限定されている特定補助金であり，地方交付税とは国から地方へ渡される使途が限定されていない一般補助金である。それぞれ詳しくは本書の第7章，第4章を参照されたい。

ていた。だが、シャウプ勧告によって地方分権が進んだとはいえなかった。たとえば、橋本徹（1988）は、「現実には、高度経済成長の過程で、国の関与・地方行政に対する統制は、高まった」と指摘している[2]。

地方分権をめざした改革が実現するベースとなったのが、2000年（平成12年）4月に施行された**地方分権一括法**である。それは、国と地方の役割分担の明確化、**機関委任事務**制度の廃止、国の関与のルール化などを決めたものである。機関委任事務とは、地方団体の長などを国の地方出先機関とみなして事務を行わせるものであった。これまで機関委任事務とされていたものは、国が直接実施する事務、原則として地方団体が自らの責任と判断で行う**自治事務**と、地方自治体の事務であっても、国が比較的強い関わりをもつ**法定受託事務**に分けられることになった。たとえば、国が直接実施する事務に変更されたものには、信用協同組合の指導監督の事務、自治事務とされたものには飲食店営業の許可の事務、法定受託事務とされたものには、パスポートの交付の事務などが挙げられる。この地方分権一括法の背景には、バブル崩壊後に平成不況が長引くなかで2001年に登場した小泉内閣のもとで聖域なき**構造改革**が掲げられたことが指摘できる。聖域なき構造改革として小泉元首相は、第1に不良債権の最終処理をおこなうこと、第2に経済、社会の全般にわたる徹底的な規制改革を推進すること、第3に財政構造の改革を断行するとした[3]。このうち財政構造の改革の柱となったのが三位一体の改革であった。

2001年6月には、「地方分権推進委員会最終報告—分権型社会の創造：その道筋—」が提出された。この報告書では、地方税源の充実策として、「個人住民税については、税源移譲により最低税率を引き上げ、個人所得課税に占める割合を相当程度高め、より比例的な税率構造の構築と課税ベースの拡大を図るべき。」などの具体的な提案を含むものとなっている[4]。

2002年6月には、「経済財政運営と構造改革に関する基本方針2002」（基本方

---

2) 橋本徹（1988）p.15引用。
3) 衆議院議事録第151回国会本会議第27号、2001年5月7日参照。
4) 地方分権推進委員会（2001）「分権推進委員会最終報告の概要（抜粋）」p.1引用。

針2002）がまとめられ，三位一体の改革を進めることが閣議決定された。この基本方針にもとづき，2003年度予算では，「三位一体の改革」の「芽出し」として5,625億円の国庫補助負担金の削減の先行実施がおこなわれ，**義務教育費国庫負担金の一部（2,344億円）の一般財源化**がおこなわれた[5]。

　2003年6月の「基本方針2003」では，1兆円規模の国庫支出金削減が決定された。それにもとづき，2004年度予算において，1兆円規模の国庫補助負担金の削減，所得譲与税（4,249億円）と税源移譲予定特例交付金（2,309億円）の暫定的な税源移譲が実施された。所得譲与税とは，暫定的な措置として国税である所得税の税収の一部を地方団体に配るものであった。さらに，2004年度においては**事業税の一部外形標準化**も実施された。事業税の外形標準化とは，これまで法人所得を課税ベースとしていた事業税が景気の変動によって税収が左右されてきたという問題点を解決するため，**赤字法人**であっても課税対象となるように**付加価値**を課税ベースに取り入れようとするものである。付加価値の構成項目には給与が含まれているため，赤字法人でも給与を支払っているかぎりは事業税の課税対象となる。ただし，外形標準化の対象となったのは資本金1億円以上の普通法人だけであり，従来からの所得割の部分も課税対象となった普通法人の課税ベースとしても残されることになった。

　2004年6月に閣議決定された「基本方針2004」では，約3兆円の税源移譲が決定された。それにもとづき，2005年11月に三位一体の改革について政府与党の合意が発表された。2007年度においては，暫定的に実施してきた所得譲与税による税源移譲を廃止し，個人住民税の**比例税率化**がおこなわれた[6]。さらに「**新型交付税**」の一部導入もおこなわれた。新型交付税とは，交付税の算定を簡素化するために，人口と面積で交付税を配分するものである[7]。

　2004年度から2006年度までの三位一体の改革の全体像をまとめると，税源移

---

[5]　一般財源化は，国の財政再建策としての補助金カットであるという指摘もある。たとえば川瀬（2011）p.63を参照されたい。
[6]　個人住民税の比例税率化については本書の第1章を参照されたい。
[7]　新型交付税については，本書の第4章を参照されたい。

譲の対象となる国庫補助削減額は，3兆1,176億円となり，税源移譲は3兆94億円となった。

2007年12月の「平成20年度税制改正大綱」では，「地方法人2税」の見直しが打ち出された。地方法人2税とは，法人住民税と法人事業税のことである。2004年度から実施された事業税の一部外形標準化では，付加価値基準を取り入れることで，東京に一極集中してきた事業税における地域間の税収格差を是正する効果も期待されていたのだが，外形標準化の対象が大企業に限定されたため，ほとんど税収格差是正の効果をもたなかった[8]。そこで創設されたものが**地方法人特別税**である。これは，事業税の税収の一部を地方法人特別税として分離し，それを地方法人特別譲与税として人口と従業員数を基準に各都道府県に配分するものである。この措置は国と地方の税体系の抜本的見直しまでの暫定措置とされた[9]。

2007年6月には，**地方財政健全化法**も制定された。これは，三位一体の改革による地方交付税の削減により，夕張市を代表例として地方団体の財政が悪化するなかで，地方団体の破綻を未然に防ぐために整備したものである[10]。

2008年度の地方税法改正では，**ふるさと納税制度**が導入された。ふるさと納税制度は，当初の理念は，地方で育ち，都会で暮らしている納税者がふるさとの自治体にも納税できる制度を目指していた。しかし，最終的には寄附金税制を利用して，納税者が地方団体を応援する制度となった[11]。

2014年4月からは，**地方消費税**を含む消費税の税率が5％から8％へ引き上げられた。地方消費税の税率は，1％相当分（消費税額の$\frac{25}{100}$）から，1.7％相

---

8) 事業税の一部外形標準化の効果をみたものには，橋本（2008）が存在する。
9) 2014年10月1日以後に開始する事業年度からは，地方法人特別税の規模を3分の1に縮少し，法人事業税に復元された。2015年からは，外形標準課税対象法人の所得割の税率が引き下げられ，地方法人特別税の税率が見直された。詳しくは，本書の第1章を参照されたい。
10) 夕張市の財政破綻については本書の第10，11章を，地方財政健全化法については本書の第9章を参照されたい。
11) ふるさと納税制度については，本書の第3章を参照されたい。

当分（消費税額の$\frac{17}{63}$）へ引き上げられた。なお，地方消費税を含む税率が10％へ引き上げられると，地方消費税の税率は2.2％相当分（消費税額の$\frac{22}{78}$）へ引き上げられることになっている[12]。

(2) 地方分権改革の影響

以下では，地方財政全体に対する地方分権改革の影響をみていこう。地方分権を進めるうえでは，従来から歳出面での国と地方の比率と歳入面での国と地方の比率のギャップを埋める必要性が強調されてきた。日本の地方財政は，歳出面では地方の比率が高いにもかかわらず，歳入面では国の比率が高くなっている。このギャップを埋めてきたのが，地方交付税と国庫支出金という国から地方への財政移転である。

図1は，地方歳出比率と地方税比率の推移を描いたものである。地方歳出比率は，地方歳出（純計）を国と地方の歳出合計（純計）で割り算したものである[13]。地方税比率は，地方税収入を国と地方の税収合計額で割り算したものである。この図からは，地方歳出比率が60％程度で推移していることがわかる。一方，地方税比率は，2000年から2006年にかけては，ほぼ40％程度で横ばいとなっていたものが，2007年から2008年にかけて40％台の後半に近づいていることがわかる。これは，2007年から実施された個人住民税の比例税率化による税源移譲の効果である。これにより地方歳出比率と地方税比率の乖離は，ある程度解消されている。ところが2010年以降は地方税比率が低下傾向にあり，2013年には約40％と2000年時点の水準にまで戻ってしまったことがわかる。橋本（2015）は，地方税比率の低下原因を税目別に調べた結果，2010年以降の地方税比率の低下は「所得割と固定資産税の税収比率の低下傾向にあることで説明できる」としている[14]。

---

12) 地方消費税を含む税率を10％へ引き上げる時期については，当初2015年10月とされていたが，一旦2017年4月に延期され，さらに2019年10月まで再延期することになった。
13) 国と地方の歳出額には，それぞれへの財政移転が含まれているため，会計間の重複を取り除いた純計を使用した。

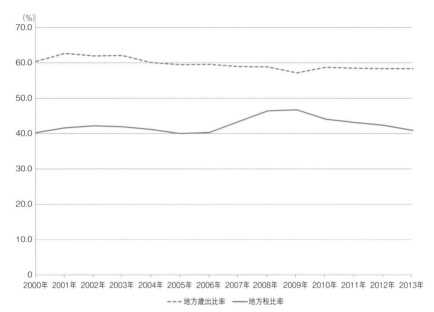

出所:総務省『地方財政統計年報』各年版より作成。
図1　地方歳出比率と地方税比率の推移

　図2は、地方歳入総額に占める主要歳入項目の構成比比率の推移を描いたものである。主要歳入項目の中で最も大きいのは地方税であり、地方交付税、国庫支出金が続いている。地方税の歳入に占める比率は、2000年から2006年にかけて、35.4％から39.9％まで上昇している。2007年には税源移譲の影響で44.2％まで上昇する。ところが2009年には35.8％まで低下している。この低下は、リーマン・ショックによる地方税収の減少と交付税比率の増加によるものである。歳入に占める地方交付税の比率は、2000年に21.7％だったものが2007年まで低下傾向がみられる。これは小泉政権下での交付税改革の影響と考えられる[15]。

---

14)　橋本（2015）p.40引用。
15)　小泉政権下では、段階補正の見直しなどの交付税改革がおこなわれた。詳しくは、本書の第4章を参照されたい。

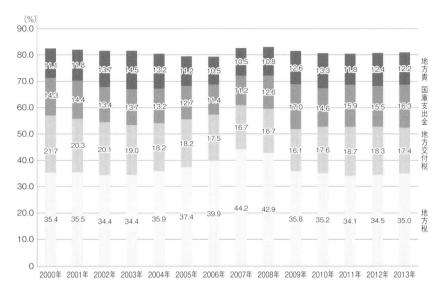

出所:総務省『地方財政統計年報』各年版より作成。
図2 地方歳入総額に占める主要歳入項目の構成比の推移

第2節 地方分権改革論議

この節では，地方分権改革の議論を紹介する。まず，地方分権がなぜ望ましいとされているかについての理論を紹介し，次に，三位一体の改革という具体的な地方分権の実現を目指した改革に関して，どのような議論がおこなわれているのかを整理しよう。

(1) 地方分権の理論

地方分権に関する伝統的議論は，**マスグレイブ**，**オーツ**などによって展開されてきた。マスグレイブは，政府の役割を**資源配分機能**，**所得再分配機能**，**経済安定機能**に大別した。

資源配分機能とは，市場においては供給されない，もしくは十分な供給がおこなわれない**公共財**を政府が提供するというものだ。国防，司法，一般道路に代表されるような**純粋公共財**は，消費が競合せず（**消費の非競合性**，ないし，

等量消費)、**排除原則**を適用することができないため、社会的には必要であるにもかかわらず市場では供給できない。また民間部門でも供給可能な財・サービスであっても教育や住宅は、その利益が直接の消費者以外にも発生する「**外部効果**」が存在するので、公共部門が介入する必要が生じる。

次に所得再分配機能とは、市場経済において能力の格差、教育機会の格差、相続・贈与による資産保有の格差などから生じる所得や富の格差を、公共部門が是正する機能である。能力の格差から生じる所得格差は、累進的な所得税のような税制と生活保護のような社会保障給付を通じて是正され、教育機会の格差は義務教育、奨学金などで是正され、相続・贈与による富の格差は、相続・贈与税などにより是正されることになる。

最後に、経済安定機能とは、不況の時に生じる失業や好況の時に生じるインフレに対処するために、公共部門が果たす機能を指す。公共部門の果たす経済安定機能には、公債発行による公共投資や民間投資刺激のための減税などの**裁量的な財政政策**と、累進所得税や法人税が好況時に**自然増収**をもたらし景気を鎮静化するといった、財政制度そのものが持つ**ビルトイン・スタビライザー**(自動安定化装置)の性質を利用したものがある。

これらの政府の3つの機能のうち、地方政府が果たすべき中心的な役割は、資源配分機能として**地方公共財**を提供することだとされている。地方公共財とは、消防サービスのように便益の及ぶ範囲が地域的に限定される公共財である。地方公共財は、中央集権のもとで国が全国一律のサービスを提供するよりも、地域の特性にあわせたサービスを提供する方が効率的な供給が可能となるだろう。たとえば高層ビルが建ち並ぶ都会では、梯子車などの消防車が必要となるだろうし、山林がほとんどを占める過疎地域では、ヘリコプターによる消火活動が必要となるだろう。

所得再分配機能は、地域間の経済格差を考えると、本来国が果たすべき役割であり、地方政府は、生活保護などの給付窓口としての役割を担うべきだと考えられる。

経済安定機能についても、財政政策だけでなく金融政策を利用できる国の方

が，地方政府よりもより効果的に，その役割を果たすことができる。

　オーツも，地方公共財の提供は，国よりも地方政府が提供した方がより効率的であるという「**分権化定理**」を主張している。オーツによると，地方公共財については，「地方政府がそれぞれの地域に対してパレート効率的な産出量水準を供給する方が，中央政府がすべての地方団体に対して一様にある一定の水準を供給するよりも，必ず効率的になる」とされている[16]。これは，地方団体の方がより地域住民のニーズを把握できるため，国が一律に供給するよりも効率的だという考え方である。なお，**パレート効率（最適）**とは，他の誰かの経済状態を悪化させることなく，ある者の経済状態を改善するように資源を配分することが不可能な状態であり，それ以上は無駄を省けない状況下にあるので，効率的な状況にあることを意味する。

　分権化を支持する理論には，**ティブーの足による投票**の議論もある[17]。一般道路などの公共財を提供する場合，一旦公共財が提供されると，すべての人が同時に利用可能であるという**等量消費**の性格と，**フリーライダー（対価を支払わない人）** を排除できないという**非排除性**の性格ゆえに，**受益者負担**を適用することはできない。そのため政府が一般道路などの公共財を供給し，租税というかたちで強制的に料金を徴収することになる。しかし，政府による一律供給は，各消費者の需要にあわせた供給とはならない[18]。これに対して，ティブーは，地方公共財を地方政府が提供する場合には，消費者が自分の望む地方公共財を提供する地域を選択するという形で，自らの需要を表明することで，効率的な公共財の提供が可能となるとした。これは，消費者が居住地の選択という「**足による投票**」をおこなうというものである。

　このような地方分権に関する伝統的議論に加えて，**情報の経済学**，**契約理論**

---

16)　オーツ（1997）p.39引用。
17)　詳しくは Tiebout（1956）を参照されたい。
18)　各消費者が公共財に対する需要を正しく表明すれば資源配分の効率性の基準であるパレート効率を満たす公共財供給が可能である。パレート効率を満たす公共財供給の条件については，標準的な公共経済学のテキストを参照されたい。

など最新のアプローチを利用した地方分権理論も発展してきた[19]。情報の経済学とは，経済活動における情報の役割に注目した理論である。生産者と消費者の間には**情報の非対称性**が存在している。牛肉偽装事件にみられるように，情報の非対称性が存在する場合には市場は効率的には機能しない。契約理論とは，取引において当事者間で結ばれる契約に注目した理論である。

情報の経済学を利用した議論には，情報の非対称性が存在する状況での補助金政策のあり方を検討した堀場（2008）などがある。堀場（2008）は，情報が不完全である場合には「完全情報のもとでの補助金政策とは大きく異なる政策を提案せざるをえない」と指摘している[20]。

契約理論を利用した議論には，**ソフトな予算制約**の問題に関する論文が存在している。ソフトな予算制約とは，ハンガリーの経済学者であるコルナイが指摘した計画経済における生産性低下の要因である[21]。社会主義圏では多くの国営企業が非効率的な経営をおこなっていた。これは経営が悪化しても最後は政府が救済してくれると国営企業の幹部が考えてしまうためだとされた。地方財政へ適用した事例としては，地方交付税は，ソフトな予算制約の問題を抱えているという議論などが挙げられる。たとえば，赤井・佐藤・山下（2003）は，「現行の地方交付税制度における基準財政需要の決定フォーミュラでは中央政府の裁量性およびそれを前提として地方自治体の戦略的行動を排除できないため，ソフトな予算制約問題を生み出してしまう」と述べている[22]。

(2) 地方分権推進委員会最終報告

2000年代に実施された地方分権の方向性を決めたものが地方分権推進委員会の最終報告書「地方分権推進委員会最終報告―分権型社会の創造：その道筋―」である。以下ではその概要を紹介しよう。

---

19) 新しい地方分権理論については，堀場（1999），堀場（2008）が詳しい。
20) 堀場（2008）p.238引用。
21) コルナイの議論については，赤井（2006）p.27の整理を参照されたい。
22) 赤井・佐藤・山下（2003）p.163引用。

第1に，地方税財源を確保する際の基本的な視点として，地方歳出比率と地方税収比率の乖離を縮小すること，税源移譲をおこなう際の歳入中立の原則，歳入歳出両面の自由度を増大させることなどが打ち出された。

　第2に，地方税源の充実策としては，地域的偏在の少ない税体系の構築が必要だとして，個人住民税の比例税率化を伴う税源移譲をはかるべきだとしている。地方消費税については，交付税財源に組み入れられている部分を地方消費税に組み替えることも検討すべきだとしている。法人事業税の外形標準化の導入にも言及されている。

　第3に，税源移譲の引替えに特定財源である国庫補助負担金を削減すべきだとしている。地方交付税については，その役割は重要だとしつつ，算定方法の簡素化，事業費補正の見直し，地方団体の自助努力を促す仕組みが必要だとしている。

(3) 地方分権改革論議

　以下では，専門家による地方分権改革の議論を紹介しよう。地方分権推進委員会の最終報告書に採用された税源移譲の必要性を強調したのが神野・金子（1998）である。彼らは税源移譲の対象として，比例税率化を伴う個人住民税による税源移譲を主張している。具体的には，「所得税を地方に移譲するならば，その比例税率部分を移すのが妥当であり，それにともなって税率規制の緩和が必要」とし，「地方の課税努力をともなってこそ，真に地方独自の施策も可能になる」と述べている[23]。

　一方，佐藤（2011）は，三位一体の改革で実現した税源移譲は，「地方が自らの支出を自らの財源でもって賄う比重を高め，補助金・交付税への依存を是正しようとしたが，国の関与・規制がそのままになった結果，地方の裁量が十分に高まったともいえない」と指摘している[24]。また，税源移譲よりも地方の

---

23)　神野・金子（1998）p.196引用。
24)　佐藤（2011）p.247引用。

課税自主権拡大を主張する意見もある。たとえば，土居（2004）は，土地に対する固定資産税を中心とした税制が望ましいとしている。その理由としては，「土地は地域を超えて動かず，住民や企業の地域間移動と無関係」だからだとしている[25]。そのうえで「地方自治体の財政需要を反映して，必要に応じて上げたり，下げたりしてよい」と述べている[26]。「土地に対する」固定資産税に限定して望ましいとされている理由は，土地に対する課税は，その地域の公共サービスの対価としての課税という応益性を備えているためであり，公共サービスの利益は土地の価格にも反映すると考えられるからだ。

一方，現行の固定資産税における家屋と償却資産に対する課税に対しては以下のような問題点も指摘されている。たとえば，佐藤（2011）は，「家屋や企業の生産設備（償却資産）を課税対象とする。これらは資本課税に相当する。資本課税の性格から現実の固定資産税は財政的外部効果（租税競争・租税輸出）を伴う」と述べている[27]。ただし，このような問題点から地方税における固定資産税の課税ベースを土地のみとすることに対しては，西川（2011）は1人当たり税収のジニ係数を課税ベース別に計測した分析結果から，「償却資産を地方税から国税に切り替えるならば，いわゆる小規模団体ほど1人当たりの地方税収の減少額は大きくなるため，政策効果として期待する地域間格差の是正にはつながらない」と指摘している[28]。

三位一体の改革において，税源移譲との引替えで実施された国庫補助負担金と地方交付税の削減に関しては，その中身についての批判が多い。三位一体の改革の本来の目的は，使途が限定された補助金を削減するかわりに地方団体が自由に使える税源を与えることで，自由度と効率性を高めるところにあったはずである。この目的から考えると，補助金の削減は**奨励的な補助金**とすべきと考えられるのに対して，実際に採用されたのは義務教育費国庫補助金を中心と

---

25) 土居（2004）p.137引用。
26) 土居（2004）p.139引用。
27) 佐藤（2011）p.147引用。
28) 西川（2011）p.4引用。

した**義務的な補助金**であった。これに対して地方分権推進委員会の委員だった西尾氏は，財務省が建設国債を財源としている施設費についての補助金は削減しても税源移譲の対象とならないという主張に固執したため，地方団体側がやむなく義務教育費国庫補助金の削減を中心とする案を提出したとしている[29]。地方団体案として，奨励的な補助金よりも義務的な補助金が選択された背景としては，奨励的な補助金を削減した場合，これまで手厚い補助金を交付されてきた過疎地域ほど，マイナスの影響が大きくなることも指摘されている[30]。三位一体の改革が国の財政再建に利用されてしまったと主張しているのが神野(2006)である。神野(2006)では「補助金改革は，地方自治体に財政的自由度が増加する方向で進められたわけではない。国民健康保険の国庫負担を肩代わりさせたり，補助率の引き下げのみが大手を振って罷り通った」としている[31]。

---

29) 西尾（2007）p.201参照。
30) 義務的補助金中心と奨励的補助金中心の削減案による地方団体の影響を比較した分析には，木村・吉田・橋本（2004）が存在する。
31) 神野（2006）p.9引用。

第1部

地方税改革

第1章　地方税改革の概要

　この章では，地方税改革の概要について学ぶ。2000年代には，三位一体の改革における税源移譲という地方分権をめざした重要な改革がおこなわれている。第1節では，地方税の現状と推移をみる。第2節では主な地方税の仕組みを学ぶ。第3節では地方税改革に関する理論を解説する。

第1節　地方税の現状と推移

(1) 地方税体系の現状

　図1-1は，地方税収の構成をみたものである。地方税収に占める比率は，**道府県税**が46.6％，**市町村税**が53.4％となっており，市町村税収の方が多い。個別の税目のうち，税収構成比が高いのは**個人住民税**であり，**個人道府県民税**が13.7％，**個人市町村民税**が18.6％となっており，合計では32.3％を占めていることになる。個人住民税に次いで税収構成比が高いのは，**固定資産税**の22.5％である。それに続くのが，**法人事業税**の10.3％，**地方消費税**の12.5％である。

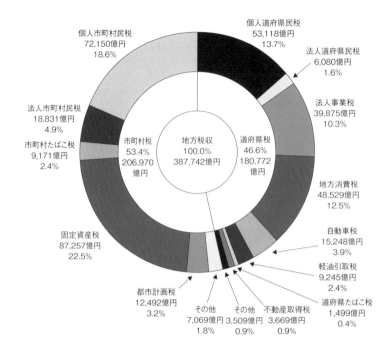

(注) 1 各税目の％は，それぞれの合計を100％とした場合の構成比である。
2 道府県税及び市町村税は超過課税，法定外税等を含まない。
3 個人道府県民税は利子割，配当割，株式等譲渡所得割を含み，法人事業税は地方法人特別譲与税を含まない。
4 計数はそれぞれ四捨五入によっているので，計とは一致しない場合がある。

出所：総務省ホームページ http://www.soumu.go.jp/main_content/000415645.pdf 引用
（閲覧日2016年8月8日）。

図1-1 地方税収の構成（2016年度地方財政計画額）

表1-1 国・地方の主な税目と税収配分の概要（2014年度決算）

（　）内は，平成26年度決算額。単位：兆円

		所得課税	消費課税	資産課税等	計
国		所得税　　　(16.8) 法人税　　　(11.0) 等	消費税　　　(16.0) 揮発油税　　(2.5) 酒税　　　　(1.3) たばこ税　　(0.9) 自動車重量税 (0.4) 等	相続税　　　(1.9) 等	
		個人(29.6%)　法人(24%) 53.6%　(31.0兆円)	41.4%　(23.9兆円)	5.0%　(2.9兆円)	100.0%　(57.8兆円)
地方	道府県	法人事業税　　　(3.0) 個人道府県民税　(5.1) 法人道府県民税　(1.0) 道府県民税利子割(0.1) 個人事業税　　　(0.2)	地方消費税　(3.1) 自動車税　　(1.6) 軽油引取税　(0.9) 自動車取得税(0.1) 道府県たばこ税(0.2) 等	不動産取得税　(0.4) 等	
		個人(34.4%)　法人(25.5%) 59.8%　(9.4兆円)	37.6%　(5.9兆円)	2.6%　(0.4兆円)	100.0%　(15.7兆円)
	市町村	個人市町村民税　(7.1) 法人市町村民税　(2.4)	市町村たばこ税(1.0) 軽自動車税　(0.2) 等	固定資産税　(8.8) 都市計画税　(1.2) 事業所税　　(0.4) 等	
		個人(33.7%)　法人(11.6%) 45.3%　(9.6兆円)	5.5%　(1.2兆円)	49.2%　(10.4兆円)	100.0%　(21.1兆円)
		51.5%　(18.9兆円)	19.2%　(7.1兆円)	29.3%　(10.8兆円)	100.0%　(36.8兆円)
計		52.8%　(49.9兆円)	32.7%　(31.0兆円)	14.5%　(13.7兆円)	100.0%　(94.6兆円)

（再掲）

	所得課税	消費課税	資産課税等	計
国	62.1%	77.2%	21.3%	61.1%
道府県	18.8%	19.0%	3.0%	16.6%
市町村	19.1%	3.8%	75.7%	22.3%
地方	37.9%	22.8%	78.7%	38.9%
計	100.0%	100.0%	100.0%	100.0%

(注) 1　国税は特別会計分を含み，地方税は超過課税分及び法定外税を含む。
　　 2　国税は地方法人特別税を含み，地方税は地方法人特別譲与税を含まない。
　　 3　下線を付した税目以外の地方税目は課税標準が国税に準拠し又は国税に類似しているもの。
　　 4　表中における計数は，それぞれ四捨五入によっており，計と一致しない場合がある。
　　 5　計数は精査中であり，異動する場合がある。
出所：総務省ホームページ http://www.soumu.go.jp/main_content/000415648.pdf 引用
　　　（閲覧日2016年8月8日）。

表1-1は，国と地方の主な税目を課税ベース別に分類し，税収配分の状況も示したものである。国税については，税収に占める割合は**所得課税**が53.6％，**消費課税**が41.4％，**資産課税**等が5.0％となっており，所得課税への依存度が高いことがわかる。

　一方，地方税については，税収に占める割合は所得課税が51.5％，消費課税が19.2％，資産課税等が29.3％となっている。地方税でもやはり所得課税の占める比率が高いものの，資産課税の比率が国税よりも高くなっているのが特徴である。ただし，地方税としての資産課税のほとんどが市町村税であり，道府県税についてみると，所得課税への依存度が59.8％と高くなっていることがわかる。所得課税は景気の変動に影響を受けやすいために，道府県税の方が税収の安定性が低いことになる。

　図1-2は，2016年現在の国と地方の租税体系を示したものである。国税については，**普通税**と**目的税**に分類できる。普通税は，使い途が限定されていない税であり，目的税は使い途が限定されている税である。

　国の主な普通税には**所得税，消費税，法人税，相続税，贈与税，酒税，たばこ税，揮発油税，自動車重量税**がある[1]。国の目的税には電源開発促進税と復興特別所得税がある。電源開発促進税は電気料金に上乗せして徴収され，特別会計を通じて電源開発を促進するために使用される。復興特別所得税は，東日本大震災からの復興のためにつくられたものであり，2013年1月1日から2037年12月31日までの25年間にわたり，所得税の付加税として課税されている。

　地方税は，**道府県税**と**市町村税**に分類される[2]。道府県税と市町村税は，ともに普通税と目的税に分類できる。普通税は，地方団体が自由に支出できる税である。一方，目的税は，使い途が限定されている税である。自動車取得税は道路を整備する財源に充当され，都市計画税は都市計画事業に充当されている。

---

1) 消費税の税収は一般会計に入るため，普通税である。ただし，社会保障・税一体改革により，消費税率引上げによる増収分は，社会保障財源化されている。
2) 東京都については，道府県税についての規定が都に，市町村税の規定が特別区に適用されることになっている。

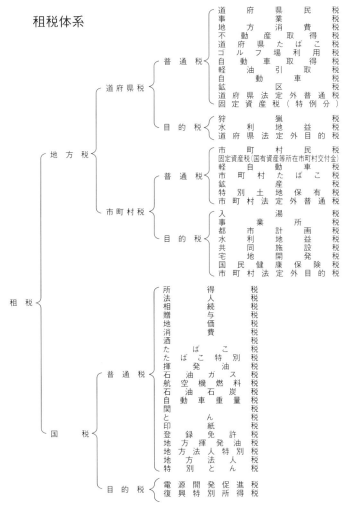

(注) 1 普通税：その収入の使途を特定せず，一般経費に充てるために課される税。普通税のうち，地方税法により税目が法定されているものを法定普通税といい，それ以外のもので地方団体が一定の手続，要件に従い課するものを法定外普通税という。
2 目的税：特定の費用に充てるために課される税。目的税のうち，地方税法により税目が法定されているものを法定目的税といい，それ以外のもので地方団体が一定の手続，要件に従い課するものを法定外目的税という。

出所：総務省ホームページ http://www.soumu.go.jp/main_content/000377155.pdf 引用
（閲覧日2016年8月8日）。

図1-2 国と地方の税体系

表 1-2 超過課税の状況

ア 超過課税実施団体数（平成27年4月1日現在）

○ 都道府県
＜道府県民税＞
個人均等割　35団体　〔岩手県、宮城県、秋田県、山形県、福島県、茨城県、栃木県、群馬県、神奈川県、富山県、石川県、山梨県、長野県、岐阜県、静岡県、愛知県、三重県、滋賀県、兵庫県、奈良県、和歌山県、鳥取県、島根県、岡山県、広島県、山口県、愛媛県、高知県、福岡県、佐賀県、長崎県、熊本県、大分県、宮崎県、鹿児島県〕

所得割　1団体　〔神奈川県〕

法人均等割　35団体　〔岩手県、宮城県、秋田県、山形県、福島県、茨城県、栃木県、群馬県、富山県、石川県、山梨県、長野県、岐阜県、静岡県、三重県、滋賀県、大阪府、兵庫県、奈良県、和歌山県、鳥取県、島根県、岡山県、広島県、山口県、愛媛県、高知県、福岡県、佐賀県、長崎県、熊本県、大分県、宮崎県、鹿児島県〕

法人税割　46団体　〔静岡県を除く46都道府県〕
＜法人事業税＞　8団体　〔宮城県、東京都、神奈川県、静岡県、愛知県、京都府、大阪府、兵庫県〕

○ 市町村
＜市町村民税＞
個人均等割　2団体　〔北海道夕張市、神奈川県横浜市〕
所得割　2団体　〔北海道夕張市、兵庫県豊岡市〕
法人均等割　388団体
法人税割　997団体
＜固定資産税＞　153団体
＜軽自動車税＞　17団体　〔北海道函館市、夕張市、美唄市、深川市、滝上町、山梨県早川町、島根県松江市、浜田市、出雲市、益田市、大田市、徳島県徳島市、鳴門市、小松島市、香川県高松市、高知県高知市、須崎市〕

＜鉱産税＞　27団体
＜入湯税＞　3団体　〔北海道釧路市、三重県桑名市、岡山県美作市〕

イ 超過課税の規模（平成26年度決算）

○ 道府県税

道府県民税	個人均等割	（35団体）	222.3億円
	所得割	（1団体）	24.9億円
	法人均等割	（35団体）	100.2億円
	法人税割	（46団体）	1,103.4億円
法人事業税		（8団体）	1,318.1億円
自動車税		（1団体）	43百万円
道府県税計			2,769.3億円

○ 市町村税

市町村民税	個人均等割	（2団体）	16.5億円
	所得割	（2団体）	0.7億円
	法人均等割	（395団体）	162.1億円
	法人税割	（996団体）	2,626.3億円
固定資産税		（155団体）	340.8億円
軽自動車税		（28団体）	6.9億円
鉱産税		（31団体）	10百万円
入湯税		（2団体）	23百万円
市町村税計			3,153.6億円

超過課税合計	5,922.9億円

※ 地方法人二税の占める割合：89.7%
（注）イの表中における団体数は、平成26年4月1日現在。

出所：総務省ホームページ http://www.soumu.go.jp/main_content/000417081.pdf 引用
（閲覧日2016年8月8日）。

　普通税の中で、地方税法に列挙されているものが法定普通税であり、それ以外が法定外普通税となる。法定外普通税は、地方団体が独自に新設、変更できる税目である。

　地方税の多くは、地方税法に定められた**標準税率**で課税されているが、財政状況が苦しいときには、**超過課税**が認められている。表1-2は、超過課税の状況を示したものである。道府県税では、**法人税割**に超過課税を課している道府県が46団体と最も多い。それに次ぐのが、**個人均等割**と**法人均等割**の35団体である。個人均等割への超過課税は、高知県の「森林環境税」のように、環境目的で課税されている団体の例がある。

　2014（平成26）年度の決算額での税収額でみると個人均等割における道府県の超過課税規模は222.3億円であるのに対して、法人税割が1,103.4億円、法人事業税が1,318.1億円となっており、超過課税のほとんどが法人課税に依存して

いることがわかる。市町村についても，法人税割に超過課税を課している地方団体が997団体，税収規模でも法人税割の2,626.3億円となっており，やはり法人課税へ依存していることが読み取れる。

(2) 地方税改革の推移

2000年代以降の主な地方税改革としては，まず**事業税の外形標準化**が挙げられる。法人事業税は，課税の根拠としては公共サービスの対価として納税義務が生じるという**利益説**に基づいて説明されてきた。当該地域での公共サービスの利益を得ている企業が生産した製品価格に，その対価としての事業税がコストとして上乗せされていれば，最終的には個人が公共サービスのコストを負担することになるからである。しかし，2003年度改正以前は，事業の課税ベースは所得のみであり，赤字法人には課税されていなかった。赤字法人であっても公共サービスの利益を受けているところから，事業税の外形標準化が実施されることになったわけである。この事業税の外形標準化は，当初の改革案では中小企業にも軽減措置を考慮したうえで実施することを想定していたが，最終的には大企業に限定されることになった。外形標準としては付加価値額と資本金等の額が採用された。具体的には，2003年度改正に伴い，資本金1億円超の法人を対象として，外形基準の割合を4分の1とする外形標準課税制度が創設され，2004年4月から実施されている。

近年における最も重要な地方税改革が**三位一体の改革**に伴う**税源移譲**である。三位一体の改革は，序章でもみたように2000年4月の地方分権一括法施行以降に具体化していった。2002年6月には「基本方針2002」により三位一体の改革を進めることが閣議決定され，2003年6月には「基本方針2003」により4兆円規模の補助金改革が閣議決定された。2004年6月には「基本方針2004」により，補助金削減に対応した3兆円規模の税源移譲を目指して，地方団体に補助金改革の具体案の取りまとめを要請することになった。2005年11月に，三位一体の改革に関する政府・与党合意のもとで，国から地方への3兆円の税源移譲が実現することになった。税源移譲の具体的な中身は，2004年度改正において決め

られた。2004年度改正の主な中身は以下のようなものだった。2006年度までに、所得税から個人住民税への本格的な税源移譲を実施することを決定し、本格的な税源移譲を実施するまでの間の暫定措置としては、所得譲与税が創設された。所得税から個人住民税への税源移譲については、個人住民税の**比例税率化**が採用された。個人住民税の均等割について、市町村民税の均等割における人口段階別の区分を廃止し、年額3,000円に統一された。さらに、**課税自主権**を拡大するために、固定資産税の**制限税率**（改正前1.5倍）が廃止された。

2008年度の地方税制改正では、地域間の財政力格差是正のため、法人事業税の一部を分離し、国と地方の抜本的な税体系見直しまでの暫定的な措置として「**地方法人特別税**」と「**地方法人特別譲与税**」が創設された。この改正では、事業税の税収の一部を地方法人特別税として徴収し、その税収を地方法人特別譲与税として、各都道府県に人口と従業員数に応じて再配分されることになった。事業税の税率は引き下げられるものの、地方法人特別税を合計すると改正前後の法人の負担は変わらないように制度設計された[3]。

また、2014年度改正では、地方法人課税の偏在を是正するために、2014年10月1日以後に開始する事業年度から法人住民税における法人税割の一部を交付税の原資化を行う**地方法人税**が創設された。地方法人税は、法人住民税法人税割の引下げ分を規模とする国税であり、国が徴収するものである。課税標準は、国税の法人税額であり、税率は4.4％となる。これは法人住民税の税率引下げ分相当である。地方法人税の税収はすべて、交付税特別会計に繰り入れられ、**地方交付税**の財源となる。なお、2016年度改正により、消費税率が10％に引き上げられた段階で、地方法人特別税・譲与税を廃止し、全額法人事業税に復元すること、法人事業税額の一部を都道府県が市町村に交付する法人事業税交付金を創設することが決まった[4]。さらに法人住民税法人割の税率を引き下げ、地方法人税の税率を10.3％に引き上げることになった。

---

3) 地方法人課税の改革については、橋本（2008）を参照されたい。
4) 地方特別法人税の廃止は、消費税率引上げの再延期に伴い、2018年10月1日以後開始事業年度から廃止に変更された。

2015年度改正では，法人事業税の外形標準化の拡大がおこなわれた。2014年6月の政府税制調査会の「法人税の改革について（案）」では，「外形標準課税が全法人の1％未満である資本金1億円超の企業のみを対象にすることは，行政サービスの受益者が広くその費用を負担するという地方税の趣旨に反するため，外形標準課税の趣旨に沿って，資本金1億円以下の法人についても付加価値割を導入すべきとの意見が多く出された。」としている。しかし，最終的には大法人向けの事業税の外形標準化の拡大のみが実施されることになった。具体的には，改正前には外形標準化の割合が4分の1だったものが，2015年度に外形標準化の割合が8分の3に，2016年度に2分の1に引き上げられることになった。これに伴い所得割の税率は，改正前の7.2％から2015年に6.0％，2016年に4.8％に引き下げられることになった。2016年度改正では，2016年度の事業税の外形標準の割合が8分の5にさらに引き上げられることとなり，所得割の税率は3.6％まで引き下げられることになった。

第2節　地方税の仕組み

この節では地方税の主要税目として，個人住民税，地方消費税，固定資産税，地方法人課税の仕組みについて学ぶ。現行の地方税の仕組みを理解することは，地方税改革の課題を理解することにもつながる。

(1) 個人住民税

個人住民税は，道府県民税と市町村民税の総称であり，**所得割**，**均等割**，そして都道府県の**利子割**，**配当割**，**株式等譲渡所得割**から構成されている。

利子割は，金融機関において利子所得に対して国税・地方税を合計して**一律分離課税**として税率20％で**源泉徴収**され，5％部分が都道府県に配分されるものである。配当割は，上場株式等の配当所得に対して，20％の税率で分離課税されるうちの5％が住民税として都道府県に配分されるものである[5]。この配

---

5) 2013年から2037年の間は，所得税額に2.1％の税率を乗じて求めた復興特別所得税もあわせて源泉徴収される。

当所得に対する税も配当を支払うものが源泉徴収している。なお，上場株式等の配当所得は，申告が不要だが，配当税額控除を受けるなどのために確定申告を行った場合には，個人住民税の所得割として課税対象となり，配当割の税額が所得割額から控除されることになる。株式等の譲渡所得割は，上場株式等の**譲渡所得**に対して**特定口座**を利用し，源泉徴収を選択した場合に，20％の税率で分離課税されるうちの5％が住民税として都道府県に配分されるものである。この譲渡所得も申告不要だが，**損益通算**のためなどで申告する場合には，所得割で課税され，譲渡所得割の税額が所得割の税額から控除される。個人住民税の均等割は，都道府県の均等割が1,000円，市町村の均等割が3,000円となっている[6]。

　個人住民税のなかで，最も税収比率が高いのは所得割である。所得割は，基本的な仕組みは国税である所得税と同じだが，人的控除の金額と税率が異なっている。人的控除は，2016年現在，基礎控除，配偶者控除ともに，33万円となっている。国税である所得税の基礎控除，配偶者控除が38万円であるのに対して，それぞれ5万円だけ個人住民税のそれが低くなっている。この差により課税最低限は，国税よりも地方税の方が低くなる。税率は，**三位一体の改革**により，都道府県，市町村をあわせて10％の**比例税率化**が行われている[7]。

(2) 地方消費税

　地方消費税は，1997年4月に**消費譲与税**の廃止と引替えに創設されたものである。地方消費税の導入と引替えに廃止された消費譲与税では，人口と従業員数で各地域に再配分されていた。地方消費税も一旦国が徴収し，地方団体に再配分するものだが配分方法が消費基準に変更された。この変更により，各地方

---

6) ただし，2014年から2023年までの期間は，東日本大震災の教訓をふまえた防災施策のために，都道府県，市町村とも500円ずつ加算される。
7) この改革は，一般には比例税化とよばれている。しかし，個人住民税が「比例税」になったわけではない。課税最低限と比例税率を組み合わせることで，依然として累進性を保っているからだ。

団体は消費の振興策をとることで地方消費税の取り分が増えることになったわけである。1997年に導入された地方消費税の税率は，消費税の1％相当とされていた。一般には消費税の税率は5％と認識されていたが，消費税法では消費税の税率は4％とされており，1％相当部分は地方消費税となる。なお，地方税法には地方消費税の税率は消費税収の25％であると記載されている。2014年4月からは国と地方を合わせた消費税率が5％から8％へ引き上げられたのに伴い，地方消費税の税率は，1.7％相当，消費税額の$\frac{17}{63}$となった。なお，消費税の税率は当初2015年10月に10％へ引き上げられる予定であったが，2017年4月に延期され，さらに2019年10月に再延期された。税率が10％になる段階では消費税率は7.8％となり，地方消費税の税率は2.2％相当，消費税額の$\frac{22}{78}$となることが予定されている。

　地方消費税は，国税である消費税とあわせて，各事業者の所在地ないし本社の所在地の税務署，輸入取引については税関において納税されている。日本の消費税は，多段階の付加価値税の一種であるために，都道府県をまたがった取引の場合には，納税地域と税負担地域が一致しなくなる。そこで，各都道府県に消費基準で再配分されている。これは，消費者が負担した地方消費税を，当該消費者が最終的に消費した地域に帰属させるための措置である。地域間取引に関する課税原則には，**仕向地原則**と**原産地原則**が存在する。前者は，最終消費地に税を帰属させるものであり，後者は，商品が生産された地域が課税権をもつものである。消費基準で再配分している地方消費税は仕向地原則にしたがっていることになる。

　地方消費税は，配分基準として「消費」を採用していることで納税地域と税負担地域を一致させようとしているのだが，現行の基準には「消費」だけが採用されているわけではない。具体的には，小売年間販売額（商業統計）とサービス業対個人事業収入額（経済センサス活動調査）の合計額が$\frac{15}{20}$，人口が$\frac{3}{20}$，従業員$\frac{2}{20}$が清算基準として採用されている。人口と従業員は消費以

---

8)　地方消費税の配分基準についての議論は，橋本（2013）を参照されたい。

外の基準である[8]。

(3) 固定資産税

　固定資産税は，土地，家屋，償却資産に課税される市町村の基幹税である[9]。ただし，原子力発電所のような**大規模償却資産**については道府県においても課税対象となる。課税標準は**適正な時価**であり，土地，家屋は3年ごとに評価替えがおこなわれる。納税義務者は，土地，家屋，償却資産の所有者で，標準税率は1.4％となっている。適正な時価は，土地については売買実例価格，家屋については再建築価格，償却資産については取得価額を基準としており，土地の評価については住宅用地，農地の特例などで軽減措置がある。また，地価の急騰による負担の急増を避けるために，負担調整措置が講じられている。

　固定資産税は，都道府県間で計測すると地域間の偏在の少ない税だといわれてきた。しかし，各県内の市町村間で一人当たりの固定資産税税収を比較すると，ダムや原子力発電所などが存在する自治体には巨額の固定資産税が発生するため，県内格差の要因となる。一人当たりの税収が大きい市町村を調べた岡部（2010）も，「税目別にみると固定資産税と法人税が高税収の要因」だと指摘している[10]。

(4) 地方法人課税

　住民税と事業税の法人分は，一般に地方法人2税とよばれている。法人住民税は都道府県と市町村それぞれに存在するが，事業税は都道府県の税である。

　法人住民税には，**均等割**と**法人税割**が存在する。道府県民税における均等割は，2016年現在，資本金額で5段階，市町村民税における均等割は従業員数50人超の企業が5段階，従業員数50人以下が4段階となっている。法人均等割は，地方税固有の租税原則のうち公共サービスの利益に応じて課税すべきだという

---

9) 東京23区内は東京都が課税している。
10) 岡部（2010）p.50引用。地方税の地域間格差の要因については，小林・岡部（2011），橋本（2015）も参照されたい。

応益原則に基づくものである。法人は、地方団体による行政サービスによる利益を享受しているので、何らかの税負担を負うべきだと考えられる。所得ではなく資本金や従業員数で税額に差を設けているのは、企業規模が大きいほど行政サービスによる利益が大きくなると想定されているためである。

　法人税割は、国税の**法人税額**を課税ベースとしている。国税としての法人税は法人所得に課税しているので、法人住民税の法人税割も所得を課税ベースとしていることになる。道府県については標準税率が3.2%、制限税率が4.2%となっている。市町村については標準税率が9.7%、制限税率が12.1%となっている。なお、法人住民税には**分割基準**が定められている。これは複数の地域で活動している企業が本社のみで納税すると、行政サービスを受けた地域と納税地域が一致しなくなるための措置である。具体的には、2つ以上の道府県に事務所または事業者がある場合には、課税標準を従業員数で分割することになっている。

　事業税には、個人分と法人分があるが、大部分は法人に対するものである。**法人事業税**は、国内で事務所、事業所ないし恒久的施設を持ち、事業を行うすべての法人に課税されている[11]。

　法人事業税の税額は、電気・ガス供給業、保険業を行う法人については、

　　収入金額 × 税率 ＝ 税額

で算定される。2004年4月1日以後に開始する各事業年度末の資本金の額又は出資金の額が1億円を超える法人（**外形標準課税**適用法人）については、

　　付加価値額 × 税率 ＋ 資本金等の額 × 税率 ＋ 所得×税率 ＝ 税額

で算定される。外形標準課税適用法人とは、前述した2003年度改正に伴い、2004年4月から実施されている**事業税の外形標準化**が適用される法人のことで

---

11) ただし、林業や鉱物の採掘事業及び特定の農業組合法人が行う農業、国・地方団体が行う事業、社会福祉法人・宗教法人・学校法人等の法人や人格のない社団等が行う事業で収益事業以外を除く。

ある。外形標準課税適用法人以外については，事業税の外形標準化前と同様に

　　所得（連結法人は個別所得，清算法人は清算所得）× 税率 ＝ 税額

で算定されている。

　この事業税についても分割基準が定められている。事業税の分割基準は，非製造業が事務所数と従業員数，製造業が従業員数を採用している。法人事業税の税額は，国税の法人税の計算において，損金（経費）として扱われることになっている。

第3節　地方税改革の理論

　この節では地方税改革の理論を整理する[12]。まずは地方税原則を確認することで議論の整理に役立てる。次に，地方税改革に対する伝統的税源配分論，新しい税源配分論について紹介する。

(1) 地方税固有の原則

　国税の租税原則は，**公平**，**効率**，**簡素**の3つに集約できる。公平の原則は，納税者間の税負担を求める時に公平な配分を求めるものである。効率の原則は，課税による経済活動に対する阻害効果をできるだけ少なくすることを求めるものである。あまりにも高い税率を課した場合には，企業活動そのものが抑制されたり，個人の労働意欲が阻害されてしまうからである。税制の簡素化は，**徴税コスト**と**納税協力費**の最小化をめざしたものである。仮に如何に公平な税制だとしても，税収を上回る徴税コストが必要な税制を実施するわけにはいかない。また徴税コストだけでなく，納税の際に納税者側が負担するコストもできるだけ少ない方がよい。これらの国税における租税原則に加えて，地方税固有の租税原則が存在している。**応益性**，**負担分任**，**普遍性**，**伸張性**と**安定性**である。

---

[12] 本節の説明は，橋本・鈴木（2012）の一部を加筆修正したものである。

これらの租税原則にもとづき個人間に税負担を配分する際には，税負担配分の原則としての，**応能原則**と**応益原則**を考慮に入れなければならない。

　応能原則とは，所得，消費などの経済力に応じて負担を配分する考え方だ。応能原則にしたがって税負担を配分する場合，**水平的公平**と**垂直的公平**の2つの公平の考え方を満たすものであることを要求される。水平的公平とは，等しい経済状態の人々を等しく取り扱うことを意味し，経済状態の指標には，所得，消費，資産などが採用される。経済力の指標として所得を採用する場合には，同じ所得水準の人には同じ税負担を課せばよい。また，垂直的公平とは，異なる経済状態の人々に異なる取扱いをすることを要求するものである。経済力の指標として所得を採用する場合には，所得が上昇するにつれて，高い税負担を課せばよい。一方，応益原則とは，公共サービスからの受益に応じて負担を配分する考え方である。

　この2つの税負担配分の原則のうち，国税には応能原則，地方税には応益原則の方が合致すると考えられる。国の役割は，所得再分配や経済安定であり，地方の役割は地方公共財の提供という資源配分機能であると考えられるからである。

　応益原則にもとづいて，地方公共サービスに対して完全に受益者負担を求めることが可能ならば，公共財の最適供給条件を満たすことができる。この場合には，租税よりもむしろ使用料や手数料といった形で財源を調達した方が望ましい。

　負担分任の原則もまた，応益性を意識したものである。行政サービスの受益者である地域住民がその行政サービスを分担すべきだという考え方である。いわば会費的な性格として税を捉えようというのである。わが国では，負担分任の原則を具体化したものとして，住民税の均等割が存在する。

　地方税としては，税源と税収が普遍的，つまりどの地域でも課税対象となるものが存在し，かつ税収が見込めるものである必要がある。わが国は，かなりの地域間の経済格差が存在するためである。

　これらの応益性，普遍性などに加えて，税収に関しては伸張性，安定性とい

った一見矛盾する原則があるとされている。伸張性は，高度成長期において重視されていた考え方であり，都市圏での人口急増に伴って拡大する行政需要に対応するために，地方税の税収の伸びが必要だったためである。しかし，近年では景気の低迷に伴い，安定性の方がより重視されてきている。

(2) 伝統的税源配分論

1949年9月に公表され，戦後税制の出発点となったシャウプ勧告は，地方税体系について，国税と地方税の税源の分離原則を採用し，税目・課税標準・税率・納税義務者を条例で定められる**独立税主義**を唱えていた。

この独立税主義は，国と地方の役割分担を踏まえて出てきた考え方であった。アメリカの有名な財政学者であるマスグレイブは，序章で説明した財政の役割として3つの機能を挙げている[13]。すなわち，資源配分機能，所得再分配機能，経済安定機能の3つである。この財政の3つの役割のうち，所得再分配機能と経済安定機能は主として中央政府の役割であり，地方政府の主な役割は地方公共財の提供という資源配分機能であるというのが**伝統的税源配分論**の考え方である。

この伝統的税源配分論の考え方にしたがえば，地方税固有の原則である応益性の重視が求められることになる。応益性を重視するならば，地域間で行政サービスの水準が異なる場合にはその行政サービスの水準に応じて，各地方公共団体が税率を決定できる独立税が望ましいことになる。

シャウプ勧告では，独立税主義にもとづき，**税源の分離**原則を貫くために，道府県税の主要な税目として，(所得型)付加価値税，入場税，遊興飲食税，自動車税を設定し，市町村の主要な税目として，市町村民税，固定資産税を設定した。この税源分離の目的は，都道府県と市町村がそれぞれの段階で独立税をもつことで，地方自治を確立することにあったといえよう。この税源の分離

---

[13] 財政の3大機能は，日本の財政学において完全に定着してきた。このマスグレイブの伝統的な機能配分論に対する考察と新しい機能配分論については，堀場 (1999) p.16～p.22を参照されたい。

原則は，その後の各地方団体の税収不足を補うために，税源の重複を認めることで崩されることとなった。

シャウプ勧告直後の1951年度改正では，法人税割が市町村民税として創設されている。法人税割は，課税ベースを法人所得とするところから，国税としての法人税と税源が重複することになった。1954年度改正では，道府県民税の創設，たばこ消費税，不動産取得税の創設がおこなわれた。さらに，シャウプ勧告により導入が決まりながら，一度も実施されることなく，付加価値税が廃止され，事業税が存続されることになった。その他の改正としては，大規模償却資産に対する固定資産税の一部を道府県へ移譲，入場税の国税移管と譲与税化が行われた。これらの改正により，現在のように国税・地方税とも所得課税へ偏重する税体系が形成されることになった。

(3) 新しい税源配分論

伝統的税源配分論は，最近になって理論的な見直しがおこなわれつつある。**新しい税源配分論**では，**財政的外部性**（fiscal externality）の存在を考慮に入れた形で議論がおこなわれている。財政的外部性とは，地方分権下での課税自主権をもつ地方公共団体の行動が，他の地域の地方公共団体や地域住民の行動に影響を与えることを指すものである。

地方公共団体の目的が地域住民の厚生最大化のみと考えると，他地域の住民の犠牲のもとで，自地域の住民の負担を最小化するような行動をとる可能性もある。たとえば，東京都の石原元知事が導入した**宿泊税**はその典型である。宿泊税を負担するのは東京都民ではなく，東京へ出張してきた他府県の納税者である。宿泊税のように他府県の納税者に負担をもとめるケースは，**租税輸出**ともよばれている。

財政的外部性は，歳出面の外部性と歳入面の外部性に大別することができる。歳出面の財政的外部性には，地方公共財の**スピルオーバー**（拡散）などが挙げられる。たとえば，河川の改修による便益は，河川の下流の住民に広くスピルオーバーすることになる。

歳入面での財政的外部性は，主として租税輸出と租税競争という2つの租税の外部性に着目したものである[14]。東京都の宿泊税は，租税輸出の形での租税の外部性を生じることになる。**租税競争**は，企業誘致を目的とした固定資産税の減免や税率の引下げ競争などを指すものである。新しい税源配分論は，このような経済的影響をも考慮に入れて税源を配分しようという考え方である[15]。

租税の外部性が注目されるようになってきたのは，わが国では課税自主権が拡大してきた最近のことである[16]。東京都の石原元知事が導入した宿泊税は典型的な租税輸出であるし，河村市長の政策にもとづく名古屋市での減税条例など，各地で税率引下げの動きがみられることで租税競争の理論にも関心がよせられるようになってきた[17]。

表1-3　租税の外部性

外部性のタイプ	事例	財政的インプリケーション
水平的直接型	租税輸出	他地域の住民が税負担の一部を負担することで税への依存度が高まる
水平的間接型	租税競争	潜在的な課税ベースの可動性は，税率引下げ圧力を生じる
垂直的間接型	課税ベースの重複	中央政府と地方政府は，税源が重複している課税ベースにより高い税率を課すことで，最終的には，合計税率が非常に高くなってしまう

出所：Dahlby（1996）p.399, table 1から抜粋。

租税の外部性は，表1-3に示したようにDahlby（1996）によると，水平的直接型（Direct Horizontal）・水平的間接型（Indirect Horizontal）・垂直的間

---

[14] 租税輸出と租税競争のさらに詳しい説明については，橋本・鈴木（2012）を参照されたい。
[15] 新しい税源配分論については，堀場（1999）が詳しい。
[16] 課税自主権と租税の外部性の関係については，深澤（2011）が詳しい。
[17] 東京都の宿泊税は，2001年12月19日に東京都宿泊税条例として可決し，2002年10月1日から実施されている。

接型（Indirect Vertical）に分類される。

　水平的直接型は，地方団体間における外部性のタイプのうち，他の地域に直接的な影響を与えるものである。このタイプの外部性の事例としては，租税輸出がある。租税輸出では，宿泊税のように他の地域の住民に税負担を求めることになる。その場合には，コスト意識の欠如から税への依存度が高まり，公共サービスが過剰になる可能性もある。

　水平的間接型は，地方団体間における外部性のタイプのうち，他の地域に間接的な影響を与えるものである。このタイプの外部性の事例には，租税競争がある。租税競争のもとでは，企業や個人などが地域外へ流出するという懸念から，税率引下げ圧力が生じる可能性がある。

　垂直的間接型は，中央政府と地方政府の間で，相互に影響を与えるものである。中央政府と地方政府が，税源の重複している課税ベースに，より高い税率を課すことで最終的に合計税率が非常に高くなってしまう可能性がある。

第2章　三位一体の改革の税源移譲と地域間税収格差

　序章で述べたように，政府は三位一体の改革の一環として，3兆円規模の税源を国税から地方税へ移す「税源移譲」をおこなった。地方税は，地方行政サービスにかかる費用を住民が自ら負担するという意味で，地方団体の歳入の中でも地方自治の精神に適うものである。税源移譲の目的は，地方税収の歳入に占める割合を上げることを通じて，地域の自主性・自立性を高めることにあった。ただし，税源移譲のための税制改正では，地方税収の地域格差にも配慮が求められた。実際，地方税の課税ベースは，住民一人当たりでみても，地方団体間で大きくばらついている。これを踏まえ政府は，個人住民税所得割（以下，「所得割」と略する。）を移譲先の税目にすると同時に，所得割の税率構造をそれまでの超過累進税率から比例税率に変えるというユニークな方法（以下，「比例税率化」とよぶ。）を用いた。なお，比例税率の下でも，課税最低限が存在するため，所得が上昇するにつれて税負担率は上昇する。

　本章では，比例税率化を中心とする税源移譲のための税制改正が，住民一人当たり所得割税収額（以下，「住民一人当たり所得割」と略する。）の地域格差にどのような影響を与えたかについて学ぶ。

　本章の構成は以下のようになる。第1節では，住民一人当たり所得割の地域格差が，税源移譲の前後でどのように推移したかを概観する。第2節では，税源移譲のための税制改正について，その内容を解説したうえで，住民一人当たり所得割の地域格差に与える影響の仕組みを考察する。第3節では，大阪府・奈良県における市町村の市町村民税所得割データを用いて，住民一人当たり所得割の地域格差に関する実際の推移から，税源移譲による影響分を抽出する。最後に第4節では，まとめを述べる。

第1節　住民一人当たり所得割の地域格差に関する推移

本節では，住民一人当たり所得割の地域格差が，税源移譲の前後で実際にどのように推移したかをみてみる。所得割は，都道府県の取り分である道府県民税所得割と市町村の取り分である市町村民税所得割とに分かれる。まずは，両者に関する住民一人当たり所得割の都道府県間格差を確認する。次に，市町村民税についての住民一人当たり所得割に関する市町村間格差を，大阪府・奈良県における市町村単位のデータを用いて確認する。

(1) 住民一人当たり所得割の都道府県間格差

図2-1は，住民一人当たり所得割の都道府県間格差に関する推移を変動係数（=標準偏差÷平均値）でみたものである[1]。図中の実線は道府県民税所得割，破線は市町村民税所得割の変動係数を表す。

この図から，以下の4つの特徴がみられる。

① 税源移譲前（2006年度以前）における住民一人当たり所得割の変動係数は，市町村民税の方が道府県民税より大きかった。この理由は，市町村民税所得割の方が，より累進的な税率構造であったことにある[2]。つまり，市町村民税所得割の方が，住民一人当たり所得が高い自治体ほど，所得の総額に対する税負担の総額の割合が高くなる傾向が強かった——ことが，上述のような変動係数の差の背景にある。

② 税源移譲の直後（2007年度）における変動係数の値は，直前（2006年度）

---

[1] 標準偏差は，データの値と平均値の差の二乗を合計した値をデータ数で割った値（分散）について正の平方根をとって計算される。この標準偏差も，データのばらつきを測る指標の一つである。しかし，平均値が高くなるとともに大きくなることが往々にしてみられる。そのため，平均値が異なる，グループ間や時点間で格差を比較するのに，標準偏差を用いるのは適さない。そこで，標準偏差を平均値で割った変動係数が，相対的なばらつきを測る格差の指標として，よく用いられる。

[2] 税制の詳しい解説は第2節の(1)を参照。

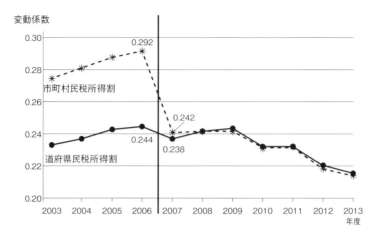

出所:『地方財政統計年報』(総務省)の「2-6 地方税等の収入状況」にある道府県民税所得割収入額と市町村民税所得割収入額の都道府県別集計値(なお,道府県民税の中の東京都のデータには特別区の都民税,市町村民税には特別区民税の分も含まれている。)。『人口推計』(総務省)の都道府県別総人口(各年10月1日)を用いて筆者作成。

図2-1　住民一人当たり所得割の都道府県間格差(変動係数)の推移

から下がった。上述のように,所得割の税率は,2007年度に比例税率化された。このような税率表の比例税率化が,変動係数を下げたと考えられる。

③　税源移譲後(2007年度以降),道府県民税所得割・市町村民税所得割の変動係数は,ほぼ同じ水準で推移している。道府県民税が4％,市町村民税が6％とそれぞれ異なる比例税率になったが,税率構造自体はともにフラットである。そのため,相対的なばらつきをみる変動係数の性質上,比例税率化した両税の変動係数の値は同じになる[3]。

④　税源移譲の直前・直後の時期を経た後(2008～2013年度)でも,変動係数は低下する傾向にあった。この期間では,所得割に関する税制改正は実施さ

---

3)　データ上,変動係数が完全に一致していない理由として,①所得割への税源移譲が開始した時点は2007年度途中の6月である,②所得割収入額には,過年度に滞納した分のうち当年度に納付された分も含まれている,これら2点により,改正前の税制で計算された税収が改正後の所得割収入額に含まれていることが挙げられる。

れなかったため，それ以外の要因で変動係数が低下したと考える[4]。税制改正以外の格差縮小の要因には，リーマン・ショック（2008年9月15日のリーマン・ブラザース破綻以降の世界経済の急激な落込み）や東日本大震災（2011年3月11日）を契機とした国内の景気変動の程度に都道府県の間で有意な差があったことが，挙げられるだろう[5]。

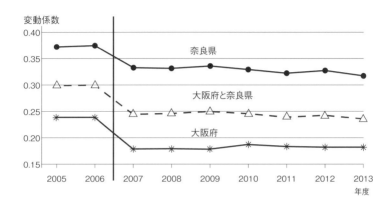

出所：大阪府の税データの出所は「市町村税の課税状況調」（大阪府市町村課），奈良県は「市町村税政の概要」（奈良県市町村振興課）。各年度の住民数は「住民基本台帳に基づく人口，人口動態及び世帯数」（総務省自治局）から前年度末（3月31日）の日本人数を用いた。

図2-2　住民一人当たり市町村民税所得割の市町村間格差（変動係数）の推移（大阪府・奈良県の市町村）

---

[4] ごく少数の自治体で所得割の超過課税あるいは減税が実施された。しかし，それらの増税または減税の規模を考慮すると所得割の地域格差を大きく動かすとは考えにくい。

[5] 2009年度から2010年度にかけて変動係数が落ち込んでいる。ある年度の所得割の課税ベースは一昨年中の所得が対象になる——という所得割の特有の制度をあわせて考えると，2008年から2009年にかけた課税所得の変動に有意な地域差があったことがここで示した変動係数低下の背景にあると推測される。具体的に，この時期に課税所得の地域間格差に大きな影響を与えたイベントとしては，リーマン・ショック後の急激な景気停滞が挙げられる。産業構成などの違いによって，この景気変動に地域差があったものと推測される。一方，2011年度から2012年度にかけても変動係数が落ち込んでいる。上述した所得割の制度からすると，2010年から2011年にかけた課税所得の変動に有意な地域差があったことがその背景にあると考えられる。したがって東日本大震災がその原因と推測される。

(2) 住民一人当たり市町村民税所得割の市町村間格差（大阪府・奈良県の市町村）

上述のように，2006年度から2007年度にかけた税源移譲前後の時期において，住民一人当たり所得割の都道府県間格差は，道府県民税および市町村民税の双方で縮小した。ただし，市町村民税所得割は市町村単位の税収であるため，市町村間の格差でもみる必要があろう。残念ながら，市町村民税所得割に関するすべての市町村ごとのデータについては，税源移譲の直前・直後のものが公表されていない[6]。ただし，都道府県によっては，独自にその時期における県内市町村ごとの所得割に関するデータを詳細に公表している。そこで本章では，大阪府・奈良県の市町村に関する該当データを用いて，一人当たり税収の変動係数を計算する。その結果を示したのが図2-2になる。これより，両府県内市町村における住民一人当たり所得割の地域格差も，税源移譲前後の時期に縮小していることが確認できる[7]。

第2節　税源移譲が地域間税収格差に影響する仕組み

前節では，住民一人当たり所得割の地域格差に関する推移について確認した。そこでは，変動係数が税源移譲の直前から直後にかけて低下していた。本節では，この低下の背景にある，税制改正の内容およびその改正が税収の地域格差に影響する具体的な仕組みについて解説する[8]。また，税源移譲の直前から直後にかけた変動係数の動きには，税源移譲以外の変動要因による影響も含まれていると考えられる[9]。そこで本節の最後では，税源移譲が地域間の税収格差に与える影響の「程度」を正確に把握するために，識別すべきほかの変動要因

---

6) 小林・岡部（2011）は，地方税収の地域間格差に関する長期的推移をみている。その中で，三位一体の改革の税源移譲による影響についても，所得割以外も含んだ市町村民税全体のデータを用いて検証している。ただし，データの出所である「市町村決算状況調」（総務省）において，移譲前の町村別データが公表されていないため，都市だけを対象としている。

7) 橋本（2015a）でも，北海道内市町村における住民一人当たり市町村民税所得割の変動係数が，2005年度の0.3496から，税源移譲直後（2007年度）の0.2368へ低下したことを確認している。

8) 西川（2005）の数式を用いた解説も参考になる。

について考える。

(1) 税制改正の内容

　2006年度税制改正において政府は，税源移譲を図るため，個人住民税所得割と所得税の税率を**表2-1**のように改正した。以下では，所得割および所得税の改正内容を順に解説する。

表2-1　税源移譲前後の所得税・個人住民税所得割の限界税率

【税源移譲前】

所得税
課税所得	税率
〜 330万円	10%
330万円 〜 900万円	20%
900万円 〜 1,800万円	30%
1,800万円 〜	37%

個人住民税
課税所得	標準税率
〜 200万円	5%
200万円 〜 700万円	10%
700万円 〜	13%

（道府県民税）
課税所得	標準税率
〜 700万円	2%
700万円 〜	3%

（市町村民税）
課税所得	標準税率
〜 200万円	3%
200万円 〜 700万円	8%
700万円 〜	10%

【税源移譲後】

所得税
課税所得	税率
〜 195万円	5%
195万円 〜 330万円	10%
330万円 〜 695万円	20%
695万円 〜 900万円	23%
900万円 〜 1,800万円	33%
1,800万円 〜	40%

個人住民税
課税所得	標準税率
一律	10%

（道府県民税）
課税所得	標準税率
一律	4%

（市町村民税）
課税所得	標準税率
一律	6%

（注）上記の改正は，平成19年分所得税及び平成19年度分個人住民税から適用する。
出所：総務省ホームページ
　　　http://www.soumu.go.jp/main_sosiki/jichi_zeisei/czaisei/czaisei_seido/pdf/zeigennijou060202_1.pdf 引用（閲覧日2016年8月31日）。

9）　変動係数がほかの変動要因によって動いている可能性は，前節の(1)における4つ目の特徴からも示唆される。

所得割の改正

　改正前の所得割は，超過累進税率であった。具体的にみると，道府県民税は，課税所得のうち700万円までの部分に2％，700万円を超える部分には3％が課せられていた。市町村民税は，課税所得のうち200万円までの部分に3％，200万円から700万円の範囲内の部分には8％，700万円を超える部分には10％が課せられていた。このような税率構造が，税制改正により比例税率化した。つまり，改正後は，課税所得の額に関係なく一律の税率（道府県民税は4％，市町村税は6％）が課せられた。

　さらに，改正前後の所得割の税率構造を課税所得に対する平均税率で比較する[10]。課税所得とは，収入から必要経費（サラリーマンの場合は給与所得控除）を差し引き，さらに基礎控除等の人的控除とその他の所得控除を差し引いたものである。上掲の表2-1の税率表は，〈限界税率〉で表されていた。限界税率とは，課税所得を一単位増加させたときに適用される税率であり，通常，税率表にはこの税率が用いられる。一方，本章での〈平均税率〉は，課税所得の総額に対する税負担総額の割合になる。図2-3は，課税所得額と平均税率との関係が改正前後でどのように変わるかを，道府県民税と市町村民税のそれぞれでみている。

　道府県民税では，どの課税所得額においても改正後の平均税率の方が高いことがわかる。つまり，道府県民税所得割では，（課税所得額が正であれば），すべての個人の納税額が比例税率化によって必ず増加し，ひいては，すべての都道府県への税源移譲が実現することになる。ただし，課税所得額が700万円を超えると，改正前の平均税率は，上述した税率構造の累進性により，課税所得額が増えるとともに上がりはじめる。そのため，平均税率の改正前後の変化分が，課税所得額が増えるとともに縮小している。なお，課税所得額が1,000万円を超える範囲でも，改正前の平均税率が改正後を超えることはない。

10）　本章の平均税率の定義は，通常のものとは異なる。たとえば，Musgrave and Thin (1948) は，課税前所得に対する税額の比率を平均税率としている。

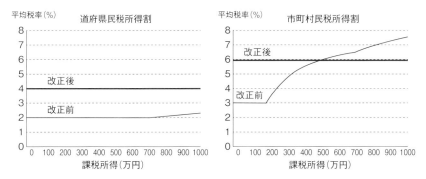

備考：平均税率は，課税所得に対する税額の割合になる。この税額は，税額控除が適用される前の税額（つまり，算出税額）になる。
出所：表2-1に基づいて筆者作成。

図2-3　比例税率化前後における所得割の平均税率

　一方，市町村民税では，課税所得額が500万円未満の範囲において改正後の平均税率の方が高いが，500万円を超えると逆に改正前の方が高い。したがって，ある市町村にとって「税源移譲が実現するか」は，その自治体における住民の所得分布に依存することになる。

所得税の改正

　次に，国税である所得税の改正について述べる。上述したように，所得割の比例税率化は，納税者の税負担を変える作用をもつ。そこで，所得割と同じ課税ベースを共有する所得税に対しては，所得割の比例税率化による税負担の変化を相殺する役割が求められた[11]。

　そのための改正として，同額の〈課税所得額〉に適用される所得割と所得税との税率の合計が改正前後で一定になるように，所得税の税率表（課税所得額と限界税率との関係を示した表）を変える——という方法がまず思いつくかも

---

[11]　つまり，所得割と所得税との合計でみて個々の納税者の税負担が改正前後で変わらないことが求められた。これは，所得税と所得割との合計でみた累進性が維持されることにもつながる。

しれないが，これでは上述の役目を全うできない。同じ納税者でも，所得割で算出される課税所得額と所得税で算出される課税所得額とは，一致しないからである。なぜならば，課税所得を算出するにあたって所得金額から差し引かれる人的控除（基礎控除，配偶者控除，扶養控除など）の額が，所得税の方で上回るからだ。例えば，誰もが適用される基礎控除については，所得割で33万円が控除されるのに対し，所得税では38万円が控除される。また，老人扶養親族控除については，70歳以上の親ひとりが同居する場合，所得割で45万円が控除されるのに対し，所得税では58万円が控除される。

そこで，所得税と個人住民税所得割における人的控除の差を考慮した場合，同額の〈所得金額〉に適用される所得割と所得税との税率の合計が改正前後で一定になるように，所得税の税率表を変える方法が考えられる。しかし，この方法にも，以下の二つの問題がある。

① 適用される人的控除の種類は個々の世帯の属性に依存するため，所得税の改正後の税率表は世帯間で共通にならない。一方，個々の世帯の属性を考慮せず，人的控除額の差を強制的にある値に固定すれば，税率表は世帯間で共通になる。しかし，その固定値と現実の制度下における人的控除額との差が異なる世帯では，税負担が改正前後で完全に一定にならない。

② 仮に，世帯間で異なる税率表が許容されたとしても，実は，税負担が改正前後で変わるケースが残る。そのケースは，課税所得額がゼロから正になる所得金額のライン（いわゆる課税最低限）が，人的控除の差により所得割の方が低くなる——ことにより生じる。つまり，改正前において，所得割の課税所得額が正かつ所得税の課税所得額がゼロだった個人が存在する。この個人は，所得税が改正前にゼロであるため，改正によって減税する余地がない。具体的には，所得割の最低税率の改正（5％から10％）による税負担の増加を所得税の税率改正によって相殺できないことになる。

以上の問題について，政府は，以下の二つの対応策を講じた。

① 誰もが適用される基礎控除に関する両税の差（5万円）だけを考慮しなが

ら，所得割の課税所得を所得税の課税所得に置き換えた場合に，両税の税率の合計が改正前後で変わらないように所得税の税率表を改正した（表2-2参照）。この新しい所得税の税率表は世帯間で共通になる。

② 適用される人的控除の種類が個々の納税者の世帯属性によって変わる中，基礎控除の差だけを考慮した所得税の新しい税率表だけでは，税負担を改正前後で一定にしきれない。そこで，所得税の改正で対応しきれなかった税負担の増加分に対しては，調整控除という所得割の税額控除の新項目で相殺した[12]。

表2-2 税源移譲前後の適用課税所得と合計税率（所得税＋個人住民税）

改正前（平成18年分まで）		改正後（平成19年分から）	
所得税の適用課税所得	合計税率 （所得税＋個人住民税）	所得税の適用課税所得	合計税率 （所得税＋個人住民税）
195万円以下の金額	15%（10% ＋ 5%）	195万円以下の金額	15%（ 5% ＋ 10%）
330万円以下の金額	20%（10% ＋ 10%）	330万円以下の金額	20%（10% ＋ 10%）
695万円以下の金額	30%（20% ＋ 10%）	695万円以下の金額	30%（20% ＋ 10%）
900万円以下の金額	33%（20% ＋ 13%）	900万円以下の金額	33%（23% ＋ 10%）
1,800万円以下の金額	43%（30% ＋ 13%）	1,800万円以下の金額	43%（33% ＋ 10%）
1,800万円を超える金額	50%（37% ＋ 13%）	1,800万円を超える金額	50%（40% ＋ 10%）

出所：財務省大臣官房文書課（2006）引用。

以上のように，本税制改正は，個々の納税者の税負担が改正によって極力変わらないようにしながら，地方団体への税源移譲を図ったものであった[13]。

---

[12] 調整控除の額は以下のような方法で算出される。ア）個人住民税の課税所得が200万円以下の場合：人的控除額の差の合計額または課税所得のいずれか少ない金額の5％（道府県民税2％，市町村民税3％）。イ）個人住民税の課税所得が200万円を超える場合：人的控除額の差の合計額から，課税所得から200万円を控除した金額を差し引いた金額（5万円未満の場合は，5万円）の5％（道府県民税2％，市町村民税3％）。ただし，この調整控除は，所得割の比例税率化と新しい所得税の税率表によって逆に税負担が減少してしまうケースには対応できない。

(2) 地域格差に与える影響の仕組み

　三位一体の改革のための税制改正では，税源移譲を目的とすると同時に，地域間の税収格差を縮小させることを狙いとしていた。上述した税制改正の内容からすれば，所得割の税収額を変動させるのは，比例税率化と調整控除になる。だが，上述のように，調整控除は，所得税の改正でも税負担を一定にしきれなかったことに対する最後の「調整」であった。したがって，税制改正による所得割の変化は，比例税率化の影響による部分が大きいと考えられる。

　そこで，比例税率化が住民一人当たり所得割の地域格差に与えた影響の仕組みについて，以下，3段階に分けて解説する。ステップ1では，個々の納税者の所得割額に与える影響，ステップ2では，地方団体単位の住民一人当たり所得割に与える影響，最後にステップ3では，住民一人当たり所得割の地域格差（地方団体間格差）に与える影響について解説する。

ステップ1：個々の納税者の所得割額に与える影響

　比例税率化による個人単位の所得割の変化額は，課税所得額に応じてどのように変わるのか。まず，所得割額は以下の(1)式で表されることを確認する。

　　所得割額（算出税額ベース）＝ 平均税率 × 課税所得額……(1)

ここでの所得割額および平均税率は，算出税額ベースとする。所得割に関する税制改正が実施された場合，平均税率および課税所得額の変化を通じて，所得割額が変化する[14]。したがって，税制改正による所得割の変化額は，以下の(2)式の右辺のように，二つに分解できる。

---

13) さらに，税率の変更にともなう所得税の減少により住宅ローン控除が所得税から控除しきれなくなるケースに対しては，翌年度の個人住民税所得割からその分を控除することで応じた。本税制改正で創設された個人住民税の住宅ローン控除および調整控除に関する詳しい制度内容や解説は，財務省大臣官房文書課（2006）の「地方税法等の改正」の中の「四　個人住民税」(pp.691-702) を参照されたい。
14) 所得割の税制改正は，労働意欲ひいては労働供給量を変える作用をもつ。これが，課税所得額を変化させ，また，平均税率（＝ 税額 ÷ 課税所得額）を変化させる。

$$\begin{smallmatrix}\text{税制改正に}\\\text{よる所得割}\\\text{の変化額}\end{smallmatrix} = \begin{smallmatrix}\text{改正による}\\\text{平均税率の}\\\text{変化分}\end{smallmatrix} \times \begin{smallmatrix}\text{改正前の}\\\text{課税所得額}\end{smallmatrix} + \begin{smallmatrix}\text{改正前の}\\\text{平均税率}\end{smallmatrix} \times \begin{smallmatrix}\text{改正による}\\\text{課税所得額}\\\text{の変化分}\end{smallmatrix} \cdots\cdots(2)$$

上述したように、税源移譲のための税制改正では、所得割の比例税率化の裏で、個人の税負担を極力変えないように所得税が改正された。そのため、比例税率化が課税所得を変化させる経路はほぼない（(2)式の右辺の第二項はほぼゼロ）と考えられる。そこで、比例税率化による所得割の変化額は、以下の(3)式になる。

$$\begin{smallmatrix}\text{比例税率化による}\\\text{所得割の変化額}\end{smallmatrix} = \begin{smallmatrix}\text{比例税率化による}\\\text{平均税率の変化分}\end{smallmatrix} \times \begin{smallmatrix}\text{比例税率化前}\\\text{の課税所得額}\end{smallmatrix} \cdots\cdots(3)$$

この(3)式が、比例税率化による所得割の変化額と課税所得額との関係を表している。なお、右辺の第１項の比例税率化による平均税率の変化分も、上掲した図２-３からわかるように、課税所得額に応じて変化する。上述の税率表の改正に従いながら、(3)式の関係をグラフに描いたのが図２-４になる。この図より、以下のことがわかる。

　道府県民税では、課税所得額が高い人ほど所得割の変化額が大きい傾向がある。課税所得額が700万円未満の範囲では、上掲の図２-３でみたように、改正前後の平均税率の変化分がどの課税所得額においても一定（２％）であった。そのため、この範囲では、課税所得額が追加的に１円増えると、その２％分（0.02円）だけ所得割の変化額が大きくなる。ただし、この傾向は、700万円以上の範囲で緩やかになる。この範囲における平均税率の変化分は、上掲の図２-３で確認したように、課税所得額が大きくなるとともに縮まっていた。したがって、課税所得額が大きくなると、平均税率の変化分が縮小し、所得割の変化分が小さくなる──という負の関係が追加されたことが、傾向が緩やかになった背景にある。

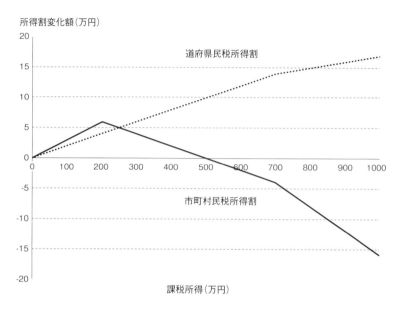

出所:表2-1および(3)式に基づいて筆者作成。

図2-4 比例税率化による所得割の変化額

　一方,市町村民税は以下のようになる。200万円未満では,平均税率の変化分が一定(3％)であるため,道府県民税と同様に,課税所得額と所得割変化額との関係は正になる。しかし,200万円からは,その関係が負に転じる。理由として,200万円以降の課税所得額の範囲では,課税所得額が大きくなると平均税率の変化分が小さくなり,所得割の変化分が小さくなる——という負の関係が,上述の正の関係を凌駕することが挙げられる[15]。さらに,500万円を超えると,所得割の変化額が負の値をとりはじめているが,これは,**図2-3**でも確認したように,平均税率の変化分自体が負に転じたためである。

---

15) 道府県民税では,この「凌駕」はどんなに課税所得が高くても起きない。

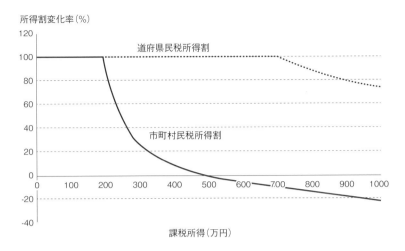

備考：所得割変化率は，比例税率化による所得割変化額を，比例税率化前の所得割額で割った値（％表示）である。
出所：表2-1に基づいて筆者作成。

図2-5　比例税率化による所得割の変化率

　さらに図2-5は，比例税率化による所得割の〈変化率〉と課税所得との関係を示している。この所得割変化率は，比例税率化による所得割の変化額を，比例税率化前の所得割額で割った値（％表示）になる[16]。この図より以下のことがわかる。道府県民税の場合，課税所得額が700万円までは100％（つまり，所得割額が比例税率化前と比べて2倍）で一定だが，その範囲を超えると逓減する。市町村民税の場合，課税所得額が200万円までは100％で一定だが，その範囲を超えると逓減し，500万円からの変化率は負になる。

16）　算出税額ベースになる。

ステップ2：地方団体単位の住民一人当たり所得割に与える影響

　ステップ1は個人単位の税負担の話であったが，地方団体単位でみた住民一人当たり所得割は，比例税率化からどのような影響を受けるのか。ここで，影響の度合いは〈変化額〉でなく〈変化率〉ベースでみる。これは，次のステップ3で考察する地域格差の指標として，相対的なばらつきを意味する変動係数を用いるためである。以下，道府県民税と市町村民税の順で考察する。

　道府県民税では，ステップ1で述べたように，個人単位での所得割変化率は，課税所得が700万円未満までは100％で一定であったが，700万円を超えると逓減していた。これを踏まえて地方団体単位で考えると，課税所得額が700万円を超える住民の割合が大きい地方団体ほど，住民一人当たり所得割の変化率が小さくなりやすいといえる[17]。また，700万円を超える住民の割合が同じであっても，700万円以上の中でさらに課税所得額が高い住民を相対的により多く抱える地方団体の方が，住民一人当たり所得割の変化率がより小さくなる。

　次に，市町村民税をみてみる。ステップ1で述べたように，個人単位では，所得割変化率は，課税所得が200万円までは一定であり，それを超えると逓減していた。したがって，地方団体単位でみると，課税所得が200万円を超える住民の割合が大きい地方団体ほど，住民一人当たり所得割の変化率が小さくなりやすいといえる。また，200万円を超える住民の割合が同じであっても，200万円以上の中でさらに高い課税所得の住民を相対的により多く抱える地方団体の方が，住民一人当たり所得割の変化率がより小さくなる。

ステップ3：住民一人当たり所得割の地域格差に与える影響

　最後に，比例税率化による地方団体単位の住民一人当たり所得割の変化が，変動係数で測った地域格差にどのような影響を与えたのかについて考察する。

---

17) 仮に課税所得額が700万円を超える住民がどの地方団体でも皆無だとしよう。この場合，700万円未満の課税所得の分布が地方団体間で異なっても，比例税率化による所得割の変化率は地方団体間で同じになる。この場合，変動係数で測った所得割の地方団体間格差は，比例税率化によって変わらない。

ステップ2で明らかになったように，比例税率化による住民一人当たり所得割の変化率は，比例税率化前の住民一人当たり課税所得額（ひいては比例税率化前の住民一人当たり所得割）が高い地方団体ほど小さくなりやすい傾向にあった。相対的なばらつきを意味する変動係数は，グループ内のすべての構成員（ここでは地方団体）の所得（ここでは住民一人当たり所得割）を等倍しても，その値は変わらない性質をもつ。したがって，道府県民税と市町村民税それぞれの所得割の変動係数は，比例税率化によって低下すると考える。

(3) 識別すべきほかの変動要因

以上の考察より，比例税率化が所得割税収の地域格差を低下させる仕組みがわかった。この仕組みは，第1節で確認した，所得割の変動係数が税源移譲の直前から直後にかけた時期（2006年度から2007年度）に低下した動きと整合する。ただし，比例税率化が住民一人当たり所得割の地域格差を縮小させる程度を，実際のデータから正しく捉えるためには，ほかの変動要因による影響を識別しなければならない。ほかの変動要因の候補としては，景気・雇用情勢の地域差と定率減税の撤廃がある。これらについて以下で順に論じる。

景気・雇用情勢の地域差

税源移譲前後の時期（2006年度から2007年度）の景気は，2001年度（2002年1月）からはじまり2007年度（2008年2月）を山とする第14循環（通称，いざなみ景気）の終わりの方に位置する。ただし，ある年度における所得割の課税所得は一昨年中の所得が対象になる。そのため，景気が所得割税収に与える影響もその分のラグが伴う。比例税率化が実施された2007年度の課税ベースは，2006年中の所得になる。景気の山に到達する1，2年前にあたる好景気の時期である。もちろん，景気は地域で温度差があるだろう。例えば，地域の産業構成によっては，景気がすでに冷えはじめたり，あるいは，依然として景気が過熱し続けたりしたかもしれない。すると，所得割の課税所得額の変動も地域間でばらつき，それが住民一人当たり所得割の地域格差に影響したかもしれない[18]。

定率減税の撤廃

　所得割と所得税のそれぞれに適用されていた定率減税は，税源移譲と同じ時期（2007年度）に撤廃された。そのため，この撤廃の影響が，移譲前後の時期における所得割の地域格差の変動に混じっている。定率減税は，所得割額に対してその一定割合（2006年度で所得割額の7.5％）を軽減する制度であった。しかし，その減税額には上限（2006年度で2万円）があった。もしこの上限がなければ，どの納税者にとっても所得割額の一定の割合が減税されるため，変動係数で測った地域格差に対しては中立であった。しかし，上限の存在により，所得割額が一定の水準を超えると減税の割合は逓減する。そのため，定率減税の撤廃は，住民一人当たり所得割の変動係数を低下させる作用をもつ。

第3節　税源移譲による税収格差変動の試算

　前節では，比例税率化が所得割の地域格差を縮小させる仕組みを明らかにした。また，その縮小効果の程度を実際のデータから正確に捉えるためには，ほかの変動要因を識別することが必要だと述べた。そこで本節では，住民一人当たり市町村民税所得割に関する市町村間格差が，税源移譲のための税制改正（所得割の比例税率化と調整控除）の影響のみによってどれほど縮小したかを，実際に試算してみる[19]。ただし，第1節で述べたデータ制約から，本節でも大阪府，奈良県の市町村間を分析対象とする。

　試算の大まかな流れは以下のようになる。まず，各地方団体の住民一人当たり税源移譲額を算出する。次に，移譲直前の状態から税源移譲の影響だけにより変動した結果——としての移譲直後（2007年度）の住民一人当たり所得割を

---

[18]　石川（2013）は，景気変動を考慮したうえで，税制改正が税収およびその地域間格差にどのように影響をもたらしたかを推察している。

[19]　所得割への税源移譲額をシミュレートした先行研究として，東京都税制調査会（2000），内閣府（2001），岡本・吉村（2002），鷲見・中村・中澤（2004），森・平岡（2004），木村・吉田・橋本（2004），林ほか（2004），吉田・木村・小川（2004），西川（2005），木村・吉田（2005），中澤（2007），長沼（2012）がある。なお，本章と同様に，確定した改正内容を事後的にシミュレートしたものとしては，中澤（2007）と長沼（2012）になる。

推計し，さらに変動係数を算出し，実際値の変動係数と比較する．

(1) **住民一人当たり税源移譲額の算出**

以下では，まず，算出式を導出し，次に，実際のデータによる算出結果を示す．

算出式の導出

まず，各地方団体の住民一人当たり所得割は，

$$住民一人当たり所得割 = 住民一人当たり算出税額 - 住民一人当たり税額控除 \quad \cdots\cdots(4)$$

で表される．ここで，住民一人当たり所得割は，税源移譲のための税制改正（所得割の比例税率化と調整控除）による影響だけで変化すると仮定する．つまり，地方団体の住民数や個々の住民の属性（世帯構成や所得など）は変わらないとする．この場合，(4)式の左辺の変化分は，住民一人当たり税源移譲額になる．そして，それは，(4)式の第1項が比例税率化だけにより変化する分と，第2項が新設された調整控除だけにより変化する分とに分解される．このことを以下の(5)式にまとめる．

$$住民一人当たり税源移譲額 = 比例税率化による住民一人当たり算出税額の変化分 - 住民一人当たり調整控除額 \quad \cdots\cdots(5)$$

この(5)式に従って，住民一人当たり税源移譲額を推計する[20]．

実際のデータによる算出結果

以下では，大阪府・奈良県における実際の市町村データを用いて，はじめに(5)式の右辺第1項を推計し，次に右辺第2項を算出し，最後に(5)式に従って住民一人当たり税源移譲額を算出する．

① 比例税率化による住民一人当たり算出税額の変化分（(5)式の右辺第1項）の推計

まず，(5)式の右辺第1項の推計である。これは，以下の(6)式のように表される。

$$\begin{matrix}\text{比例税率化による住民}\\\text{一人当たり算出税額の}\\\text{変化分}\end{matrix} = \begin{matrix}\text{平均税率}\\\text{の変化分}\end{matrix} \times \begin{matrix}\text{税源移譲直前の住民一人}\\\text{当たり課税所得額}\end{matrix} \quad \cdots\cdots(6)$$

ここでの平均税率は，前節の個人単位の「平均税率」とは異なり，地方団体単位のものになる。つまり，地方団体の課税所得総額に占める算出税額の総額の割合で計算される。実際に**図2-6**は，大阪府・奈良県の市町村における所得割の平均税率について，住民一人当たり課税所得との関係で表している。この図には，二つの散布図（○と×）が重ねられている。

○の点で表した散布図は，税源移譲の直前（2006年度）の関係を示している。これより，移譲前においては，住民一人当たり課税所得額が高い地方団体ほど平均税率も高くなるという正の相関関係がみられる[21]。これは，第2節で述べたように，移譲前における市町村民税所得割の税率構造が累進的であったためである。つまり，低額所得者の割合が大きい地方団体では住民一人当たりでみ

---

[20] 地方団体への税源移譲額に関する本節の推計方法は，多くの先行研究が採用したアプローチに則っているが，確定した改正内容を対象とし，かつ，改革前後の実際値を用いることで算出税額ベースに留まらず調整控除まで考慮している点でより的確な推計になっている。ただし，もっとも理想的な推計方法は，移譲後の経済状況（所得や世帯属性など）に対して仮に改正前の税制が施行されたという仮想現実の税収を推計するアプローチになるが，これには，税に関する個票データが必要となる。ただし，木村・吉田・橋本（2004），林ほか（2004），吉田・木村・小川（2004）は課税所得階級別データを賃金データにより推計し，そして，木村・吉田（2005）は実際に階級別データを総務省から情報公開請求で入手したうえで，近似的な形でこのアプローチに取り組んでいる。

[21] 二つの地方団体の間で仮に住民一人当たり課税所得の値（課税所得の平均値）が同じでも，課税所得の分布状況までもが同じでなければ，平均税率は異なりうる。これは，平均税率が，各住民の平均税率を課税所得額シェアによって加重平均した値に相当することによる。

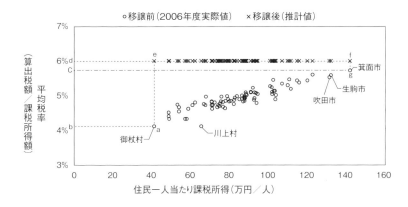

備考：税源移譲前の2006年度実際値（算出税額ベース）の出所は，図2-2と同じ。ただし，その税データは2006年度の値，住民数データは2005年度末時点の値になる。税源移譲後の推計値では，住民一人当たり課税所得が税源移譲前の値に固定され，一方，平均税率は一律6％になる。

図2-6 平均税率と住民一人当たり課税所得（大阪府・奈良県の市町村民税所得割）

た課税所得に対する税負担の割合は低くなる。逆に，高額所得者の割合が大きい地方団体では，税負担の割合が高くなるといえる。

×の点で表した散布図は，移譲直前の状態から比例税率化だけが起こった場合の関係を表す。住民一人当たり課税所得（図の横軸）は，実際には景気変動や高齢化，地域人口の流出入といったほかの要因により移譲前後で変化しているが，比例税率化だけの影響を取り出すために，上述の仮定に従って移譲前の額で固定している[22]。一方，各地方団体の平均税率は，比例税率化後の市町村民税率6％になる。

各地方団体の移譲前の点（○）と移譲後の点（×）の間の垂直距離は，各地方団体における移譲前後の平均税率の変化分を意味する。この変化分に移譲前

---

[22] なお，この比例税率化自体が労働供給を変えて課税所得に影響することは，税負担を極力変えないように所得税が改正されていることから，地方団体単位でみればほとんどないと考えられる。

の住民一人当たり課税所得を掛けた値が，比例税率化だけの影響による住民一人当たり算出税額の変化分になる。各地方団体において，移譲後の点の方が移譲前の点よりも高い位置にあるため，大阪府・奈良県の市町村では，比例税率化によって算出税額ベースの所得割は増える。例えば，図中の点 a は，両府県の中で住民一人当たり課税所得額がもっとも低い奈良県御杖（みつえ）村を表すが，この地域は，平均税率が垂直線 ea の分だけ上昇したことになる。この平均税率の上昇分に，住民一人当たり課税所得額を掛けた値が，長方形 abde の面積になり，比例税率化の影響による御杖村の住民一人当たり算出税額の増加分になる。同様に，図中の点 g は，住民一人当たり課税所得がもっとも高い大阪府箕面（みのお）市を表すが，その住民一人当たり算出税額の増加分は，長方形 gcdf の面積にあたる。

② 住民一人当たり調整控除額（(5)式の右辺第2項）の推計

次に，(5)式の右辺第2項である住民一人当たり調整控除額を推計する。これは，2007年度の調整控除額の実際値を，上述の仮定により2006年度に固定した住民数で割った値で推計する。

③ 住民一人当たり税源移譲額の推計

最後に，住民一人当たり調整控除額を，比例税率化による住民一人当たり算出税額の増加分（**図2-6**での各市町村の四角形の面積）から差し引くことにより，住民一人当たり税源移譲が算出される。**図2-7**の散布図は，住民一人当たり税源移譲額の推計値と，移譲前の住民一人当たり課税所得との関係を表している。これより，両者の相関関係は，住民一人当たり課税所得が90万円あたりで正から負へと転じていることがわかる。ただし，前節で述べたように，相対的なばらつきを測る変動係数を格差の指標とした場合，所得割の変化率と変化前の所得割額との関係がポイントであった。**図2-8**の散布図は，税源移譲による住民一人当たり所得割の〈変化率〉と，移譲前の住民一人当たり所得割との関係を表す。税源移譲による住民一人当たり所得割の変化率は，住民一

人当たり税源移譲額を，移譲前の住民一人当たり所得割で割った値になる。なお，ここでの所得割は，算出税額ではなく，税額控除が適用された後の税額になる。図2-8より，両者の間に，はっきりとした負の相関関係がみられる。つまり，住民一人当たり所得割が高い自治体ほど，移譲による住民一人当たり所得割の上昇率が小さいことがわかる。これより，大阪府・奈良県の市町村において，変動係数で測った所得割額の地域格差は，税源移譲により縮小することが推測される。

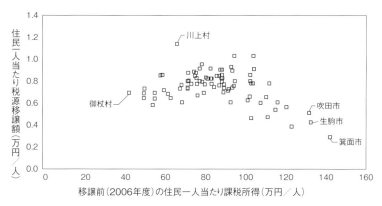

図2-7　住民一人当たり税源移譲額と移譲前の住民一人当たり課税所得（大阪府・奈良県の市町村民税所得割）

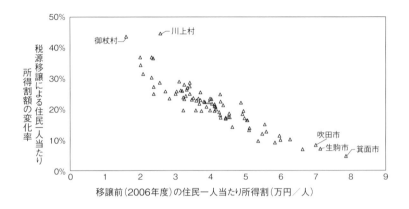

備考：税源移譲による住民一人当たり所得割の変化率は，図2-7にある住民一人当たり税源移譲額を，移譲前（2006年度）の住民一人当たり所得割で割った値になる。なお，ここでの所得割は，算出税額ではなく，税額控除が適用された後の税額になる。

図2-8　税源移譲による住民一人当たり所得割の変化率と移譲前の住民一人当たり所得割（大阪府・奈良県の市町村民税所得割）

(2) 変動係数の比較

　最後に，大阪府・奈良県の市町村間における住民一人当たり所得割の変動係数が，税源移譲だけの影響によってどのように変化したかを推計し，実際値にもとづく変動係数と比較してみる。移譲直前（2006年度）の状況から税源移譲だけの影響により変動した移譲直後（2007年度）の住民一人当たり所得割の推計値（以下，「移譲後の住民一人当たり所得割（推計値）」と略す。）は，以下の式で算出される。

$$\begin{matrix}\text{移譲後の住民一人}\\\text{当たり所得割}\\\text{（推計値）}\end{matrix} = \begin{matrix}\text{移譲前（2006年度）の住民}\\\text{一人当たりの所得割}\\\text{（実際値）}\end{matrix} + \begin{matrix}\text{住民一人当たり}\\\text{税源移譲額}\\\text{（推計値）}\end{matrix} \quad \cdots\cdots(7)$$

　(7)式の右辺の第1項は，上述の**図2-8**と同じく，税源移譲直前における税額控除が適用された後の所得割額を，住民数で割って計算される。右辺第2項は，すでに算出されている。(7)式に従って，各地方団体における移譲後の住民一人当たり所得割（推計値）を算出し，そして，移譲直後の変動係数（推計値）

を計算する。なお，比較に使う移譲前後の実際値にもとづく変動係数値は，第1節の図2-2に掲載されている。これらをまとめたのが，表2-3になる。移譲前後の実際の変動係数は，0.303から0.248へと18.1％分だけ減少した。一方，税源移譲による効果だけが含まれた移譲後の変動係数の推計値は0.191と移譲前の実際値から37.1％の減少となった。この結果より，大阪府・奈良県の市町村において，税源移譲による格差縮小の効果は，ほかの変動要因によって半分程度，相殺されていることがわかる。

表2-3　住民一人当たり市町村民税所得割（大阪府・奈良県の市町村）の変動係数

	移譲前（2006年度）実際値	移譲後（2007年度）	
		実際値	推計値
変動係数	0.303	0.248	0.191
移譲前からの変化率		－18.1％	－37.1％

備考：移譲前後の実際値は，第1節の図2-2と同様。移譲後の推計値は，2006年度の住民一人当たり所得割の実際値に住民一人当たり税源移譲額を足した推計値を用いて計算。

第4節　まとめ

　三位一体の改革の税源移譲では，約3兆円の税源を所得税から個人住民税所得割に振り替えた。この税制改正の中で，所得割の税率をフラットにしたが，これは，地域間の税収格差を縮小することを狙いの一つとした。本章では，比例税率化が所得割税収の地域格差に与える影響の仕組みを考察した。その結果，格差の指標を相対的なばらつきを表す変動係数（＝標準偏差÷平均値）とした場合，道府県民税所得割および市町村民税所得割ともに，変動係数の値が比例税率化によって低下することがわかった。そして，実際のデータからも，所得割税収の変動係数が，税源移譲前後の時期（2006年度から2007年度）に低下していることが確認された。ただし，税源移譲のための税制改正が，所得割税収の地域格差を縮小させる程度を正しく捉えるためには，地域の景気・雇用情勢や定率減税の撤廃といったほかの要因による影響を識別する必要がある。そこで本章では，大阪府・奈良県の市町村別データを用いて，仮に，所得割の比

例税率化および調整控除という制度改正の影響だけを反映した場合の所得割額を推計した。そして，この推計値と実際値との間を変動係数で比較した。結果，税源移譲前後（2006年度から2007年度）にかけた実際の変動係数は，0.303から0.248へと18.1％分だけ減少したのに対し，税源移譲直後の変動係数の推計値は0.191で37.1％分の減少であった。これより，大阪府・奈良県における市町村間でみた場合，税源移譲のため税制改正による格差縮小の効果は，ほかの変動要因によって少なからず相殺されていることがわかった。

第3章　ふるさと納税制度の検証

　この章では，ふるさと納税制度を検証する[1]。2015年度から制度が拡充されたことにより，ふるさと納税の寄附額は急激に増加している。ふるさと納税制度に対しては，返礼品競争の過熱を懸念する意見も多い。

　本章では，ふるさと納税制度を検証し，その改善策を提示する。第1節ではふるさと納税の仕組みと現状についてみていく。第2節ではふるさと納税制度について検証する。第3節では，増毛町でのヒヤリング結果を紹介する。第4節では，ふるさと納税制度の課題とその改善策を提示する。

第1節　ふるさと納税の仕組みと現状

　ふるさと納税制度は，2007年5月の総務大臣による問題提起をその発端としている[2]。その内容は，「地方のふるさとで生まれ，教育を受け，育ち，進学や就職を機に都会に出て，そこで納税する。その結果，都会の地方団体は税収を得るが，彼らを育んだ「ふるさと」の地方団体には税収はない。そこで，今は都会に住んでいても，自分を育ててくれた「ふるさと」に，自分の意思でいくらかでも納税できる制度があっても良いのではないか」というものである[3]。この問題提起を受けて，2007年10月に『ふるさと納税研究会報告書』がまとめられ，2008年度の地方税法改正により，ふるさと納税制度が導入された。2011年1月以降に支出した寄附金からは，適用下限額が5,000円から2,000円に引き下げられた。この節では，ふるさと納税制度を検証するための基礎的な作業と

---

1) 本章は，橋本・鈴木（2016）を加筆修正したものである。
2) 加藤（2010）は，ふるさと納税制度の構想の発端は，2006年10月に西川福井県知事が提案した「故郷寄附金控除」だとしている。
3) 総務省『ふるさと納税研究会報告書』2007年10月，p.1引用。

して，ふるさと納税の仕組みと現状について紹介する。

(1) ふるさと納税の仕組み

　ふるさと納税制度の基本的な仕組みは，都道府県・市区町村に対する寄附金のうち，2,000円を超える部分について，一定限度額まで，原則として所得税と個人住民税から全額が控除されるというものである。

出所：総務省 http://www.soumu.go.jp/main_content/000254924.pdf 引用（閲覧日2015年1月11日）。
図3-1　ふるさと納税制度の詳細（2014年度）

　その仕組みをより詳しくみたものが図3-1である。ふるさと納税制度では，所得税と個人住民税の所得割の双方から税額が還付される仕組みとなっている。所得税については，ふるさと納税以外の寄附金と同様に，2,000円を超える寄附金が所得控除の対象となる。所得控除は課税所得を減少させるものであり，

課税所得に適用される限界税率によって所得税の還付額が変わることになる。個人住民税については，基本分と特例分の控除が適用される。基本分としては，2,000円を超える寄附金に対して10％の税額控除が適用される。特例分は，2,000円を超える寄附金額に，100％から住民税の基本分の税率10％と各納税者の課税所得に応じた所得税に適用される限界税率を差し引いた割合を乗じることで計算される。つまり，所得税における還付額が各納税者の収入によって異なるものを，個人住民税の特例分で調整し，ある一定程度の寄附までは2,000円を超える金額がすべて，所得税と個人住民税を通じて還付される仕組みとなっているのである。たとえば寄附金額が3万円のケースでは，所得税で5,600円が還付され，個人住民税が基本分として2,800円，特例分として1万9,600円が還付されることになる。

　ふるさと納税制度のもとで2,000円の自己負担で寄附が可能な金額は，年収によって変わってくる。これは税額の還付が納めた税額の一定範囲内に限定されているからである。要するに所得が低く，税を負担していない人には還付すべき税が存在しないため，ふるさと納税制度を利用して節税することが不可能となっているわけである。なお，ふるさと納税制度を利用すると納税額が減少するという意味では節税は可能となるが、少なくとも2,000円を寄附していることになる。ただし，多くの地方団体では寄附の半額程度の返礼品を提供しているため，実質的な利益を受け取ることができる。

　このふるさと納税制度は，2015年度からさらに拡充された。具体的には，2016年度分以降の個人住民税について，特例控除額の限度額が個人住民税所得割額の1割から2割に引き上げられた。確定申告不要な給与所得者による寄附を対象として「ふるさと納税ワンストップ特例制度」が創設された[4]。

4）　ふるさと納税ワンストップ特例制度を利用するためには，寄附者は，各自治体から送付された利用申請書を送り返す必要がある。寄附先の自治体は5つまでに制限され，誤って6カ所以上に返送した場合，すべてが無効となる。5カ所以内の寄附の場合は，ふるさと納税による減税が，所得税でなく，ふるさと納税を行った翌年の6月以降に支払う住民税の減額の形でおこなわれる仕組みとなっている。

特例控除の控除限度額を2割に引き上げると，2,000円の自己負担で寄附できる金額が倍増することになる。これは，自己負担2,000円で寄附ができる年収の下限を引き下げる効果と，高所得層が自己負担2,000円で寄附できる金額を押し上げる効果をもたらすことになる。

表3-1　寄附金税制の概要

認定NPO法人等への寄附	所得控除方式	寄附金額 − 2,000円 = 寄附金控除額 寄附金限度額は所得の40%
	税額控除方式	（寄附金額 − 2,000円）× 40% = 寄附金特別控除額 寄附金限度額は所得の40%
ふるさと納税		所得税（国税） （寄附金額 − 2,000円）= 寄附金控除額 寄附金限度額は所得の40% 住民税（地方税） ・基本控除 =（寄附金額 − 2,000円）× 10% ・特例控除 =（寄附金額 − 2,000円）×（90% − 所得税の限界税率）

　このふるさと納税制度は，既存の寄附金税制の一部を借用したものとなっている。既存の寄附金税制とふるさと納税の仕組みをまとめた表3-1にもとづき，両者を比較検討してみよう。既存の認定NPO法人等への寄附は，所得控除方式と税額控除方式のどちらかを選択することができる。所得控除方式は2,000円を超える寄附を所得控除するものであり，寄附限度額は所得の40%に制限されている。税額控除方式は，2,000円を超える寄附の40%を所得税額から差し引くものである。ふるさと納税制度における国税の節減部分は，前者の所得控除方式がそのまま地方団体への寄附に適用されるものである。

　所得税部分は，ふるさと納税制度は既存の寄附金税制を借用したものとなっているが，ふるさと納税制度には，特例部分が存在している。これは前述したように，所得税と個人住民税に適用される基本分で控除しきれなかった部分を調整する措置となっている。既存の寄附金税制のもとでは，寄附金額が増加す

ると所得控除方式・税額控除方式のいずれの方式であっても，かならず自己負担額が増加していくことになるのに対して，ふるさと納税制度には特例分が存在するために，ある一定の範囲までは寄附金額を増加させても自己負担額が2,000円のままですむという特異な制度となっているわけである。このような違いは政策目的の違いで説明できる。既存の寄附金税制は，納税者による寄附を促進するために，寄附の一定割合を政府が補助するという考え方に沿って構築されている。これに対してふるさと納税制度は，寄附金税制の仕組みの一部を借用しているものの，納税者が自分の税を納税する地域を自分で選択できるようにすることを目的としている。

　ふるさと納税制度のもとで，各自治体は自分の自治体に納税地域を変更してもらうために，返礼品を提供していることになる。なお，ふるさと納税による返礼品は，所得税法上一時所得となる[5]。ただし，一時所得が課税対象になるのは，〔(一年間の一時所得の総収入)−(その収入を得るため支出した金額)−50万円〕がプラスの金額になる場合だけである。したがって返礼品の金額が50万円を超えなければ非課税となる[6]。

(2)　ふるさと納税の現状

　まず，全体的な動きからみていこう。図3-2は，ふるさと納税による寄附とそれ以外の寄附の推移を描いたものである。ここで，ふるさと納税による寄附金額は，総務省『寄附金税額控除に関する調（都道府県・市区町村に対する寄附金（ふるさと納税））』各年版の数字であり，ふるさと納税以外の寄附金額は，総務省『市町村税課税状況等の調』各年版の「寄附金税額控除に関する調」に掲載されている寄附金の合計額（道府県民税分）からふるさと納税の金額を差し引いて求めたものである[7]。

---

5)　所得税法第36条第1項。
6)　2014年9月17日付け日本経済新聞記事によれば，宮津市が1,000万円以上の寄附者に対して750万円の土地を無償で提供するプランを発表したところ，課税される可能性があるという総務省の指導により取りやめたという事例が存在している。

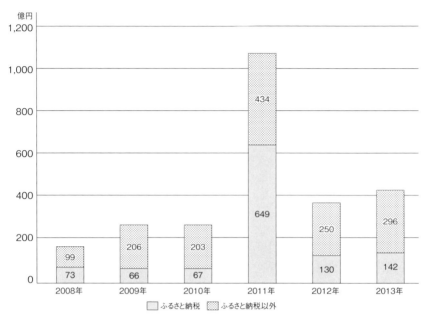

出所：総務省『市町村税課税状況等の調』各年版より作成。

図3-2　ふるさと納税による寄附とそれ以外の寄附の推移

　この図からは，ふるさと納税・ふるさと納税以外の寄附が2008年から2010年にかけて微増し，東日本大震災の影響で2011年に両者とも急増し，2012年には2010年に近い水準まで減少し，2013年には再び増加傾向がみられることがわかった。ふるさと納税制度は，認定NPO法人に対する寄附よりもかなり優遇さ

---

7)　総務省『市町村税課税状況等の調』には，都道府県，市町村，特別区に対する寄附金（ふるさと納税），共同募金会，日本赤十字社に対する寄附金，条例で定めるものに対する寄附金（認定NPO法人等への寄附）の金額と合計額が掲載されている。寄附金の合計額としては，道府県民税分として集計された数字を使用している。道府県分を合計額としたのは，認定NPO法人への寄附が道府県のみで認められ，市町村民税については寄附金控除の対象とならないケースが多いためである。ただし，2008年度については，市町村分の寄附金合計額の方が道府県民分を上回っていたため，市町村分の数字を寄附金総額の数字として採用した。

れている。しかし，2013年度までは，ふるさと納税以外の寄附が抑制されているわけではないことがわかる。

さて，ふるさと納税のもとではどの程度の税収減が生じているのであろうか。地方税の税収減については，総務省が公表している数字がある[8]。しかし，国税については所得控除方式を採用している影響から公表されていない。そこで本章では，国税部分について独自に推計を試みることにした。

図3-1で示したように，国税分については2,000円を超える寄附が所得控除の対象となる。所得控除の場合には，寄附金控除に対する節税額は所得税の限界税率に依存することになる。このため所得税の税収減を推計するためには，所得階級別にどの程度の寄附がおこなわれているのかを知る必要がある。所得階級別に寄附金控除の金額を示した統計データとしては，国税庁『税務統計から見た申告所得税の実態』が存在する。この統計では，合計所得階級別に寄附金控除が適用された人員と金額が入手できる。ただし，この寄附金控除にはふるさと納税だけでなく，認定NPO法人等への寄附金控除の金額も含まれている[9]。

図3-3は，『税務統計から見た申告所得税の実態（2013年度）』のデータを利用して，所得階級別に寄附金の人員と金額のシェアを描いたものだ。この図からは寄附人員は400万円以下の階層と3,000万円以下の階層が多いのに対して，寄附金額シェアは1億円以下の階層が多くなっていることがわかる。つまり，高所得階層の人員は少ないとしても，一人当たりの寄附が多いため，金額のシェアは高所得層に偏った分布になることがわかる。寄附金控除による減収額の

---

8) ふるさと納税の申告額は，総務省「寄附金税額控除に関する調（都道府県・市区町村に対する寄附金（ふるさと納税））」において公表されている。ただし，各年度の数字は，前年の1月から12月までにされた寄附のうち，申告されたものであることに注意が必要である。
9) このため，本稿での推計はふるさと納税による所得階級別の分布状況とそれ以外の寄附についての分布状況に差がないと仮定していることになる。ふるさと納税は1万円程度の小口の寄附も多いため，ふるさと納税以外の寄附を含む所得階級別データを利用した本稿の推計は，税収減を過大に推計している可能性がある。

多さは,寄附金額のシェアに依存するため,高所得層による節税が相対的に多くなるわけである。

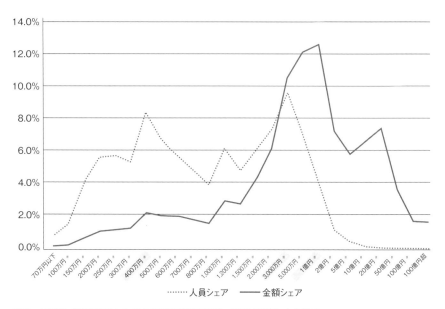

出所:国税庁『税務統計から見た申告所得税の実態(2013年度)』より作成。

図3-3　所得階級別寄附金の人員と金額のシェア

　表3-2は,2013年度の『税務統計から見た申告所得税の実態』,総務省「平成26年度寄附金税額控除に関する調(都道府県・市区町村に対する寄附金(ふるさと納税))」を利用して,所得税の税収減を推計したものだ。この表の第2列と第3列には,それぞれ合計所得階級別の人員と課税所得金額が掲載されている。そこで課税所得金額を人員で割ることで,一人当たりの課税所得金額を求めることができる。この一人当たり課税所得金額に適用される限界税率を所得税の税率表を参照することで判定したものが第5列の限界税率である[10]。所

---

[10] 2013年税制で適用される限界税率は,課税所得195万円以下5%,330万円以下10%,695万円以下20%,900万円以下23%,1,800万円以下33%,1,800万円超40%であった。

得控除方式のもとでは，この限界税率が各所得階級別の節税割合となる。第6列は，『申告所得税の実態』に掲載されている合計所得階級別の寄附金額をシェアに改めたものである。第7列は，合計所得階級別の寄附人員をシェアに改めたものである。第8列は，2013年度のふるさと納税制度における寄附金総額を第6列の寄附金のシェアで比例配分したものである。第9列は，2013年度のふるさと納税の申告人員を第7列のシェアで比例配分したものである。第10列は，第8列で推計した合計所得階級別のふるさと納税の寄附金額から第9列の階級別ふるさと納税人員に自己負担額2,000円を掛け合わせたものを差し引くことで，ふるさと納税の寄附金控除額を推計したものである。第10列の寄附控除額に第5列の限界税率を掛け合わせることで，第11列の階級別の所得税の税収減が推計できる[11]。この税収減を合計すると，ふるさと納税による所得税の税収減の合計値は49億579万円となる。この税収減の合計値を寄附金総額で割ると，国税部分の税収減の比率は34.57％となる。2013年度の地方税における税収減の比率42.7％（総務省調べ）と合わせると，ふるさと納税による税収減は寄附金総額の77.3％となる。

　ふるさと納税制度のもとでは，たとえば給与収入700万円の独身世帯が3万円寄附すると2万8,000円が寄附金控除の対象となり，控除率は約93.3％となる。この数字は本章でのふるさと納税による税収減の推計値よりもかなり高い。これは，自己負担が2,000円を超える場合でも，ふるさと納税がおこなわれていることを示唆するものである。

11）　本章の推計では，上限を超える寄附金の存在については考慮していない。

表3-2 所得税における税収減の推計(2013年度)

合計所得階級	人員(人)	課税所得(百万円)	一人あたり課税所得(万円)	限界税率	寄附金額シェア	寄附人員シェア	寄附金総額(万円)	ふるさと納税人員(人)	所得控除(万円)	所得税の税収減(万円)
70万円以下	183,582	7,983	4	5%	0%	1%	2,447	1,085	2,444	122
100万円 〃	294,152	75,762	26	5%	0%	2%	3,583	2,063	3,578	179
150万円 〃	701,552	327,704	47	5%	1%	4%	10,354	5,469	10,343	517
200万円 〃	774,198	596,077	77	5%	1%	6%	15,466	7,594	15,451	773
250万円 〃	676,694	755,816	112	5%	1%	6%	16,602	7,723	16,586	829
300万円 〃	535,574	804,024	150	5%	1%	5%	18,218	7,210	18,204	910
400万円 〃	746,245	1,574,843	211	10%	2%	8%	31,325	11,296	31,302	3,130
500万円 〃	494,307	1,470,567	298	10%	2%	7%	29,010	9,044	28,991	2,899
600万円 〃	348,474	1,345,008	386	20%	2%	6%	28,398	7,614	28,383	5,677
700万円 〃	257,968	1,224,348	475	20%	2%	5%	25,820	6,405	25,807	5,161
800万円 〃	188,853	1,073,464	568	20%	2%	4%	22,238	5,267	22,227	4,445
1,000万円 〃	251,369	1,772,323	705	23%	3%	6%	41,810	8,323	41,794	9,613
1,200万円 〃	164,249	1,480,704	901	33%	3%	5%	39,364	6,484	39,351	12,986
1,500万円 〃	165,904	1,886,784	1,137	33%	4%	6%	60,160	8,161	60,144	19,847
2,000万円 〃	166,651	2,520,484	1,512	33%	6%	7%	87,902	9,890	87,883	29,001
3,000万円 〃	136,718	3,005,200	2,198	40%	11%	10%	149,591	12,943	149,566	59,826
5,000万円 〃	83,064	2,956,480	3,559	40%	12%	7%	172,222	9,629	172,203	68,881
1億円 〃	41,435	2,683,414	6,476	40%	13%	4%	178,732	5,349	178,721	71,489
2億円 〃	11,168	1,464,989	13,118	40%	7%	1%	103,063	1,549	103,059	41,224
5億円 〃	3,698	1,076,491	29,110	40%	6%	0%	82,878	575	82,877	33,151
10億円 〃	860	587,492	68,313	40%	7%	0%	94,368	141	94,368	37,747
20億円 〃	324	442,093	136,448	40%	7%	0%	105,640	63	105,640	42,256
50億円 〃	174	526,332	302,490	40%	4%	0%	51,946	37	51,946	20,779
100億円 〃	39	258,922	663,903	40%	2%	0%	24,379	12	24,378	9,751
100億円超	18	503,927	2,799,594	40%	2%	0%	23,461	5	23,461	9,384
計	6,227,270	30,421,233			100%	100%	1,418,935	133,928	1,418,710	490,579

出所:国税庁『税務統計からみた申告所得税の実態(2013年度)』,総務省「平成26年度寄附金税額控除に関する調(都道府県・市区町村に対する寄附金(ふるさと納税))」より作成。

表3-3は,表3-2と基本的に同じ手法を用いて,実質寄附額と税収減比率の推移を推計した結果をまとめたものである[12]。この表によると国税と地方税

---

12) ただし,2010年までは自己負担が5,000円だったことを考慮している。

を合計した税収減比率は2008年の60.24％から毎年上昇してきており，2013年には77.3％に達している。これは，ふるさと納税制度における返礼品合戦の過熱から節税と返礼品目当ての寄附が増加してきていることを意味している。

税収減比率からは，税収減金額と寄附金額から税収減を差し引いた実質寄附額が計算できる。2008年から2010年にかけては，寄附金額は約72.6億円から約67.1億円へと減少しており，税収減を取り除いた実質寄附額も約28.9億円から約24.8億円へと減少している。2011年には寄附額が約649.1億円と急増しており，実質寄附額も約228.7億円と大幅に増加している。これは，東日本大震災による寄附が増加したことの影響と考えられる[13]。2012年には，東日本大震災に対する寄附が減少した影響で寄附金額が約130.1億円と減少している。ただし，2010年までの水準と比較すると，寄附金額，実質寄附額ともに増加していることがわかる。2012年から2013年にかけては，寄附金額が約141.9億円へ増加しているものの，実質寄附額は約32.2億円と減少している。

表3-3　実質寄附額，税収減比率の推移

	2008年	2009年	2010年	2011年	2012年	2013年
寄附金額（億円）	72.5996	65.5318	67.0859	649.1490	130.1128	141.8935
実質寄附額（億円）	28.8659	25.9306	24.7921	228.6731	40.1830	32.2112
税収減金額（億円）	43.7337	39.6012	42.2938	420.4759	89.9298	109.6823
所得税減比率	34.18％	32.88％	32.59％	32.40％	34.33％	34.57％
住民税減比率	26.06％	27.55％	30.46％	32.38％	34.79％	42.73％
税収減比率	60.24％	60.43％	63.04％	64.77％	69.12％	77.3％

出所：国税庁『税務統計から見た申告所得税の実態』，総務省「寄附金税額控除に関する調（都道府県・市区町村に対する寄附金（ふるさと納税））」各年版より推計。

---

13) 2011年1月以降の寄附については，下限額が5,000円から2,000円に引き下げられており，この改正も寄附を促進した可能性がある。

図3-4は，都道府県別に個人住民税税収に占める寄附金控除の割合を求めたものである。地方税収に占める寄附金控除の割合が最も高いのは東京都の0.10％，次に高いのが大阪府の0.07％となっている。東京都の税収減が最も高いが，個人住民税税収に占める比率が高いわけではない。2013年度の個人住民税の税収が11兆6,314億円であるのに対して，地方税の寄附金控除総額は61億円にすぎないことからも，ふるさと納税制度が地域間の税収格差を是正する効果は小さいといえる。ちなみに地域間の税収格差是正効果を確認するために，ふるさと納税による減収額が生じなかった場合の都道府県別個人住民税の一人当たり税収と，ふるさと納税による減収後の都道府県別個人住民税の一人当たり税収について変動係数を測定してみると，前者が0.2164，後者が0.2162となった。つまり，ふるさと納税により地域間の税収格差は縮小しているものの，その縮小度合いはきわめて小さいことがわかった。

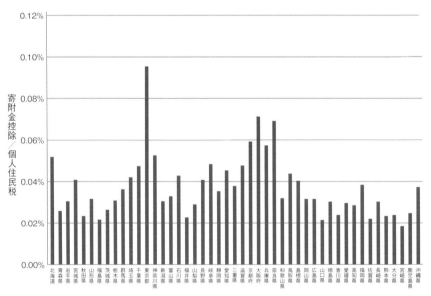

出所：総務省『平成26年度寄附金税額控除に関する調（都道府県・市区町村に対する寄附金（ふるさと納税））』，総務省『平成27年度地方税に関する参考係数資料』より作成。

図3-4　都道府県別にみた寄附金控除／個人住民税税収比率

第2節　ふるさと納税制度の検証

　この節では，ふるさと納税制度における各地方団体への寄附がどのような要因でおこなわれているかを分析しよう。

(1)　寄附の経済効果

　個人の寄附が如何なる要因で決定されるかについては，Becker（1974）が先駆的な研究として挙げられる。Beckerは，経済学の分野では，ある人と，そのある人と異なる特性を持つ人との間にある相互作用（interaction）がほとんど無視されてきたと指摘した。たとえば，子供を学校に行かせる，あるいは贈与するといったことは自分の所得だけでなく，家族全体の所得にも影響を与えることになる。Beckerは，この家族全体という概念を社会全体（social environment）にまで拡大させることで，ある個人の社会への所得移転を寄附として捉えたのである。そこでBeckerは寄附行為について「うわべな寄附行為でも他人からの蔑視を避けたいからあるいは，社会的な賞賛を得たいということでありうる。しかしながら一般的な寄附は，社会的厚生を改善したいという動機で行われることで無駄とはならない。」とした[14]。Beckerの研究は，このような経済主体の利他的動機を効用関数に取り入れた点で，寄附の経済分析において先駆的であるといえよう。

　寄附の効率性の観点からの研究では，Feldstein（1975a,b）およびFeldstein（1980）が先駆的である[15]。Feldstein（1980）は「寄附の効率性」について理論的な分析をおこなっている。Feldsteinは，社会貢献活動を1単位増加させるための費用を，政府が直接負担するよりも民間への補助を通じた支出にした方が効率的であるとした。この場合，寄附優遇税制はより効率的な公共財供給

---

[14]　Becker（1974）p.1083引用。
[15]　Feldstein（1975a）は寄附の価格弾力性と所得弾力性を計測している。Feldstein（1975b）は寄附をどこにするのか（研究では特に宗教団体と教育機関を取り上げている。）へのインセンティブに寄附金控除がどのくらい関係しているのかについて推計している。

を可能にする。Feldstein（1975a）は寄附の価格弾力性と所得弾力性に注目した。寄附優遇税制によって寄附の価格弾性値が絶対値で1を上回るのであれば，優遇税制の存在による寄附金額が税収減よりも上回るので効率的であるからである。また所得弾力性が大きいほど，寄附金控除の上限を撤廃するなど，高所得者へ優遇税制が効果をもつからである。

　Feldstein（1975a）はアメリカにおける1948年から1968年の税務データを用いて実証分析を行った結果，寄附の価格弾性値は概ね絶対値で1.1とした。所得弾性値は1968年データによると，0.822としている。これは所得が1％上昇すると，寄附は0.822％増加することを表している。寄附金の価格弾力性が絶対値で1を超えているなら，寄附金控除により寄附価格が低下すると，税収の減少を上回る寄附が期待できることになる。一方，所得弾力性は1を下回るなら，所得が増加しても，それ以上の寄附の増加が見込めないことになる。これは所得に占める寄附金控除の割合に上限を設定すべき根拠となる。

　日本での先駆的な研究には山内（1997）が存在する。山内（1997）は「寄附促進税制による税収減以上に寄附支出が増加しなければ，寄附優遇税制は効率性の観点からは正当化されない」と指摘したうえで[16]，1990年から1994年の国税庁『申告所得税の実態』における所得階級別データを用いて寄附の価格弾性値と所得弾性値を計測している。山内（1997）は，推計結果として寄附の価格弾性値は絶対値で1.70，所得弾性値は0.23という値を得ている。さらに山内（2014）は，最近の研究成果では寄附の価格弾力性が絶対値で1より小さいというものが多いとしている。この理由として山内（2014）は，過去は集計データで計測されていたものが，最近ではマイクロ・データを利用されるようになってきていること，データ分析手法が高度になってきていることが考えられると指摘している。

　地方団体に対する寄附の要因を調べた研究には跡田（2008）が存在している。跡田（2008）の推計モデルは以下のようになっている。

16）　山内（1997）p.180引用。

$$ln\begin{pmatrix}各地域の\\寄附金額\end{pmatrix} = \alpha + \beta_1 ln\begin{pmatrix}各地域の\\雇用者所得\end{pmatrix} + \beta_2 ln\begin{pmatrix}各地域の\\企業所得\end{pmatrix} + \beta_3 \begin{pmatrix}ダミー\\変数1\end{pmatrix} + \beta_4 \begin{pmatrix}ダミー\\変数2\end{pmatrix}$$

跡田（2008）ではダミー変数1として電源立地地域，ダミー変数2としてユニーク政策地域を採用している。跡田（2008）は，2つの説明変数の係数が統計的に有意ではなく，2つのダミー変数の係数が1％の有意水準で有意であるという結果を得ている。この結果から各地方団体の特殊な要因によって寄附は増大していると述べている[17]。

(2) ふるさと納税の分析

表3-4は，ふるさと納税による居住者の寄附金額の上位10市町村のふるさと納税額（流出額）と，ふるさと納税によって各地方団体が受け取ったふるさと納税額（流入額），企業・団体による寄附を含むふるさと応援寄附（流入額）の状況をまとめたものである[18]。ふるさと納税の人数，寄附金額，控除額は，総務省『平成26年度寄附金税額控除に関する調（都道府県・市区町村に対する寄附金（ふるさと納税））』によるものである[19]。

この表によると，全国の市町村のうち最も寄附が多いのは横浜市であり，港区（東京都），世田谷区がそれに続いている。また東京都下の特別区が約半数を占めている。税収減を意味する控除額の数字は，寄附金額第2位に位置づけられる港区が最も多くなっている。横浜市は寄附金が多いにもかかわらず，寄附金控除の上限を超えた大口寄附が存在するため港区よりも控除額が低くなっ

---

17) 具体的には，福井県と山口県といった電源立地の存在，天理市の宗教法人，芦屋市の高級住宅街の存在を指摘している。
18) なお，世田谷区は，本来のふるさと納税額である個人分の寄附額を把握しておらず，企業分を含めたふるさと応援寄附の金額しかわからないとのことである。
19) 市町村別データの入手については，総務省自治税務局市町村税課課長補佐 山本倫彦氏にご協力いただいた。なお，ふるさと納税額控除額についてはNPO法人等へも同時に寄附をした居住者分についてふるさと納税による控除額部分が分離できないために，推計値となっている。

ていると考えられる[20]。この税収減が各地方団体の個人住民税に占める比率を求めると，港区の0.34％，渋谷区の0.20％が高くなっている。寄附金控除の上限は，個人住民税の所得割の1割（2013年度）だが，すべての人がふるさと納税をおこなうわけではないため，この時点では市町村財政におよぼす影響はそれほど大きくない。さらに，多くの地方団体はふるさと納税制度を利用して寄附金も集めている。そのうえ，上位10市町村のほとんどが地方交付税の交付団体であり，税収減のうち75％は交付税の基準財政収入に算入されることになる。ただし，東京都特別区については地方交付税の対象外であり，都区財政調整制度において補填される。この表の実質ロスは，各地方団体から流出したふるさと納税による控除額のうち交付税等で補填されない部分（控除額の25％分）と各地方団体が受け取った寄附を差し引いて求めたものである[21]。ここでは各地方団体の受け取った寄附金については，企業分を含めた数字を使用した[22]。表からは，横浜市など多くの地方団体では，多額の寄附金を受け取っているために，ふるさと納税による実質ロスは生じていないことが読み取れる。ふるさと納税制度による実質ロスが生じているのは，港区と渋谷区だけである。ただし，この結果は，ふるさと納税制度の制度が拡充される前の2013年度に対するものであり，2015年度のデータを用いた場合には状況が大きく変わることが予想される。

---

20) 横浜市は，「横浜サポーターズ寄附金」として横浜市を応援する寄附金を積極的に集めている。
21) ただし，港区は財政力指数が1を超えており，都区財政調整制度による補填はない。なお，実際には交付税等による補填は，次年度の交付税等でおこなわれることになる。なお，実際の補填額は毎年度の予算状況に左右されるが，本稿では単純化のため，基準財政収入の増加がそのまま交付税の増額につながるものとして試算した。
22) 渋谷区については，企業分を含めた数字について回答が得られなかったため，個人分の数字を使用している。

表3-4 ふるさと納税寄附額上位10市町村の状況（2013年度）

自治体	財政力指数	ふるさと納税（流出額）				ふるさと納税（流入額）	ふるさと応援寄附（流入額）	実質ロス（千円）
		人数（人）	寄附金額（千円）	控除額（千円）	控除額／個人住民税	金額（千円）	金額（千円）	
横浜市	0.96	6,719	593,630	173,011	0.05%	63,257	145,882	−102,629
港区	1.26	1,057	532,755	187,143	0.34%	100	100	187,043
世田谷区	0.54	2,624	398,574	112,149	0.11%	2,168	46,029	−17,991
大阪市	0.9	3,650	325,907	94,596	0.04%	187,930	187,930	−164,281
名古屋市	0.98	3,485	323,173	94,145	0.04%	293,798	456,029	−432,493
新宿区	0.63	1,104	253,559	65,741	0.19%	30,818	39,369	−22,934
福岡市	0.85	1,595	248,994	45,629	0.04%	34,000	31,960	−20,553
渋谷区	0.95	823	237,992	76,475	0.20%	1,385	−	17,734
広島市	0.81	1,257	217,886	26,383	0.03%	15,624	36,362	−29,766
杉並区	0.61	1,221	191,626	36,595	0.07%	19,563	51,092	−41,943

出所：ふるさと納税（流出額）は平成26年度寄附金税額控除に関する調（都道府県・市区町村に対する寄附金（ふるさと納税））、ふるさと納税（流入額）・ふるさと応援寄附（流入額）は地方団体HPおよび電話調査による。

　図3-5は，北海道，神奈川県，愛知県，大阪府，福岡県下の市町村のふるさと納税による寄附額（個人分）と財政力指数の散布図を描いたものである。相関係数は，0.063であり，財政力指数と寄附金額の間にはほとんど相関関係がみられないことがわかる。財政力指数が0.5を下回る財政力の弱い，ふるさと納税制度による応援をより必要としていると考えられる自治体の多くがほとんど寄附金を集められていないこともわかる。一方で，財政力指数が1を超えている神奈川県厚木市のように裕福な自治体でも，多くの寄附金を集めている事例もある。

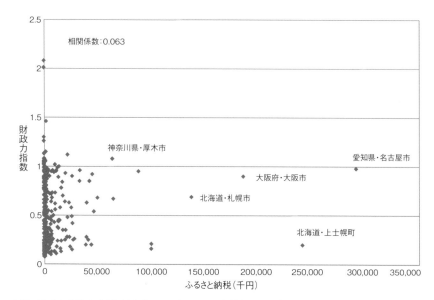

出所:財政力指数は『市町村決算カード』,ふるさと納税額は,自治税務局市町村税課(2015)『ふるさと納税に関する現況調査結果について』より作成。

図3-5 ふるさと納税による寄附額(流入)と財政力指数の散布図

図3-6は,人口とふるさと納税についての散布図を描いたものだ。相関係数は0.508となり,人口とふるさと納税の寄附額の間には弱い正の相関関係がみられることがわかる[23]。名古屋市,札幌市は,返礼品を提供していないし,大阪市も記念メダルなどを送付しているだけであり,特産品目当ての寄附が集まっているわけではない[24]。北海道上士幌町は,後述するように特産品が人気で寄附を集めている地方団体だ。北海道浦臼町は,2013年度に1億円もの個人による大口寄附があった市町村である。

---

23) 横浜市のデータを取り除いた場合には,相関係数は0.597となる。
24) 札幌市は,2016年度から返礼品の送付を開始している。

第3章 ふるさと納税制度の検証 79

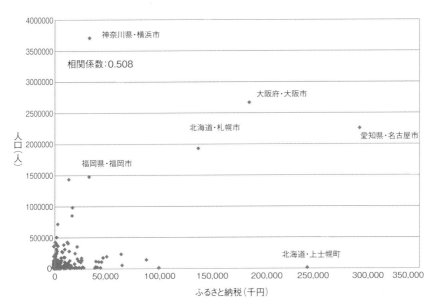

出所：人口は『市町村決算カード』，ふるさと納税額は自治税務局市町村税課（2015）『ふるさと納税に関する現況調査結果について』より作成。

図3-6　人口とふるさと納税の散布図

表3-5　大都市におけるふるさと納税状況

地方団体	財政力指数	返礼品	人口（人）	ふるさと納税（円）
大阪府 大阪市	0.90	×	2,667,830	187,930,000
愛知県 名古屋市	0.98	×	2,254,891	287,473,000
北海道 札幌市	0.69	×	1,930,496	139,173,829
福岡県 福岡市	0.85	○	1,474,326	34,000,126

出所；財政力指数，人口は総務省『平成25年度市町村決算カード』，ふるさと納税額は自治税務局市町村税課（2015）『ふるさと納税に関する現況調査結果について』より作成。

図3-6の散布図からは，人口が多い大都市では多くのふるさと納税による寄附を集めていることが示唆される。そこで，表3-5は，大都市におけるふるさと納税の状況を抜き出したものだ。この表では，福岡市を除く地方団体ではふるさと納税に対して特産品を返礼品として提供していないにもかかわらず多額の寄附を集めていることがわかる。

表3-6 ふるさと納税上位団体による累積シェア

	上位5団体	上位10団体
北海道	40%	53%
神奈川県	69%	87%
愛知県	76%	79%
大阪府	68%	87%
福岡県	57%	78%

出所：自治税務局市町村税課（2015）『ふるさと納税に関する現況調査結果について』より作成。

表3-6は，本章で調査対象とした各道府県下の市町村について，ふるさと納税上位団体の寄附金額の累積シェアを計算したものである[25]。神奈川県，愛知県では，上位5市町村の累積シェアでも7割から8割程度となる。大阪府，福岡県では，上位5市町村では7割から6割程度，上位10市町村では9割から8割程度の累積シェアとなる。北海道については，多くの地方団体でふるさと納税の活用が進んでいるため，上位5市町村で4割，上位10市町村で5割程度のシェアとなっている。

第3節 増毛町のヒヤリング結果について

本章では，ふるさと納税制度を積極的に活用している事例として，北海道増毛町をとりあげることにした[26]。増毛町は，2014年度に寄附金額が急増した自

---

25) 本章で対象とした各道府県下の市町村におけるふるさと納税制度の活用状況については，橋本・鈴木（2016）を参照されたい。

治体である。

　北海道増毛町は，2015年7月末の人口が4,718人の町であり，札幌市内よりJRで約3時間かかる。2013年度の財政力指数は0.13で，個人住民税は1億4,428万円（2014年度予算）となっている。2014年のふるさと納税による寄附金総額は1億1,851万2,200円と，個人住民税に匹敵する規模となっている[27]。主な産業は，農業，漁業，水産加工業，酒造業であり，主な特産品は，サクランボ，リンゴ，甘えび，タコ，ウニ，アワビ，スモークサーモン，数の子などである。

　増毛町のふるさと納税の推移を描いたものが図3-7である。この図でわかるように，2014年度にふるさと納税の件数と金額が急増していることが特徴である。前年度の寄附金額は244万5,000円，件数は76件にすぎなかった。2014年度には，個人の寄附は1億1,851万2,200円，件数は1万1,016件にも達している。なお，増毛町では寄附のほとんどが個人によるものである。2013年度における企業の寄附は1件1万円，2014年度における企業の寄附は11件20万円にすぎない。

　表3-7は，ふるさと納税の寄附金額別の状況をまとめたものである。寄附のほとんどが1万円に集中しており，91.9%を占めている。1万円に続いて多い寄附金額は，3万円，2万円，5万円であり，それぞれ2.8%，2.3%，2.0%となっている。2014年度における増毛町の返礼品の区分は，1万円，3万円，5万円，10万円，100万円となっているが，この寄附区分の影響が100万円以外のところに多少みられることになる[28]。

---

26) 増毛町のヒヤリング調査は，2015年8月5日に実施した。増毛町の調査に際しては，増毛町役場企画財政課課長の坂口功氏，主事の高橋一将氏に協力いただいた。
27) 企業分を含めると，1億1,871万2,200円となる。
28) 2万円の寄附が多い理由は，一日に1万円を2回に分けて寄附した人は，2万円の寄附としてカウントされているためである。

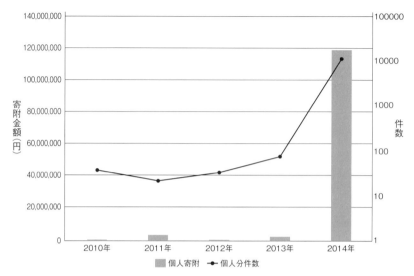

図3-7 増毛町のふるさと納税の推移

　表3-8は，返礼品別の寄附件数とそのシェアをまとめたものである。この表によると返礼品のなかで最も人気を集めたものが「いくら」であり，21.5％を占めている。それに続くのが「たらこ・明太子」の17.4％，「甘えび・ボタンえび」の11.9％であり，「数の子」の9.0％である。これら海産物の特産品で59.8％となる。増毛町ではこれら海産物だけでなく，「さくらんぼ」「りんご」「ぶどう」など果物や，「新巻鮭姿切り身」「ホタテセット」など水産加工品などの人気も高い。

表3-7　ふるさと納税寄附金額別の状況

金額（円）	人数	構成比
5,000	5	0.1%
10,000	8,862	91.9%
10,100	2	0.0%
12,000	3	0.0%
15,000	12	0.1%
16,000	1	0.0%
20,000	219	2.3%
30,000	267	2.8%
40,000	13	0.1%
45,000	1	0.0%
50,000	195	2.0%
60,000	5	0.1%
70,000	1	0.0%
80,000	1	0.0%
90,000	1	0.0%
100,000	56	0.6%
130,000	1	0.0%
150,000	1	0.0%
190,000	1	0.0%
300,000	1	0.0%
合計	9,648	100%

出所：増毛町提供資料より作成。

　表3-9は，2014年度における増毛町の寄附金別の町の負担額を示したものである。2014年度時点での返礼品は，1万円に対しては3割程度の特産品が提供されていたが，寄附金額が多くなるにしたがって還元割合が低くなるように設定されており，10万円に対しては1割，100万円に対しては2.0％の還元率に設定されていた[29]。表3-7において1万円の寄附に集中していたのは，このような還元率の設定によるものだと考えられる。2014年度における返礼品送付の直接経費は3,523万2,147円であり，実質還元率は29.7％だったことになる。

---

29) 2015年度からは，寄附金額にかかわらず3割程度に固定されているとのことである。

表3-8 返礼品別の寄附件数（2014年度）

返礼品	件数	構成比
いくら	2,249	21.5%
たらこ・明太子	1,818	17.4%
甘えび・ボタンえび	1,247	11.9%
数の子	945	9.0%
さくらんぼ	602	5.8%
新巻鮭姿切り身	467	4.5%
りんご	377	3.6%
ホタテセット	317	3.0%
珍味セット	297	2.8%
柔らか煮セット	288	2.8%
国　稀	232	2.2%
ぶどう	213	2.0%
燻製セット	200	1.9%
シードル	177	1.7%
米（ななつぼし）	171	1.6%
ラーメン	148	1.4%
洋梨	125	1.2%
果樹詰合せ	120	1.1%
ニシン製品	113	1.1%
いくら・数の子セット	77	0.7%
ジュース	77	0.7%
プルーン	67	0.6%
ハチミツ	53	0.5%
たこ・いくら・塩辛	49	0.5%
その他海産物	32	0.3%

出所：増毛町提供資料より作成。

表3-9 増毛町の寄附金別負担額（2014年度）

① 1万円以上3万円未満の寄附	3,000円（送料込）
② 3万円以上5万円未満の寄附	5,000円（送料込）
③ 5万円以上10万円未満の寄附	7,000円（送料込）
④ 10万円以上100万円未満の寄附	10,000円（送料込）
⑤ 100万円以上の寄附	20,000円（送料込）

出所：増毛町提供資料より作成。

表3-10は，寄附の使途別の件数を示したものである。使途別で最も件数の多い項目は，指定事業なしの5,901件であり，全体の53.5％を占めている。なお，金額についての構成比でみると，指定事業なしは62.4％を占めている。これは，増毛町への寄附のほとんどが町外からの寄附であることによるものと考えられる。次に件数の多い項目は，次世代を担う子どもたちの育成に関する事業の1,933件であり，全体の17.5％を占めている。

表3-10　寄附の使途別件数（2014年度）

事業名	件数	件数(構成比)	金額（円）	金額(構成比)
地場資源を活用した観光振興と歴史・文化継承に関する事業	693	6.3％	5,712,000	4.8％
次世代を担う子どもたちの育成に関する事業	1,933	17.5％	17,586,000	14.8％
医療，保険，福祉，介護に関する事業	951	8.6％	7,905,000	6.7％
地場産業の振興に関する事業	806	7.3％	6,840,000	5.8％
環境保全に関する事業	743	6.7％	6,601,000	5.6％
指定事業なし	5,901	53.5％	74,068,200	62.4％
計	11,027	100.0％	118,712,000	100.0％

出所：増毛町提供資料より作成。

前述したように，増毛町のふるさと納税は2014年度に急増している。以下では，その原因についてみていこう。

2014年度からふるさと納税が急増した理由としては，第1に，情報発信の強化が挙げられる。2013年度までは，ふるさと納税による返礼品については，町の公式ホームページ上に「特典をお贈りします」という文章のみを表示し，特典内容については電話等での問い合わせのみで告知していたのに対して，2014年度からは町の公式ホームページを全面的にリニューアルし，特典内容につい

ても写真付きで詳しく紹介されるようになった[30]。公式ホームページの更新にあわせて，無料で各自治体の紹介をおこなっている民間の検索サイト，①ふるさとチョイス（無料プラン），②わが街ふるさと納税，③ふるさと納税 特産品情報局に，町の情報についての掲載を依頼した。

　第2に，2014年9月からはふるさとチョイスを有料プランに切り替え，ふるさとチョイス上での申込フォームやクレジット決済を導入した。なお，ふるさとチョイスの有料プランとしては，月額3,750円（税別）の「Yahoo！公金支払い連携お申込フォーム」を，クレジット決済については，基本料金月額1,500円（税別）プラス決済された寄附金額の1％となる「Yahoo！公金支払い」を利用している。

　第3に，ふるさとチョイスの有料プランへの切替えに伴い，新着ページに増毛町の情報が表示され，その情報をみたマスコミからの取材依頼が増加したことが挙げられる。これまで増毛町には，雑誌17社，TV 5番組の取材があったとのことである。

　第4に，2014年度から寄附に対して返礼品を送付する回数を，年1回から無制限に変更することでリピーターを獲得したことが挙げられる[31]。

　増毛町は，このように広報活動を強化することで，返礼品の還元率を比較的低く抑えながらふるさと納税の増加に成功したわけである。海産物，水産加工品，果物，地酒など多彩な特産品を持つ強みを，2013年度までは広告宣伝活動の不足により十分発揮できなかったものを，広報活動の強化により改善できたと考えられよう。

　ふるさと納税が急増したことによる地域活性化の効果としては，ふるさと納税で特産品を入手した個人が同封されたパンフレットで直接注文するケースや，

30）　2013年度までは，返礼品の種類は，海産物・水産加工品，果樹，地酒（国稀・ワイン），その他の4種類であり，寄附者に特典の希望や好き嫌いを聞き取り，ないし町が独自に特典を選択し，業者に発送を依頼していたとのことである。

31）　増毛町役場企画財政課によると，2014年度のリピーターは450名であり，最も年間寄附回数が多かった人で10回だったとのことである。

入札によるえびの価格上昇が漁業者による所得向上につながったことなどが挙げられるとのことである．

第4節　ふるさと納税制度の課題とその改善策

　この節では，ふるさと納税制度の課題について検証する．まず，現在のふるさと納税制度の設計において大きな役割を果たした総務省『ふるさと納税研究会報告書』（2007年10月）での議論を紹介し，ふるさと納税制度の問題点を整理する．この整理と先行研究での議論を踏まえて，ふるさと納税制度の改善策を提起する．

(1)　ふるさと納税研究会報告書

　『ふるさと納税研究会報告書』では，ふるさと納税制度には3つの大きな意義があるとされている．第1は，自分の意思で納税先を選択できることである．納税先を選択することで「自分の意思で納税先を選択するとき，納税者はあらためて，税というものの意味と意義に思いをいたすであろうし，それこそは，国民にとって税を自分のこととして考え，納税の大切さを自覚する貴重な機会となる．」と述べられている[32]．第2に，ふるさとに貢献したいという気持ちが実現できることである．第3に，情報提供の自治体間競争が刺激されることである．

　報告書では，「ふるさと」の概念については，「納税者がどこを「ふるさと」と考えるか，その意思を尊重することが「ふるさと納税」の思想上，より重要との見地に立ち，納税者が選択するところを「ふるさと」と認める広い観点をとることとした．」としている[33]．つまり，ふるさと納税制度では，納税者が応援したい自治体であればどこでも「ふるさと」と考えることで，寄附先の自治体には制限が設定されないことになったわけである．

---

32)　『ふるさと納税研究会報告書』p.2引用．
33)　『ふるさと納税研究会報告書』p.4引用．

寄附金控除割合の設定については，「「ふるさと」に対する寄附を行うことによって，納税者の「税」と「寄附」を合わせた負担は原則として増加させるべきではない」という考え方が強調されている[34]。通常の寄附金税制であれば，寄附金控除は寄附を促進するための補助金政策と考えられるため，控除割合は多くても50％程度に設定されることになる。一方，ふるさと納税制度の本来の出発点は，納税者が自分の意思で納税先を選択する制度であったため，どの地域に納税しても納税額が変わらないように設定すべきだという理屈が優先されたことになる。

　ふるさと納税制度のもとでは，寄附を受け取った地方団体の収入が増加し，寄附をおこなった個人が居住する団体の収入が減少する。このような変化は，各地方団体の財政状況に影響を与えるわけだが，地方団体間の財政調整をおこなっている地方交付税においてもふるさと納税制度による影響を考える必要が出てくる。ふるさと納税研究会の報告書では，地方交付税の扱いについては，従来の地方交付税制度のもとでも寄附金は基準財政収入には算入されないということを考慮して，ふるさと納税による寄附金も基準財政収入には算入する必要はないとしている。さらに，従来の寄附金と同様に，寄附金による税収減少額の75％が基準財政収入に反映されるべきとしている。結局，ふるさと納税制度では，個人住民税の税収をはるかに上回るほどの寄附を集めた団体であっても，交付税が削られることはなくなったわけである。ふるさと納税による税収流出については，地方交付税の交付団体については税収減少額の25％が自治体の負担となり，不交付団体については税収流出の補填がおこなわれないことになった。

　このふるさと納税研究会の報告書は，当初の問題意識にあった自分が生まれ育った地元の市町村に納税する仕組みがあってもよいという点に関してはある程度理解できるものの，ふるさとの定義を「心のふるさと」でもよいとしたことで，当初の理念と現実の制度の間で離齬が生じたのではないだろうか[35]。現

---

34) 『ふるさと納税研究会報告書』p.16引用。

行制度のもとでは,ふるさと納税の寄附先には制限はなく,高額納税者であれば何百カ所でも寄附が可能である。その納税先も応援したい自治体とは関係なく,返礼品の魅力で選んでもかまわない。どの自治体が各納税者の地元であったのかを特定することは,転勤族などのケースも考えると事務的には不可能だったとしても,寄附先を制限しなかったことで,納税者による納税地域の選択という側面を弱め,返礼品の内容による「寄附先」の選択という側面を強めることとなったといえよう。

(2) ふるさと納税制度の問題点とその改善策

このふるさと納税制度については,専門家の間では否定的な意見が多い。まず,ふるさと納税制度は地方税がもつ固有の租税原則としての応益性の観点から,ふるさと納税の懐疑的な意見を表明しているものとしては,佐藤(2007),中里(2007)が存在する。佐藤(2007)は,「応益原則から大きく逸脱しており,税理論的には無理がある」と述べている。地域間の税収格差是正策を考えるならば,「税体系を再構築する本筋を進むべき」ともしている[36]。中里(2007)も,地方の自治体の行政サービスの財源の多くは,国からの財政移転であるため,生まれ育ったふるさとへ納税する仕組みがあってもよいという説明は,この仕組みを正当化できないと指摘している。そのうえで,ふるさと納税制度が格差是正につながる効果は,小さいと指摘している。格差是正策としては有効な政策とはいえないという主張は,本章の**表3-5**において大都市でも寄附を多く集めている事例や,**図3-5**で示したように財政力の弱い地方団体においてふるさと納税の恩恵を十分受けていない事例があることからも裏付けられる。中里(2007)は,ふるさと納税を正当化できるとすれば,「「ふるさと納税」は,地域活性化のツール(手段)としては,意義を見いだしうる。先進的自治体を応援し,自治体間の競争を促す効果が期待できる。」と指摘している[37]。ふる

---

35) 地方税がもつ固有の租税原則としての応益性の観点からは,ふるさと納税の考え方に懐疑的な意見も多い。応益性に関する議論は,中里(2007)による整理も参考となる。
36) 佐藤(2007)引用。

さと納税制度は，寄附と位置づけることもできないと指摘しているのが野口（2007）である。野口（2007）は，自己犠牲を伴わない制度を寄附と呼ぶことはできないと主張している。ふるさと納税制度では，所得割の一定範囲までは自己負担は2,000円のみとなる。2,000円以上の返礼品が提供される地方団体に寄附をおこなえば，自己犠牲は全く生じないことになってしまう。

　また，近年の返礼品合戦への懸念を表明しているものが土居（2014）である。土居（2014）は，「ふるさと納税で得た寄附金は，それを受けた自治体の行政（公益を追求）のために用いるのが基本で，謝礼品は（非営利法人で許されている程度に）特定の者の利益を増やすことがない範囲で認める，というけじめが必要」としている[38]。ただし，具体的な返礼品の還元比率の規制を主張しているわけではなく，「ふるさと納税を契機に起きた地元経済活性化など，副次的な効果が出始めているわけだから，頭ごなしに豪華な謝礼品を禁止するというより，個人の自発的な寄附を尊重しつつ，自治体と非営利法人にある寄附税制での整合性を担保する形で，許される謝礼品の範囲を位置づけるべき」と主張している[39]。

　これらの先行研究での議論と本章での分析結果を踏まえると，ふるさと納税制度の最大の問題点は，既存の寄附金税制にふるさと納税制度特有の特例控除部分を加えることと，多くの地方団体で寄附に対する返礼品が提供されていることによって，ふるさとを応援するという本来の目的ではなく，返礼品の有無で寄附がおこなわれているということに集約できよう。返礼品の提供については土居（2014）が主張するように地域活性化効果もみられることから，地方自治体の良識に期待すべきだろう。

---

37)　中里透（2007）ふるさと納税導入の是非（下）」日本経済新聞，経済教室，2007年5月30日付け朝刊記事引用。
38)　土居（2014）http://toyokeizai.net/articles/-/50954?page=4（閲覧日2016年2月27日）引用。
39)　土居（2014）http://toyokeizai.net/articles/-/50954?page=4（閲覧日2016年2月27日）引用。

ふるさと納税制度の改善策としては，土居（2014）の主張と同様にふるさと納税制度を明確に寄附金税制に位置づけ，認定NPO法人等への取扱いに準じる形に改正すべきだ。具体的には，地方税について設定されている特例部分の段階的廃止を検討すべきである。特例部分の段階的廃止は，税収減を除く実質的な寄附部分がどのように推移するかをみながら決定すべきだろう[40]。特例部分を段階的に廃止すれば，高額の寄附には一定割合の自己負担を伴うようになり，高額所得者の有利さを軽減することにもつながることになるからである。

40） 特例部分を一気に全廃すると，特産品に対する需要が急減し，地域経済に対して影響が大きいと考えられる。控除率を下げることで実質的な寄附がどのように推移するかも確認しながら，実質寄附が減少するなら控除率の引下げを停止することも検討すべきである。

第 2 部

地方交付税改革

第4章　地方交付税改革の概要

　この章では，地方交付税改革の概要を学ぶ。地方交付税は，経済学的には国から地方への一般補助金に分類される。

　本章の具体的な構成は以下の通りである。第1節では，地方交付税の仕組みを学ぶ。第2節では地方交付税改革の議論を整理する。

第1節　地方交付税の仕組み

　この節では，地方交付税の仕組みを学ぶ。地方交付税は，非常に複雑な制度となっており，その仕組みを学ぶことは交付税の抱える課題をあきらかにすることにつながる。地方交付税は，**普通交付税**と**特別交付税**に大別できる。特別交付税とは，災害など特別な財政需要のある地方団体のみに交付されるものである。ただし，東京都も含めてほとんどの地方団体が特別交付税を交付されている。特別交付税を除く，全体の96％が普通交付税である[1]。そこで，本章では基本的に普通交付税についてみていく。

(1)　交付税財源

　交付税は，国税収入の一定割合を財源としている。このことから総務省は，地方交付税は「国税として国が代わって徴収し，一定の合理的な基準によって再配分する，いわば「国が地方に代わって徴収する地方税」（固有財源）という性格」をもっていると説明している[2]。地方消費税も国税である消費税の一部が，消費基準により各地方団体に配分されており，地方交付税も同様に，共

---

[1]　2015年度までは94％，2016年度は95％となっている。
[2]　総務省ホームページ http://www.soumu.go.jp/main_sosiki/c-zaisei/kouhu.html 引用（閲覧日2016年8月15日）。

同税的な性格を持っていると考えているわけである。ただし，地方消費税は，消費税法ならびに地方税法において規定されているのに対して，地方交付税は，税法で規定されているわけではない。また，国税収入の一定割合が地方の財源となることから，交付税は**国と地方の財源配分機能**を果たしているともいえる。

表4-1は，国税のうちどの税目が交付税の財源となるのか，と交付税財源の割合がどの程度かを示す**交付税率**の変遷をまとめたものである。この表に示したように，2015年度にはたばこ税が交付税財源から除外され，新しく創設された地方法人税が加わった。地方法人税は，都市部に偏在する地方法人課税の税収の偏在を是正するために創設されたものである。地方法人税は，国税の法人税額を課税標準として4.4%の税率を乗じて算出されている[3]。

この表でみられる税目の入れ替えは，国の税体系の変化が地方財政に及ぼす影響を小さくするためにおこなわれてきた。

このように国の税体系の変化に伴い交付税率は変更されてきた。しかし，景気の低迷に伴い，国税収入が伸び悩むなかで，交付税財源は，地方団体の財源不足額を大きく下回る状況が続いた。このため，国は2001年度から交付税財源を赤字国債で補填するとともに，地方団体は**臨時財政対策債**（臨財債）を発行している。臨財債は，2001年度の地方財政対策において，交付税及び譲与税配布金特別会計（**交付税特会**）の借入金残高が急増している状況などを踏まえ，発行されるようになった。臨財債は，本来は地方交付税で手当てすべきものを，交付税財源の不足を埋め合わせるために発行している地方債である。

---

[3] 詳しくは，本書の第1章を参照されたい。

表4-1　交付税率の変遷

	所得税	法人税	酒税	消費税	たばこ税	地方法人税
1990年度	33.1%	32.0%	32.0%	24.0%	25.0%	
1991年度	↓	↓	↓	↓	↓	
1992年度						
1993年度						
1994年度						
1995年度						
1996年度				↓		
1997年度				29.5%		
1998年度				↓		
1999年度		↓				
2000年度		32.5%				
2001年度		35.8%				
2002年度		↓				
2003年度						
2004年度						
2005年度						
2006年度		↓				
2007年度		34.0%				
2008年度		↓				
2009年度						
2010年度						
2011年度						
2012年度						
2013年度				↓		
2014年度				22.3%	↓	全額
2015年度	↓	33.1%	50.0%	↓	除外	↓

(備考) 所得税については2000年度から2004年度までは所得譲与税を除いた額に係る率である。消費税については1996年度までは消費譲与税に係る額を除いた額に係る率である。
出所：地方交付税制度研究会編『地方交付税制度のあらまし（2015年度版）』より作成。

　その目的は，国と地方の責任分担の明確化，財政の透明化を図ることであり，交付税特会の財源不足額のうち財源対策債（財源不足を補てんするために増発される建設地方債：5条債）等を除いた額を国と地方で折半することとなった。具体的な折半ルールは，①国はその負担額を国の一般会計から交付税特会へ繰り入れる（交付税特会の歳入における臨時財政対策分の特例加算），②地方は

自らが負担する財源不足額を特例地方債（赤字地方債），すなわち，「臨時財政対策債」収入で賄うというものだ。

なお，臨財債の発行可能額は地方交付税における「臨時財政対策債発行可能額振替前の基準財政需要額」をもとに決定されており[4]，その実態は地方交付税の地方債への振替えといえる。この臨財債の元利償還費用は，基準財政需要額に100％算入される。つまり臨財債は，交付税をもらえない不交付団体を除けば，その返済を交付税で手当してくれることになるわけである。なお，臨財債の元利償還費用の算定は，実績額ではなく，総務省から各地方自治体に割り当てられた「発行可能額」にもとづいておこなわれている[5]。

(2) 交付税の配分方法：基準財政需要額の算定

交付税の配分額は，**基準財政需要額**と**基準財政収入額**を使って算出される。ここではまず基準財政需要額の算定から説明しよう。基準財政需要額は各地方が実際に支出した額ではなく，標準的な行財政運営に必要とされる額である[6]。基準財政需要額はさまざまな行政項目に分けられている。各行政項目はさらに経常的経費と投資的経費に分割されて算定される。具体的には土木費，教育費などの各行政項目の基準財政需要額は，以下のように定式化されている。

基準財政需要額＝単位費用×測定単位×補正係数

ここでは，**単位費用**とは

---

4) 当該決定式の詳細については，『地方交付税のあらまし（各年度版）』等を参照されたい。
5) 地方交付税制度において，臨時財政対策債償還費の取扱いに関する当該ルールが存在するため，臨財債をその発行可能額未満の額で発行している地方自治体は，後年度の地方交付税配分時に，形式的にも実質的にも使途自由な追加的一般財源を獲得できる可能性を有することとなる。
6) 地方交付税法2条3号では，「各地方団体の財政需要を合理的に測定するために，当該地方団体について第十一条の規定により算定した額をいう。」とされている。

$$\text{単位費用} = \frac{\text{標準団体の標準的な歳出} - \text{そのうち国庫補助金等の特定財源}}{\text{標準団体の測定単位の数値}}$$

$$= \frac{\text{標準団体の標準的な一般財源所要額}}{\text{標準団体の測定単位の数値}}$$

と定義される。すなわち，地方団体が標準的な歳出をおこなう場合に必要な一般財源の金額を，**測定単位**1単位当たりで示したものである。標準的な団体とは**表4-2**のように想定されている。

表4-2　標準団体の想定

	人口	面積	世帯数	道路延長
都道府県	170万人	6,500km^2	69万世帯	3,900km
市町村	10万人	160km^2	4.1万世帯	500km

出所：総務省ホームページ http://www.soumu.go.jp/main_content/000030006.pdf（閲覧日：2017年1月21日）より作成。

　測定単位とは，各行政項目の財政需要の大きさを合理的・客観的に反映した指標である。**表4-3**は，費用別の測定単位項目をまとめたものである。たとえば，教育費の場合，教職員数などが使用されている。土木費には道路面積，道路延長などが採用されている。

　補正係数とは，寒冷地などの自然的条件や過疎化など社会的条件で地方団体個別の事情を考慮して，測定単位を割増ないし割り落とすために使われている。たとえば豪雪地帯では除雪費用が必要となるし，過疎地域では人口密度が低く，一人当たりの職員がカバーする行政区域が広くなり，行政費用が余分にかかると考えられるからである。また，政令指定都市など他の市町村とは別の仕事が要求されるケースもある。

表4-3　基準財政需要額の個別算定経費と包括算定経費の測定単位

（道府県分）

個別算定経費

項目		測定単位
警察費		警察職員数
土木費	道路橋りょう費	道路の面積
		道路の延長
	河川費	河川の延長
	港湾費	係留施設の延長（港湾）
		外郭施設の延長（港湾）
		係留施設の延長（漁港）
		外郭施設の延長（漁港）
	その他の土木費	人口
教育費	小学校費	教職員数
	中学校費	教職員数
	高等学校費	教職員数
		生徒費
	特別支援学校費	教職員数
		学級数
	その他の教育費	人口
		公立大学等学生数
		私立学校等生徒数
厚生労働費	生活保護費	町村部人口
	社会福祉費	人口
	衛生費	人口
	高齢者保健福祉費	65歳以上人口
		75歳以上人口
	労働費	人口
産業経済費	農業行政費	農家数
	林野行政費	公有以外の林野の面積
		公有林野の面積
	水産行政費	水産業者数
	商工行政費	人口
総務費	徴税費	世帯数
	恩給費	恩給受給権者数
	地域振興費	人口
地域経済・雇用対策費		人口
地域の元気創造事業費		人口
人口減少等特別対策事業費		人口

包括算定経費

測定単位
人口
面積

（市町村分）

個別算定経費

項目		測定単位
消防費		人口
土木費	道路橋りょう費	道路の面積
		道路の延長
	港湾費	係留施設の延長（港湾）
		外郭施設の延長（港湾）
		係留施設の延長（漁港）
		外郭施設の延長（漁港）
	都市計画費	都市計画区域における人口
	公園費	人口
		都市公園の面積
	下水道費	人口
	その他の土木費	人口
教育費	小学校費	児童数
		学級数
		学校数
	中学校費	生徒数
		学級数
		学校数
	高等学校費	教職員数
		生徒数
	その他の教育費	人口
		幼稚園等の小学校就学前子ども数
厚生費	生活保護費	市部人口
	社会福祉費	人口
	保健衛生費	人口
	高齢者保健福祉費	65歳以上人口
		75歳以上人口
	清掃費	人口
産業経済費	農業行政費	農家数
	林野水産行政費	林業及び水産業の従業者数
	商工行政費	人口
総務費	徴税費	世帯数
	戸籍住民基本台帳費	戸籍数
		世帯数
	地域振興費	人口
		面積
地域経済・雇用対策費		人口
地域の元気創造事業費		人口
人口減少等特別対策事業費		人口

包括算定経費

測定単位
人口
面積

出所：地方交付税制度研究会編『地方交付税制度解説（2015年度）』より作成。

補正には種別補正，**段階補正**，**密度補正**，**態容補正**，寒冷補正，数値急増・急減補正，合併補正，財政力補正がある。これらのうち段階補正は，行政経費にはスケールメリットが生じることを補正するもの，密度補正は，人口密度によって経費が割高・割安になる状況を補正するもの，態容補正は，都市化の程度，法令上の行政権能，公共施設の整備状況など，地方団体の「態容」に応じて補正をおこなうものであり，**投資補正**と**事業費補正**に細分化される[7]。投資補正は，地方団体の投資的経費の必要度で補正するもので，たとえば道路橋梁費の場合，未舗装整備延長比率，交通事故件数等が利用される。事業費補正は，公共事業費の地方負担額等，実際の投資的経費の財政需要を反映させるものであり，たとえば「元利償還金によるもの」については，道路・港湾事業，小中学校整備，ゴミ処理施設等に適用される。このような補正によって各自治体の事情をより反映させた基準財政需要額を算定することができるが，一方で仕組みが複雑になるというジレンマがある。

補正係数は総務省からの省令によって決定されることから，補正係数を変更する際に地方交付税法を改正する必要がない。そのため，中央政府による非効率な地方政府の財源不足を事後的に救うシステムが内在されていると指摘されている。これは「**ソフトな予算制約**」ともいわれる[8]。ソフトな予算制約があると，非効率な財政運営を行っている地方政府は歳出削減へのインセンティブをもたなくなるといわれている。

表4-3では，土木費，教育費など個別算定経費に加えて，**包括算定経費**の測定単位が表示されている。この包括算定経費が，**新型交付税**とよばれるものである。個別の算定経費では，教育の例にみられるように，児童数，学級数などさまざまな測定単位がきめ細かく設定されている。このような精緻化は教育費を正確に算定するのには役立つものの，あまりにも精緻化された基準財政需

---

7) 補正係数についての詳細は，総務省ホームページ http://www.soumu.go.jp/main_content/000030007.pdf（閲覧日：2016年8月16日）を参照されたい。
8) 例えば，赤井・佐藤・山下（2003）p.97，ソフトな予算制約についての展望についての詳細は赤井（2006）第2章を参照されたい。

要額の仕組みは，本来一般補助金として使い途に制限が設けられていないはずのものが，政策的な誘導に利用されているのではないかという疑念も生じさせることになった[9]。

一方，経済学者の間では，精緻化されてつくりあげられた基準財政需要額の総額のほとんどが，人口と面積で説明可能であることから，測定単位を人口と面積を基本として簡素化すべきだという主張がおこなわれてきた。そこで2007年度から新型交付税とよばれる，人口と面積のみを測定単位とする包括算定経費が導入されることになった。しかし，仮に人口と面積でほとんどが説明可能だとしても，小規模団体や寒冷地など特別な行政経費がかかる自治体にとっては，これまでの配分額を大きく変えることには抵抗が強い。そこで，交付税額の一部だけが包括算定経費によって簡素化されることになったのである[10]。具体的には

① 「国の基準付けがない，あるいは弱い行政分野」（基準財政需要額の1割程度）の算定について導入
② 人口規模や宅地，田畑等土地の利用形態による行政コスト差を反映
③ 算定項目の統合により「個別算定経費（従来型）」の項目数を3割削減
④ 離島，過疎など真に配慮が必要な地方団体に対応する仕組みを確保（「地域振興費」の創設）

するものとされた。さらに，新型交付税による各地方団体の財政的な影響を最小化する措置も採用された。

図4-1は，新型交付税の算定方法を示したものである。この図における算定式 $ax + by$ の x は人口規模のコスト差を反映した人口，y には土地利用形態のコスト差を反映した面積が使用されている。x の人口規模のコスト差は，図に示したように人口が大きくなるにしたがって右下がりに設定された係数で配

---

9) たとえば，竹下内閣でのふるさと創生事業は各市町村に1億円の現金を配ったわけではなく，基準財政需要額を1億円ずつ加算する方法で実施された。交付税の不交付団体は，自前の財源でふるさと創生事業を実施した。
10) 具体的には，公債費を除いた基準財政需要額41兆円の約1割（12％）とされた。

慮されている。この係数は都道府県の場合，人口170万人を1として，それより人口が多い都道府県では1を下回り，人口が少ない都道府県では1を上回ることになる。このxに都道府県が12,120円，市町村が22,500円を乗じた金額が人口要素による包括算定経費となる。これはいわばxの部分を調整係数として，人口規模の少ない団体に配慮していることになる。さらに，yの土地利用形態のコスト差を反映した面積は，図に示したように土地の利用形態ごとに乗じられる係数となっている。たとえば都道府県の場合には，宅地を1.00に基準化したもので，耕地の場合には2.87となっている。この係数も宅地よりも耕地の割合が大きい過疎地域に配慮したものとなっている。このyに都道府県が1,262,000円，市町村が2,564,000円を乗じたものが土地要素による包括算定経費となる[11]。

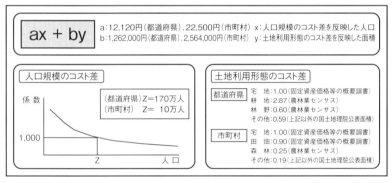

出所：総務省「地方財政関係資料」平成24年2月，総務省ホームページ
　　　http://www.soumu.go.jp/main_content/000150449.pdf（閲覧日2016年8月17日）引用。

図4-1　新型交付税（包括算定経費）の算定方法

11）　総務省「新型交付税関係資料」2006年11月1日によると，人口要素と土地要素の経費が都道府県分については，3対1程度，市町村分について10対1程度で人口要素による部分が多くなるように制度設計されている。

このような配慮に加えて，離島，過疎など条件不利地域への配慮として，地域振興費が創設された。これには，寒冷地手当の支給，へき地に勤務する職員への特地勤務手当など条件不利地域への対応，歳出削減，歳入確保など行革インセンティブ等の課題へ対応したものが含まれる[12]。

(3) 交付税の配分方法：基準財政収入額の算定

基準財政収入額は，各自治体の財政力を合理的に測定するための通常に見込まれる**税収**のことである。基準財政収入額は

基準財政収入額 = 標準的な地方税収入 × 75％ ＋ 地方譲与税等

で算定されている。

標準的な地方税収入は**法定普通税**を主体としたものであり，**表4-4**のように対象税目が決まっている。なお，法定普通税であっても超過課税分は含まれていない。算定対象となる税目は都道府県と市町村で異なり，また政令指定都市（特定都市）では軽油引取税交付金と石油ガス譲与税が算定対象に加えられる。都道府県では，ゴルフ場利用税，自動車取得税，軽油引取税において市町村への交付金が除かれる。標準的税収のうち，基準財政収入額に算入される比率は基本的には75％である。ただし，**表4-5**に示したように，三位一体の改革に伴う税源移譲によって部分的に算入率が100％になっている税目も存在する。このようにして求めた金額に**地方譲与税**等を加算したものが基準財政収入額となる[13]。

この算入率75％の残り25％を**留保財源**比率といい，各自治体に税収が留保される[14]。この留保財源によって各自治体に対して徴税努力を促している。たとえば，地方交付税が交付されている自治体は税収が10億円増収となると，地方交付税が7億5,000万円削減されるものの，残りの2億5,000万円は手元に残る

---

12) 地域振興費の具体的な算定方法については，星野（2010）が詳しい。
13) 地方譲与税以外には交通安全対策特別交付金なども加算される。
14) 留保財源比率は2003年度から道府県分が20％から25％に引き上げられた。

ことになる。

表4-4　基準財政収入額の対象税目

(都道府県)

	項目	算定対象	対象外
一般財源	普通税	(法定普通税のすべて) 道府県民税（除交付金分），事業税 地方消費税（除交付金分） 不動産取得税，たばこ税（含たばこ交付金） ゴルフ場利用税（除交付金分） 自動車取得税（除交付金分） 軽油引取税（除交付金分） 自動車税，鉱区税，固定資産税（特例分）	法定外普通税
	地方譲与税	地方法人特別譲与税，地方揮発油譲与税 石油ガス譲与税	
	その他	都道府県交付金，地方特例交付金	
目的財源	目的税		狩猟税，法定外目的税
	地方譲与税等	航空機燃料譲与税，交通安全対策特別交付金	

(市町村)

	項目	算定対象	対象外
一般財源	普通税	(法定普通税のすべて) 市町村民税，固定資産税，軽自動車税 たばこ税（除たばこ交付金），鉱区税	法定外普通税
	税交付金	利子割交付金，配当割交付金 株式等譲渡所得割交付金，地方消費税交付金 ゴルフ場利用税交付金，自動車取得税交付金 軽油引取税交付金（指定都市のみ）	
	地方譲与税	地方揮発油譲与税，特別とん譲与税 石油ガス譲与税（特定都市のみ） 自動車重量譲与税	
	その他	市町村交付金，地方特例交付金	
目的財源	目的税	事業所税	入湯税，都市計画税，水利地益税，法定外目的税
	地方譲与税等	航空機燃料譲与税，交通安全対策特別交付金	

出所：地方交付税制度研究会編『地方交付税のあらまし（2015年度版）』より作成。

表4-5 税目別の算入率

算入率	道府県分	市町村分
75%	地方税，地方法人特別譲与税，地方特例交付金	地方税，税交付金，市町村交付金，地方特例交付金
100%	税源移譲相当額（個人住民税），税率引上げによる増収分（地方消費税），地方譲与税（除地方法人特別譲与税），交通安全対策特別交付金	税源移譲相当分（個人住民税），税率引上げによる増収分（地方消費税交付金），地方譲与税，交通安全対策特別交付金

出所：地方交付税制度研究会編『地方交付税のあらまし（2015年度版）』より作成。

(4) 地方交付税配分の仕組み

普通交付税の配分は，以上のようにして算定される基準財政需要額と基準財政収入額にもとづき決定される。具体的には，

各団体の普通交付税額 ＝（基準財政需要額 － 基準財政収入額）＝ 財源不足額

となる。この配分の仕組みを図4-2を用いて説明しよう。図の縦軸には基準財政需要額，基準財政収入額，交付税額の人口一人当たりの金額が，横軸には人口規模が採られている。

基準財政需要額は，上述したようにかなり複雑な算定がおこなわれているものの，ほぼ人口と面積だけで説明可能であることが知られている。人口一人当たり金額に直した基準財政需要額は，図のように人口規模に対してU字型になる[15]。人口規模が多くなると，各種施設の固定費用が一人当たりでは減少していくが，あまりにも人口が増加していくと，施設のキャパシティを超えるため，あらたな施設建設が必要となり，一人当たりの金額が増大してしまうと考えられるからである。大都市での人口急増は，道路整備，学校建設などの急激な財政需要の増大を招くわけである。また**政令指定都市**は，道府県の事務の一部を

---

15) 一人当たりの基準財政需要額がほぼU字型になることは本書の第5章でも確認する。

担当するという制度的な要因でも財政需要が増大する。なお，政令指定都市とは，人口50万人以上で政令で指定する市である。

一方，基準財政収入額は，一人当たりの金額でみると，人口規模に対して図のように比例的に増加することになる[16]。これは，地方税収の多くを占めている個人住民税が一人当たりの金額でみると，大都市ほど増加するためである。図4-2で示したように，基準財政需要額が基準財政収入額を上回る人口規模の地方団体は，その差額が交付税として配分される交付団体となり，基準財政収入額が基準財政需要額を上回る団体は不交付団体となる。

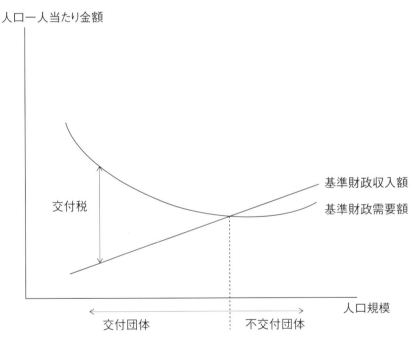

図4-2　地方交付税の配分のイメージ

---

16) ただし，本書の第5章の分析結果では，基準財政需要額ほど人口での説明力は高くない。

(5) 交付税総額の決定

　地方交付税の財源は，上記のように国税収入にリンクして決定する。一方，地方団体の財源不足額の総額は，基準財政需要額と基準財政収入額によって決まることになる。前者はいわば**入口ベースの交付税**であり，後者は**出口ベースの交付税**である。だが，この両者の合計額が一致するという保証はない。

　実は，地方交付税の総額は，**地方財政計画**にもとづいて決定されることになる。地方財政計画とは，地方団体の歳入歳出総額の見込額に関する書類であり，国が国会に提出するとともに，一般に公表するものである。**表4-6**では，2016（平成28）年度の地方交付税額は，16.7兆円となっている。なお，通常収支分となっているのは，東日本大震災の復興費用については別枠で算定されているためだ。地方財政計画の作成過程では，国税からの交付税財源と地方団体の財源不足額の間の不均衡をどのように埋めるかを考える必要がある。この不均衡を埋めるためにとられている措置が**地方財政対策**である。

表4-6　2016年度地方財政計画

通常収支分　　　　　　　　　　　　　　　　　　　　　　（単位：兆円，％）

	区　分	28年度 A	27年度 B	増減額 C=A-B	増減率 C／B
歳入	地方税・地方譲与税等	41.3	40.3	1.0	2.4
	地方交付税	16.7	16.8	▲0.1	▲0.3
	国庫支出金	13.2	13.1	0.1	1.1
	地方債	8.9	9.5	▲0.6	▲6.7
	臨時財政対策債	3.8	4.5	▲0.7	▲16.3
	臨時財政対策債以外	5.1	5.0	0.1	1.9
	その他	5.7	5.6	0.1	1.4
	計	85.8	85.3	0.5	0.6
	一般財源総額	61.7	61.5	0.1	0.2
	（水準超経費除き）「一般財源」	60.2	60.2	0.1	0.1
歳出	給与関係経費	20.3	20.3	▲0.0	▲0.0
	一般行政経費	35.8	35.1	0.7	2.1
	うち補助分	19.0	18.5	0.5	2.4
	うち単独分	14.0	14.0	0.0	0.3
	うち　まち・ひと・しごと創生事業費	1.0	1.0	0.0	0.0
	うち　重点課題対応分	0.3	－	0.3	皆増
	地域経済基盤強化・雇用等対策費	0.4	0.8	▲0.4	▲47.3
	公債費	12.8	13.0	▲0.1	▲1.1
	維持補修費	1.2	1.2	0.1	5.1
	投資的経費	11.2	11.0	0.2	1.9
	うち　緊急防災・減災事業費	0.5	0.5	0.0	0.0
	うち　公共施設等最適化事業費	0.2	0.1	0.1	100.0
	その他	4.0	3.9	0.0	1.1
	計	85.8	85.3	0.5	0.6

※　表示単位未満四捨五入の関係で積上げと合計が一致しない箇所がある。
出所：総務省「平成28年度地方財政計画の概要」より抜粋。

　表4-7は，2016年度地方財政対策のうち地方交付税の確保の部分を抜き出したものである。地方交付税の財源は，**一般会計**でそのほとんどが調達されている。一般会計のうち，交付税の法定率分等は14兆3,295億円を占めており，一般会計における加算措置は8,283億円となっている。この加算措置の内訳は，

折半対象以外の財源不足における補填と，臨時財政対策特例加算に区分されている。**特別会計分**は，地方法人税の法定率分と特別会計における加算措置等，地方公共団体金融機構の公庫債権金利変動準備金の活用で構成されている。

表4-7　2016（平成28）年度地方財政対策の概要：地方交付税の確保

【一般会計】	15兆1,578億円
① 地方交付税の法定率分等	14兆3,295億円
・所得税・法人税・酒税・消費税の法定率分	14兆5,106億円
・国税減額補正精算分	▲1,811億円
② 一般会計における加算措置	8,283億円
・折半対象以外の財源不足における補填（既往法定分等）	5,536億円
・臨時財政対策特例加算	2,747億円
【特別会計】	1兆5,425億円
① 地方法人税の法定率分	6,365億円
② 特別会計における加算措置等	7,060億円
・交付税特別会計借入金償還額	▲4,000億円
・交付税特別会計借入金支払利子	▲1,584億円
・平成27年度からの繰越金	1兆2,644億円
③ 地方公共団体金融機構の公庫債権金利変動準備金の活用	2,000億円

出所：総務省「平成28年度地方財政対策の概要」2015年12月24日より抜粋。

図4-3は，国税収入の一定比率で自動的に決まる交付税財源と交付税総額を比較したものである。1970年代前半は両者はほぼ一致していたが，1970年代後半から1980年代前半にかけては交付税財源が交付税決算額を下回っている。その後1991年のバブル崩壊までの期間は交付税財源が交付税決算額を上回っている。これはバブル期の好調な国税収入の伸びを反映したものである。バブル崩壊以降，現在に至るまでの期間は，交付税決算額を交付税財源が大きく下回る時期が続いていることがわかる。このような交付税財源の不足に対しては，本来は国税収入に対する交付税率の引上げで対処すべきであるものの，国の財政状況の悪化のなかで，交付税特別会計からの借入れや，国の一般会計での赤字国債，地方団体による特別な地方債である**臨財債**で穴埋めがおこなわれている。

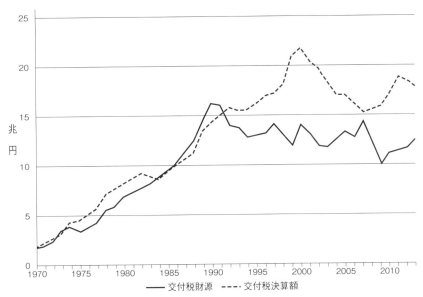

出所：総務省『地方財政白書』各年版より作成。

図4-3 交付税財源と交付税総額の推移（決算額）

第2節 地方交付税改革の議論

(1) 地方交付税の機能

 交付税による**財源保障機能**とは，どの地方団体においても最低限必要な行政サービス水準，**ナショナル・ミニマム**を確保するものである。わが国の場合，地域間の経済格差が存在するために，地方交付税が存在しない場合，貧困な地方団体では，最低限の行政サービスが提供されなくなるおそれがある。そこで，どの地域でも最低限の行政サービスを享受できるように地方交付税が交付されているわけである。

 だが，現在の交付税の財源保障機能は，強力すぎるという批判もある。ナショナル・ミニマムの水準は，時代とともに変化していくものと考えられるが，その範囲を広げていけば，地方団体の非効率的な支出につながるおそれもある。

地方交付税のいまひとつの機能は，地域間での**財政調整機能**である。ただし，現行の交付税では，国が地方交付税を財政力の低い地方団体に手厚く配分し，基準財政収入額が基準財政需要額を上回る富裕な団体は，不交付団体として地方交付税の交付対象からはずすという，間接的な財政調整，いわば**垂直的財政調整**システムを採用している。

　このような垂直的財政調整システムのもとでは，不交付団体の歳出の無駄遣いを生じる可能性もある。富裕団体の歳出の無駄遣いを防ぐなら，地方団体間での直接的な財政調整をおこなう**水平的財政調整システム**を採用する方法も考えられる[17]。

(2) 地方交付税改革の推移

　地方分権推進委員会の最終報告（2001年6月13日）に，「国による歳出や事務事業の義務付けの廃止・緩和を進めるとともに，地域の実情に即した地方公共団体の自主的・主体的な財政運営に資する方向で，基準財政需要額の算定方法のあり方の検討を行い，その一層の簡素化等の見直しを図るべきである。」と述べられている[18]。これをうけて補正係数は2001年から2007年にかけて都道府県では146から73に，市町村では176から143にまで削減されている[19]。

　表4-8は，近年における地方交付税に関する改革の推移をまとめたものである。1998年度には，段階補正の見直しがおこなわれた。具体的には，人口1,000人程度の自治体においては人口が測定単位になっている行政経費について基準財政需要額は大幅に割増していたものを，人口4,000人未満の自治体の割増率を4,000人の自治体の基準で一律化することになり，商工行政費，消防費，保健衛生費等，社会福祉費等について，順次見直しが実施された[20]。この見直

---

17) 水平的財政調整システムとしての「逆交付税」の導入を提言している先行研究としては，齊藤（1997）が存在する。
18) 『地方分権推進委員会最終報告—分権型社会の創造：その道筋—』第3章-Ⅳより引用。
19) 総務省「近年における算定の簡素化・透明化等に向けた取組」を参照 http://www.soumu.go.jp/main_content/000030012.pdf（閲覧日：2016年9月13日）。

表4-8 小泉改革前後における地方交付税制度の改革

改革年度	目的	内容
1998年	段階補正の見直し	人口4,000人未満の自治体の段階補正の割増率を一律化
2001年	国と地方の共同借入としての明確化	臨時財政対策債を認可
2002年	① 事業費補正の見直し ② 段階補正の見直し	① 地方債の充当率が95%から原則90%に引下げ ② 割増率の算定をより効率的な財政運営をしている自治体の行政費を基礎にする
2003年	留保財源比率の見直し	都道府県と市町村の留保財源比率が25%に統一化（都道府県20%から25%へ）
2005年	留保財源比率の見直しに「行革インセンティブ算定」を導入	交付税算定水準より上の行革を実行して経費削減すると，その分を他の行政に使うことができる財源を確保
2006年	さらなるインセンティブ算定	行革に必要な追加経費を算入
2007年	包括算定経費（新型交付税）の導入	人口と面積を基本とした簡素な算定 基準財政需要額の約1割分
2009年	地方交付税の加算	「生活防衛緊急対策」として地方交付税1兆円加算
2010年	① 事業費補正の見直し ② 臨財債発行の見直し ③ 段階補正と人口急減補正の見直し ④ 景気対策費を追加	① 地域偏在事業，先発・後発団体間で不均衡が出ない事業について新規事業の事業費補正を廃止 ② 財政力が弱い自治体に追加発行（財源不足基礎方式の導入と標準化） ③ 標準団体より小さな自治体への段階補正の割増率の引上げ。過去20年の人口減少要因を考慮した算定式を追加 ④ 2009年度の1兆円加算に5,000億円を追加加算

出所：『地方交付税のあらまし（2015年度版）』より作成。

---

20) この改正は，3年かけて行われた。『地方交付税のあらまし（2015年版）』p.64参照。

しの理由として，石原（2016）は，「①小規模団体にあっては職員の兼務の実態があり，かつその実態はそれぞれの団体により異なっていることから，標準的な職員配置を設定することには限界があること，②小規模団体にあっては，測定単位が少なくなっても単位当たりの経常一般財源が増加するという傾向が必ずしも顕著でないこと等」を挙げている[21]。

前述したように2001年度には，交付税特会の不足額に対するために，臨財債を発行することになった。

2002年度には，再び段階補正の見直しがおこなわれている。この改正は，『骨太の方針2001』をうけての改正である。骨太の方針では，「段階補正（団体の規模に応じた交付税の配分の調整）が，合理化や効率化への意欲を弱めることにならないよう，その見直しを図るべきである。」とされていた[22]。具体的には，『地方交付税のあらまし（2015年版）』によると，

① 全団体の平均を基礎として割増率を算出する方法を改め，合理的な財政運営をおこなっている上位3分の2の団体の平均を基礎として割増率を算出
② 各団体への影響を勘案し，平成14年度から3年間で引下げ
③ 見直し対象費目
　　消防費，その他の土木費，その他の教育費，社会福祉費，保健衛生費，高齢者保健福祉費，農業行政費，商工行政費，企画振興費，徴税費，戸籍住民基本台帳費，その他の諸費

とするものである。図4-4は，この2002年度における段階補正見直しのイメージ図である。小規模団体に傾斜配分されていた段階補正が，ゆるやかな補正へと改正されたことが読み取れる。この新しい段階補正の考え方は，公共事業の価格決定方式としての**ヤード・スティック方式**との類似性を示している。ヤードスティック方式とは，電気料金などの公共事業の価格決定の際に，効率的な経営を行っている企業のコストを目安として料金水準を決定するものだ。岡

---

21) 石原（2016）p.302引用。
22) 『骨太の方針2001』p.25引用。

本 (2002) は,「地方自治体の基準財政需要額を設定することは公共料金設定とは同じではないが,今回の段階補正係数の見直しは仕組み・機能としては相通じるものがある。(このヤード・スティック方式との対比は,中井英雄近畿大学教授のご教示による。)」と述べている[23]。

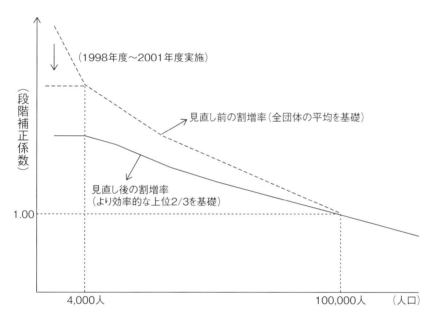

出所:内閣府「経済財政諮問会議提出資料(2001年11月2日(総務省提出)」より作成。

図4-4 2002年度における段階補正見直しのイメージ図

2002年度には,事業費補正の見直しもおこなわれた。見直しの背景としては,バブル崩壊後の経済対策としておこなわれた公共事業の有効性について議論されていたことが挙げられる。具体的には,国がおこなう経済対策の手段として事業費補正によって地方単独事業が誘導されていたことが問題視されたのである[24]。公共事業分については,事業費補正及び公債費方式による算定について

---

23) 岡本 (2002) p.119引用。

地方負担分から見直しされた。具体的には，地方債の充当率が95％から原則90％に引き下げられた。この引下げ分は，標準事業費方式（人口等の測定単位に応じた算入措置）に振り替えられた[25]。

2003年には，都道府県の**留保財源**比率が20％から25％へ引き上げられた。先述したように，標準的な地方税収はその全額が基準財政収入額に算入されるわけではなく，一部が地方団体の財源として留保されることになっている。この留保部分を引き上げることで，地方団体の徴税努力や企業誘致などでの地方税収増加へのインセンティブ効果を期待したわけである。この引上げに伴い，留保財源比率は道府県と市町村ともに25％に統一されることになった。

2005年からは，より一層の行政改革を促すために「行革インセンティブ算定」が導入されることになった。行革インセンティブ算定は，『骨太の方針2004』を反映して導入された算定方法である[26]。「地方自治体の経営努力が報われる算定」とされ，「経営努力算定」ともいわれる。経営努力算定は，行革にかかる経費を算入して，その上で客観的な指標を用いて算入経費額を増減させる仕組みを取り込んでいる。2005年に導入された経営努力算定は，「その他の諸費（人口）」と「徴税費」である。大阪府の資料によると，その他の諸費について

---

24) このことについては，『骨太の方針2001』に「事業の採否を検討する場合，地方が自らの財源を充てるのであれば，その事業に要する費用と効果を比べて事業を採択することになる。しかし，現在は，特定の事業の地方負担を交付税で措置する仕組み（地方債の償還費を後年度に交付税措置する仕組み等）と補助金の組合せによって，事業費の大半が賄えることも多い。そのため，地方の実質的負担が少ない事業にインセンティブを与え，地方が自分で効果的な事業を選択し，効率的に行っていこうという意欲を損なっている面がある。こうした地方の負担意識を薄める仕組みを縮小し，自らの選択と財源で効果的に施策を推進する方向に見直していくべきである。」と述べられている。(p.24引用)。

25) 事業費補正の見直しについては，岡本（2002）及び石原（2016）を参照されたい。

26) 内閣府（2004）では，「三位一体の改革」において「地方交付税については，地方団体の改革意欲を削がないよう，国の歳出の見直しと歩調を合わせて，地方の歳出を見直し，抑制する。一方，地域において必要な行政課題に対しては，適切に財源措置を行う。これらにより，地方団体の安定的な財政運営に必要な一般財源の総額を確保する。また，地方団体の効率的な行財政運営を促進するよう，地方交付税の算定の見直しを検討する。」と述べられている。(p.6引用)。

は,「IT 経費など歳出削減の取組強化に要する経費を算入し,一定割合を決算統計の人件費・物件費等の増減率を歳出削減の実績を示す指標に用いることで補正措置」とされている[27]。徴税費については,「休日・時間外滞納整理経費等の徴税の取組み強化に要する経費を算入し,一定割合を税徴収率の増減や全国平均との差を徴税強化の実績を示す指標に用いることで補正措置」とされている[28]。

2007年度には,基準財政需要額の1割程度について各都道府県・市町村の人口と面積を反映させた包括算定経費が導入された。これにより,算定項目数が2006年から2007年にかけて都道府県で42から32に,市町村で53から36に減少した[29]。その後,2001年から2011年にかけて補正係数は都道府県では146から72に,市町村では169から141にそれぞれ減少した[30]。

2009年度は前年に起きたリーマン・ショックによる景気後退が地方に対して大幅な財源不足になるとの懸念があり,地方交付税の加算が行われた。具体的には「生活防衛のための緊急対策」に基づいて地方交付税が1兆円加算された[31]。さらに,第1次安倍政権で実行された行革インセンティブ算定も廃止された[32]。

2010年度には,①事業費補正の見直し,②臨財債発行の見直し,③段階補正の復元,④人口急減補正の見直し,⑤景気対策費の追加がそれぞれおこなわれた。

---

27) 大阪府総務部市町村課財政グループ(2006)p.15引用。
28) 大阪府総務部市町村課財政グループ(2006)p.16引用。
29) 総務省(2012)「地方財政関係資料」(2012年2月)p.15参照。
30) 総務省(2012)「地方財政関係資料」(2012年2月)p.15参照。
31) これに加えて地方財政計画の歳出に「地域雇用創出推進費」として1兆円が計上されている。
32) 石田(2014)は行革インセンティブ算定は歳出削減と徴税強化を目的としたものであったが徴税強化への影響はなかったと結論づけている。その理由としては,徴収率についての基準財政需要額の加算額の規模が小さかったこと,また地方がインセンティブ算定を評価していなかったことが挙げられている。

2010年度の事業費補正の見直しでは，以下のような新規事業の事業費補正が廃止された。補助事業・国直轄事業については，港湾，漁港，まちづくり交付金，地域住宅交付金，給食施設，補助ダム等であり，地方単独事業については，地方道路，ふるさと農道，ふるさと林道，合併推進，都市再生等である。

　臨財債の見直しとしては，人口を基礎に発行可能額が決められるという人口基礎方式であったものを，財源不足額と財政力を追加させるという財源不足額基礎方式の2段階方式が導入された。

　三位一体の改革で行われた包括算定経費の導入によって不利になるような財政力が弱い自治体への対応として段階補正と人口急減補正の見直しがなされた[33]。段階補正の復元としては，標準団体未満の市町村で行われた段階補正の縮減（700億円）が復元された。人口急減補正の見直しでは，200億円が復元された[34]。

　景気対策として地方交付税の加算措置がおこなわれた。具体的には，雇用対策・地域資源活用臨時特例費として4,500億円が基準財政需要額に計上され，活性化推進費として5,350億円が通常費目の単位費用に加算された。この結果，地方交付税総額は約1兆円が増額された。これらのような補正係数の見直しが行われていることに対して，飛田（2011）は，補正係数の見直しについては「三位一体改革を経て多くの自治体が格差拡大の声が上がるなかで，近年交付税の増額や配分機能の充実が図られていることは，それまでの補正係数の見直しが明らかに度を超えたものであったことを示唆している。」としている[35]。

---

33) 『地方財政白書（2010年度）』第2部-2-(3)「地方交付税の算定方法の見直し等」において，「平成22年度の普通交付税の算定において，条件不利地域や小規模の市町村において，必要な行政サービスが実施できるよう，段階補正及び人口急減補正の見直しを行うこととしている」と述べられている。

34) 『地方交付税のあらまし（2015年度版）』p.65を参照。

35) 飛田（2011）p.40引用。

(3) 交付税改革の議論

　交付税の改革に対する議論は，地方団体の財政運営の効率化への誘因を重視する交付税廃止論に沿ったものと，三位一体の改革が地域格差を拡大したという認識から交付税による財源保障を強化すべきだというものに大別できる[36]。

　前者の代表的な議論には，吉田（1998）が挙げられる。吉田（1998）は，地方交付税制度の存在が日本全国にシンフォニーホールや美術館などのハコモノが作られることにつながったという認識から「地方交付税制度はもともとはナショナル・ミニマムを実現するためのものであったが，可能な限り地方行政を拡大させるナショナル・マクシマムを実現する制度となっている」と述べている[37]。そのうえで，「地方交付税は矛盾でしかなく，この制度が廃止されるときが，日本に地方自治が生まれるときである」としている[38]。地方交付税が廃止されるまでの過渡的な措置としては，富裕団体から財源不足団体間での資金移転をおこなう**水平的な財政調整**を提案している。水平的な財政調整は，国が財源不足団体に手厚く交付税を配分するという現行の**垂直的な財政調整**よりも財政の効率化を意識したものである。現行の交付税のもとでは，財源が余剰している地方団体は，地方交付税の不交付団体となる。不交付団体においては，財源の余裕から豪華な庁舎の建設など無駄遣いがおこなわれる可能性が懸念される。水平的な財政調整のもとでは，地方団体間で財政調整をおこなうことでこのような無駄遣いの可能性を減らし，国から地方への財政移転も減らすことができるため，国の財政再建の観点からも望ましいというわけである。具体的な仕組みとしては，「一人当たりの税収ギャップを基準に，余剰団体から不足団体に一括で移転する。この場合，ある期間を想定して年々減額していくことが求められる」と述べている[39]。

---

36) より詳細な交付税改革に関する議論の整理は，赤井・佐藤・山下（2003）p.18～p.23を参照されたい。
37) 吉田（1998）p.141引用。
38) 吉田（1998）p.209引用。
39) 吉田（1998）p.209引用。

先述したように,ふるさと創生事業が,実際には地方交付税の**基準財政需要額**に加算するという仕組みが採られたことや,平成不況下で国が地方に景気対策のために単独事業を促進するために,地方債の元利償還費用も基準財政需要額に加算するようになったことを背景として地方交付税を「ナショナル・ミニマムのためにあると考えるのは誤り」だとしているのが赤井・佐藤・山下（2003）である[40]。赤井・佐藤・山下（2003）は,政府間の補助金の必要性は認めつつ,地方交付税制度にかわる制度として,「従来の地方交付税と国庫支出金を統合した,（全額,国税でファイナンスされる）新たなブロック補助金を創設」すべきとしている[41]。ブロック補助金の特徴としては,「財源保障の対象を特定の公共（基礎）サービスに限定し,「ナショナル・ミニマム」を保障する」ものとしている[42]。さらに地域間の財政力格差を是正することも必要だとして,「国（中央政府）の裁量を最小化するため,中央官庁を介さず,水平的に（地方間で）担われるべき」として,水平的な財政調整制度を支持している[43]。

　交付税における財源保障を強化すべきだとしているのが川瀬（2011）である。川瀬（2011）は,「教育や福祉などソフト面においては,ナショナル・ミニマムが達成されたとは言い難く,地域格差や所得格差がさらに拡大している」として[44],「地域間格差の拡大に対しては,地方交付税制度のもつ財源保障機能を高めていく必要がある」と主張している[45]。

---

40) 赤井・佐藤・山下（2003）p.10引用。
41) 赤井・佐藤・山下（2003）p.166引用。
42) 赤井・佐藤・山下（2003）p.167引用。
43) 赤井・佐藤・山下（2003）p.190引用。
44) 川瀬（2011）p.67引用。
45) 川瀬（2011）p.150引用。

第5章　交付税改革の検証

　この章では，近年における交付税改革が地方財政に与えた影響について検証する[1]。

　この章の具体的な構成は以下の通りである。第1節では，地方交付税の現状についてみていく。第2節では，交付税改革による基準財政需要額の構造変化について検証する。第3節では，基準財政収入額の構造変化について検証する。第4節では，本章で得られた結果をまとめる。

第1節　地方交付税の現状

　以下では，地方交付税の現状をみておこう。図5-1は2001年度から2012年度までの基準財政需要額，基準財政収入額及び，地方交付税の推移を表したものである。図5-1によると，地方交付税が最も多額であったのは2002年度であり，19.5兆円となっている。2003年から2007年にかけて三位一体の改革が実行されていくが，この間において地方交付税は総計で4.3兆円減少している。2010年度と2011年度では民主党政権下で予算が編成されているが，それぞれの年度の地方交付税は17.2兆円と18.8兆円と増額され，三位一体の改革開始時の水準に戻っている。

　基準財政需要額は，2001年度から2004年度まで低下傾向にあり，その後，2008年度まで微増の傾向にある。2009年度に微減するが，その後は横ばい傾向になっている。基準財政収入額は，小泉内閣時代の景気上昇期間中に増加傾向にあり，その後は，2008年のリーマン・ショックやその後の欧州危機などの影響を受けた景気低迷によって減少傾向となっている。

---

1)　この章は，鈴木（2016）の一部を加筆修正したものである。

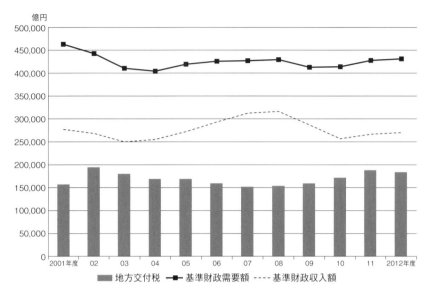

出所:総務省『地方財政統計年報』各年版より作成。

図5-1 基準財政需要額,基準財政収入額,地方交付税の推移

　第1章でみたように,地方交付税は国税収入の一部を財源としているが,慢性的に財源不足となっている。図5-2は2001年度から2012年度にかけての交付税財源と地方交付税額の推移を描いたものである。図によると,この期間中に交付税財源によって地方交付税を賄うことができていない。三位一体の改革による交付税の減少及び,好景気による国税収入(交付税財源)の増加に伴い,2007年度には財源不足は解消に近づいたものの,2008年以降は,リーマン・ショックによる国税収入の低下と,地方交付税の増額によって,再び交付税の財源不足が拡大していることがわかる。

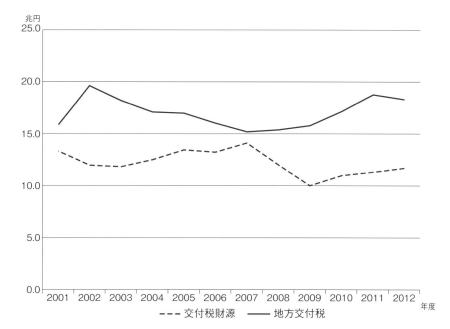

出所:『地方交付税のあらまし(2015年度版)』,国税庁『国税庁統計年報書』各年版より作成。

図5-2 地方交付税と交付税財源の推移

第2節 基準財政需要額の構造変化

この節では,基準財政需要額の構造変化について検証する。三位一体の改革の効果を検討するために,2006年度,2007年度,2010年度を取り上げることにした。2006年度と2007年度の比較では,包括算定経費の影響をみることができる。2006年度と2010年度の比較では,三位一体の改革前後の影響をみることができる。

(1) 基準財政需要額の構造変化

表5-1は,道路橋りょう費の行政事務内容をまとめたものである。予算において「節」は「目」を性質別に区分したものである。道路費の場合は道路総

表5-1　道路橋りょう費の行政事務内容

細目	細節	行政事務内容	根拠法令
道路費	(1) 道路総務費	(1) 道路橋りょう費関係職員の設置に関する業務 (2) 指定区間外の国道及び道府県道の調査に関する事務	道路法 道路整備事業に係る国の財政上の特別措置に関する法律 同法施行令 交通安全施設等整備事業に関する法律 同法施行令
	(2) 道路維持費	指定区間外の国道及び道府県道（橋りょう含む。）の維持及び修繕に関する事務	
	(3) 一般道路改築費	国道，道府県道の改築に関する事務	
	(4) 交通安全施設等整備費	交通安全施設等の整備に関する事務	

出所：地方交付税制度研究会編『地方交付税制度解説（平成27年度）』より作成。

表5-2　道路橋りょう費の測定単位

「道路の面積」を測定単位　　　　　　　　　　　　　　　　　　　　　　（単位：千円）

細目	細節	総額	国庫支出金	一般財源 (A)	単位費用 (A)／3,100万 m²（円）
道路費	(1) 道路総務費	1,167,013	−	1,167,013	37,646
	(2) 道路維持費	3,838,284	61,000	3,777,284	121,848
	合計	5,005,297	61,000	4,944,297	159,000
内訳	給与費	448,650	−	448,650	14,473
	その他	4,556,647	61,000	4,495,647	145,021

「道路の延長」を測定単位　　　　　　　　　　　　　　　　　　　　　　（単位：千円）

細目	細節	総額	国庫支出金	一般財源 (A)	単位費用 (A)／3,900km（円）
道路費	(1) 一般道改築費	9,904,000	4,004,000	5,900,000	1,512,821
	(2) 交通安全施設等整備費	2,515,000	685,000	1,830,000	469,231
	合計	12,419,000	4,689,000	7,730,000	1,982,000

出所：地方交付税制度研究会編『地方交付税制度解説（平成27年度）』より作成。

務費,道路維持費,一般道路改築費,交通安全施設等整備費の4つの性質に分けられている。そのそれぞれの細節に行政事務内容と根拠となる法令がついている[2]。

表5-2は,道路橋りょう費の基準財政需要額を決定するにあたっての道路の面積と道路の延長の測定単位をまとめたものである。測定単位標準団体の行政規模として,道路の面積は3,100万 m^2,道路の延長は3,900kmとされている。「道路の面積」を測定単位とした道路費の場合,給与費とその他を含んだ総額が50億529万7,000円となり,ここから国庫支出金である6,100万円を差し引いた一般財源が49億4,429万7,000円となる。この額を標準団体の道路面積である3,100万 m^2 で割ると,単位費用が15万9,000円と求められる。

「道路の延長」を測定単位とした場合の単位費用は一般財源を割る値が異なることになる。この単位費用を各道府県の道路面積と道路延長の値に乗じることで各道府県の橋りょう費の基準財政需要額が決まる。この上に補正係数が考慮されて最終的な基準財需要額が決定することになる。

表5-3は,三位一体の改革の前後における単位費用がどのように変化したのかについてまとめたものである。2007年度から測定単位の簡素化がなされているので,比較可能なものだけについて変化率を求めている。全般的にみると,教育費(小中学校費,特別支援学校費)と厚生労働費の衛生費の増加と,土木費(道路橋りょう費,港湾費)の減少が目立つ。基準財政需要額はハード面からソフト面にシフトしていることがわかる。

(2) **人口と面積による基準財政需要額の推計**

表5-3にあるように基準財政需要額は人口と面積によって決定される部分が多い。そのため,これまで基準財政需要額が人口と面積でどの程度説明できるかについての回帰分析が数多くおこなわれてきた。

---

[2] 井堀他(2006)が言及しているように,「道路橋りょう費の道路面積や道路延長,市町村の小学校の学級数など,法令とは直接の関係なく,設定されている」(p.5引用)。

表5-3 三位一体の改革前後における単位費用の比較（道府県分）

項目		測定単位	経常投資の別	単位費用（千円）2000年度	項目		測定単位	単位費用（千円）2007年度	単位費用伸び率
警察費		警察職員数	経常	10,590,000	警察費		警察職員数	9,001,000	-15%
土木費	道路橋りょう費	道路の面積	経常	248,000	土木費	道路橋りょう費	道路の面積	161,000	-35%
		道路の延長	投資	6,448,000			道路の延長	2,434,000	-62%
	河川費	河川の延長	経常	142,000		河川費	河川の延長	151,000	
			投資	792,000					
	港湾費	係留施設の延長（港湾）	経常	35,700		港湾費	係留施設の延長（港湾）	33,400	-6%
		外郭施設の延長（港湾）	投資	8,940			外郭施設の延長（港湾）	6,290	-30%
		保留施設の延長（漁港）	経常	35,700			係留施設の延長（漁港）	12,900	-64%
		外郭施設の延長（漁港）	投資	6,310			外郭施設の延長（漁港）	6,210	-2%
	その他の土木費	人口	経常	1,420		その他の土木費	人口	1,670	
			投資	2,530					
教育費	小学校費	教職員数	経常	5,310,000	教育費	小学校費	教職員数	6,493,000	22%
	中学校費	教職員数	経常	5,166,000		中学校費	教職員数	6,513,000	26%
	高等学校費	教職員数	経常	7,884,000		高等学校費	教職員数	7,320,000	-7%
		生徒数	経常	71,500			生徒数	65,900	
			投資	54,500		特別支援学校費	教職員数	6,413,000	18%
	特別支援学校費	教職員数	経常	5,423,000			学級数	2,394,000	
		児童及び生徒数	経常	276,000		その他の教育費	人口	1,930	-14%
		学級数	経常	1,297,000			公立大学等学生数	256,000	-32%
			投資	1,670,000			私立学校等生徒数	241,600	12%
	その他の教育費	人口	経常	2,240	厚生労働費	生活保護費	町村部人口	6,600	25%
		公立大学等学生数	経常	374,000		社会福祉費	人口	8,850	
		私立学校等生徒数	経常	215,900		衛生費	人口	11,400	99%
厚生労働費	生活保護費	町村部人口	経常	5,300		高齢者保健福祉費	65歳以上人口	46,000	
	社会福祉費	人口	経常	6,560			75歳以上人口	66,100	
			投資	477		労働費		565	-26%
	衛生費	人口	経常	5,730	産業経済費	農業行政費	農家数	112,000	12%
	高齢者保健福祉費	65歳以上人口	経常	42,100		林野行政費	公有以外の林野の面積	4,650	7%
		70歳以上人口	経常	3,940			公有林野の面積	11,300	2%
				39,500		水産行政費	水産業者数	288,000	
	労働費	人口		761		商工行政費	人口	2,110	-25%
産業経済費	農業行政費	農家数		99,800	総務費	徴税費	世帯数	7,800	-16%
		耕地の面積	投資	88,200		恩給費	恩給需給権者数	1,225,000	-14%
	林野行政費	公有以外の林野の面積	経常	4,340		地域振興費	人口	629	
		公有林野の面積	経常	11,100	公債費	災害復旧費		950	
		林野の面積	投資	9,310		補正予算債償還費（平成10年度以前許可債に係るもの）		800	
	水産行政費	水産業者数	経常	228,000		補正予算債償還費（平成11年度以降同費（許可）債に係るもの）		56	
			投資	66,600		地方税減収補てん債還費		24	
	商工行政費	人口		2,800		地域財政特別対策債還費		38	
その他行政費	企画振興費	人口	経常	2,030		臨時財政特例債償還費		87	
			投資	1,180		財源対策債償還費		65	
	徴税費	世帯数		9,250		減税補てん債償還費		73	
	恩給費	恩給需給権者数	経常	1,426,000		臨時税収補てん債償還費		126	
	その他諸費	人口	経常	5,040		臨時財政対策債償還費		71	
			投資	4,070		地域改善対策特定事業債等償還費		800	
		面積	投資	1,236,000		公害防止事業債償還費		500	
公債費	災害復旧費			950		石油コンビナート等債償還費		500	
	補正予算債償還費（平成10年度以前許可債に係るもの）			800		地震対策緊急整備事業債償還費		500	
	補正予算債償還費（平成11年度許可債に係るもの）			12		被災者生活再建債償還費		800	
	地方税減収補てん債還費			70		原子力発電施設等立地地域振興債償還費		700	
	地域財政特例対策債還費			74		災害復興等債利子支払費		950	
	臨時財政特例債償還費			87	包括算定経費		人口	23,220	
	公共事業等臨時特例債償還費			149			面積	2,357,000	
	財源対策債償還費			97					
	減税補てん債償還費			41					
	臨時税収補てん債償還費			21					
	地域改善対策特例事業債等償還費			800					
	公害防止事業債償還費			500					
	石油コンビナート等債償還費			500					
	地震対策緊急整備事業債償還費			500					
	被災者生活再建債償還費			800					
	災害復興等債利子支払費			950					
農山漁村地域活性化対策費		農業，林業及び漁業の従業員数		2,920					

出所：地方交付税制度研究会編『地方交付税のあらまし』各年版より作成。

中井（1988）は，行政費目別に1人当たりの基準財政需要額を人口によって回帰分析をおこなっている。中井（1988）は，人口規模によって行政費目はU字型以外に逓増型と逓減型が存在するとしている[3]。本間（1991）は，基準財政需要額を人口と面積だけで推計をおこない，非常に高い決定係数を得ている[4]。門前・福重（2001）は，1人当たりの基準財政需要額を推計するにあたって，説明変数を人口，人口増加率，面積，第1次産業就業人口比率としている。門前・福重（2001）では，推計式の非線形を考慮するために，説明変数について2乗値と3乗値を追加させて推計をおこなっている。広田・湯之上（2016）は，過去の研究結果がU字型に推定されているのは，クロスセクションデータを用いているからであり，「固定効果の影響が人口パラメータとして推定されるためである」と指摘し[5]，時間による固定効果を除いてパネルデータによって推計をおこなうと，U字型ではなく，「右下がりまたは山型の形状を確認する」という結果を得ている[6]。

本章でも先行研究で指摘されている基準財政需要額と人口の関係をみるために，まず，1人当たりの基準財政需要額と人口の散布図を描いてみよう。**図5-3**は2010年度における散布図である[7]。この図では，U字型の関係性がみられる。U字型の関係性があることから1人当たりの基準財政需要額が最も少ない自治体が判明し，その地方団体は行政費用を最小化するような人口規模を有しているといえる。**図5-3**において行政費用を最小化するような人口規模を有

---

3) 中井（1988）は，「U字型の構造は，主に逓減要因の段階補正と逓増要因の普通態容補正により形成され，人口や世帯数を測定単位とする消防，その他土木，その他教育，社会福祉，保健衛生，商工行政，徴税，戸籍住民基本台帳，その他（人口）の9費目がこれに該当する。逓増型は，都市的財政需要を反映した公園，下水道，清掃の3費目であり，逓減型は，人口の1次関数で表される農業行政，その他産業経済，その他（面積）以外に，道路橋梁費や小・中学校費が人口の2次関数で逓減構造となっている。」としている（p.136引用）。

4) 1972年度と1983年度について回帰分析をおこなっている。修正済み決定係数は1972年度は0.977であり，1983年度は0.990となっている。長峯（2000）はこの分析を踏襲して同じサンプル都市によって1993年度について回帰分析をおこなっており，修正済み決定係数は0.985という結果を得ている。

している地方団体は，上尾市（埼玉県）であり，1人当たり基準財政需要額が11万4,000円であり，人口は22万3,926人である[8]。人口20万人程度がもっとも費用面で効率的な行政規模になっている[9]。

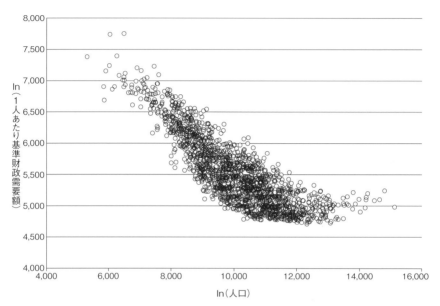

出所：総務省『地方財政統計年報（2010年度）』より作成。

図5-3　1人当たり基準財政需要額と人口との関係（2010年度：市町村）

　本章では三位一体の改革前後における基準財政需要額の構造変化をみるために，全市町村（東京都特別区を除く）の1人当たりの基準財政需要額を人口の

5）　広田・湯之上（2016）p.11引用。
6）　広田・湯之上（2016）p.9引用。
7）　それぞれの変数は，対数変換している。
8）　1人当たり基準財政需要額が最も高い自治体は，十島村（鹿児島県）であり，1人当たり基準財政需要額は233万7,000円であり，人口は657人である。
9）　本間（1991）の結果では，行政費用を最小化するような人口規模は1972年度で20.8万人，1983年度で20.0万人とされている。

みで回帰分析をおこなった。対象とした期間は2006年度，2007年度と2010年度である。この間に市町村合併がおこなわれているが，2010年度の市町村に合わせている[10]。したがって3期間における面積の変化はない。具体的な推計式は以下の通りである。

$$\ln(1人当たりの基準財政需要額) = \alpha \ln(人口) + \beta \ln(人口)^2 + 定数項$$

表5-4は推計結果をまとめたものである。説明変数に面積が入っていないので，自由度修正済み決定係数が過去の研究より低くなっているが，0.75から0.78の値を得ることができている。また，各係数についてのt値はすべて2.0を超えている。中井（1988）は，関数のU字型の解釈として，「U字型の逓減領域は，規模の経済性を考慮した段階補正の効果と考えられるが，一方で都市化の程度による行政の質および量または行政権能の差を考慮した普通態容補正が逓増要因として組み込まれている。このため，段階補正と普通態容補正が相殺される領域は，1人当たり需要額が人口規模に関して水平になり，普通態容補正が段階補正を上回る都市や行政権能に顕著な差のある指定都市に至ると逓増傾向を示す。」としている[11]。また，人口の2乗の項について中井（1988）は，「U字型の尖度の増大は，需要額に関する最適人口規模より小さい人口規模の市町村で生じていると結論づけられる。」としている[12]。2006年度，2007年度，2010年度における人口の2乗の項には，ほとんど変化がみられないことから，この間に小規模な市町村への影響は小さいことになる。

---

[10] 例えば，2006年度にA市とB町が存在し，これらが合併して2010年度時点でA市となっているとすれば，2006年度のデータは合併したA市とし，B町はA市のデータに組み込まれていることになっている。したがって対象とした期間のサンプル数は同じになる。
[11] 中井（1988）p.98引用。
[12] 中井（1988）p.101引用。

表5-4　1人当たりの基準財政需要額の推計結果

ln（1人当たり基準財政需要額）	ln（人口）	ln（人口）²	定数項	$\overline{R}^2$
2006年度	−1.349 （−32.233）	0.053 （25.579）	13.602 （64.493）	0.748
2007年度	−1.355 （−33.373）	0.053 （26.366）	13.665 （66.858）	0.765
2010年度	−1.369 （−32.290）	0.052 （24.892）	13.933 （65.397）	0.779

注：（　）内の数値はt値であり、$\overline{R}^2$は自由度修正済み決定係数である。
出所：総務省『地方財政統計年報』各年版より作成。

　包括算定経費の導入と三位一体の改革による影響をみるために、**表5-4**で得られた推計結果を利用して、基準財政需要額を人口に依存する2次関数のグラフに簡略化してみよう。**図5-4**は、2006年度と2010年度のグラフを比較することで、三位一体の改革前後での基準財政需要額の構造変化をみたものであり、**図5-5**は、2006年度と2007年度のグラフを比較することで、包括算定経費（新型交付税）の導入による基準財政需要額の構造変化をみたものである。

　図5-4によると、三位一体の改革に伴い、費用最小化人口規模の市町村の基準財政需要額を減少させ、費用最小化人口規模を増加させていることがわかる。**図5-1**でみたように、三位一体の改革に伴い地方交付税の総額は、2006年度から2007年度にかけて減少しているものの、2008年度以降は再び上昇に転じている。人口規模の小さな市町村についての動きは、2009年9月から2012年12月までの民主党政権下で、地方交付税の増額がおこなわれてきたことを反映している[13]。一方で、人口規模の大きな市町村については、基準財政需要額が引き下げられていることになる。

---

[13] 人口規模の小さい市町村への影響については、第6章で夕張市を事例として詳しくみる。

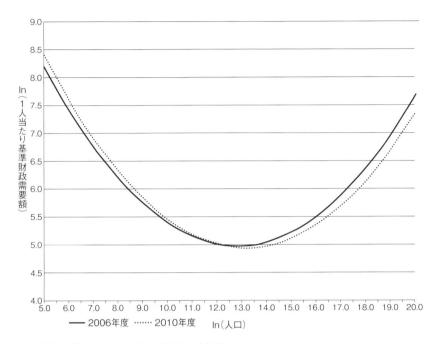

出所：総務省『地方財政統計年報』各年版より作成。

図5-4　三位一体の改革の影響（2006年度と2010年度）

　図5-5は，包括算定経費導入の影響をみたものである。この図では，2006年度と2007年度のグラフがほぼ重なりあっていることが示されている。つまり，包括算定経費の導入自体は，基準財政需要額の構造にほとんど影響を与えていないことになる。これは第4章でみたように，包括算定経費の導入は，基準財政需要額の一部であり，かつ包括算定経費部分についても改革前の基準財政需要額を変化させないような工夫が組み込まれたことで説明できる。

　包括算定経費導入の影響を財政力指数が0.3未満の団体についてみたものが表5-5である。この表では，財政力指数が0.3未満の団体のうち，基準財政需要額の減額上位10団体と増額上位10団体のみを取り上げている。減額上位団体については，佐渡市の7.2億円が最大となっている。減額の10位となっている南島原市で2.7億円の減少となっている。1人当たりの減額では，最も減額の

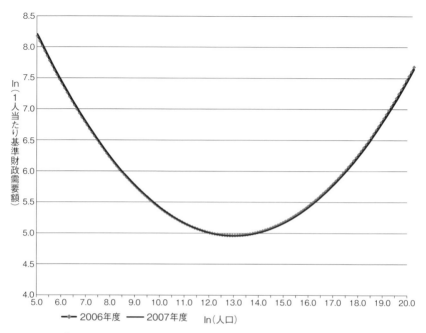

出所:総務省『地方財政統計年報』各年版より作成。

図5-5　包括算定経費導入の影響(2006年度と2007年度)

大きい福岡県川崎町でも1万5,300円であり,包括算定経費導入の影響は財政力が弱い地方団体にそれほど大きな影響を与えていないことがわかる。

これに対して,基準財政需要額が増加している団体では,庄原市の4.6億円が最大となっており,10位の屋久島町が1.2億円となっている。1人当たりでは,津野町の2万8,500円が最大となっている。津野町は,2005年2月に葉山村と東津野村が合併してできた地方団体であり,合併直後の臨時的必要経費が基準財政需要額に5年間にわたって算入されるという合併補正が適用された結果であると解釈できる[14]。

---

14) 合併補正についての詳細は,石原(2016)を参照されたい。

表5-5　財政力指数が0.3未満の地方団体での影響

	団体名		変化額 (千円)	1人当たり変化額 (千円)	2007年人口	財政力指数 (2006年度)	財政力指数 (2007年度)
減額上位10団体	新潟県	佐渡市	−721,603	−10.9	66,119	0.29	0.30
	熊本県	天草市	−588,831	−6.1	95,949	0.28	0.27
	長崎県	対馬市	−496,746	−13.3	37,212	0.22	0.22
	新潟県	魚沼市	−429,639	−10.1	42,566	0.29	0.33
	岩手県	遠野市	−351,086	−11.2	31,371	0.26	0.27
	長崎県	五島市	−318,354	−7.2	44,167	0.25	0.26
	徳島県	三好市	−314,610	−9.5	33,052	0.24	0.25
	福岡県	福岡川崎町	−311,066	−15.3	20,338	0.25	0.26
	鹿児島県	南さつま市	−283,021	−6.9	40,751	0.28	0.30
	長崎県	南島原市	−267,912	−4.9	54,430	0.27	0.28
増額上位10団体	広島県	庄原市	458,431	10.9	42,165	0.29	0.30
	高知県	津野町	197,578	28.5	6,935	0.16	0.17
	岡山県	美作市	195,515	6.0	32,740	0.27	0.28
	熊本県	和水市	143,292	12.0	11,967	0.28	0.28
	青森県	板柳町	142,773	9.0	15,934	0.28	0.28
	沖縄県	久米島町	130,253	14.6	8,917	0.23	0.22
	佐賀県	太良町	129,280	12.2	10,607	0.27	0.26
	秋田県	仙北市	123,793	3.9	31,437	0.29	0.29
	青森県	深浦町	118,597	11.1	10,719	0.17	0.17
	鹿児島県	屋久島町	117,289	8.7	13,508	0.24	0.24

出所：総務省『地方財政統計年報』各年版より作成。

　次に，包括算定経費導入の影響を財政力指数0.5以上，1.0未満の地方団体についてみたものが，表5-6である。表によると，基準財政需要額の減額上位10団体は，すべて政令指定都市となっている。その減少額は10億円単位と大きい。京都市は人口が大阪市の半分程度であるが，減少額が1人当たり金額で2倍弱（5万円）となっている。減額上位10の減少額は10億円単位である。包括算定経費導入によりマイナスの影響を受けるのは，小規模市町村ではなく，大規模な都市となっているわけである。

　一方，基準財政需要額が増額した地方団体のなかでは，新潟市と浜松市の増額が突出している。新潟市は2005年に広域合併があり，2007年度から政令指定

表5-6 財政力指数0.5以上，1.0未満の地方団体での影響

	団体名		変化額（千円）	1人当たり変化額（千円）	2007年人口	財政力指数（2006年度）	財政力指数（2007年度）
減額上位10団体	京都府	京都市	−6,934,063	−5.0	1,387,935	0.70	0.72
	大阪府	大阪市	−6,679,668	−2.7	2,516,543	0.89	0.93
	兵庫県	神戸市	−6,436,894	−4.3	1,505,111	0.66	0.69
	北海道	札幌市	−5,254,982	−2.8	1,880,138	0.67	0.68
	神奈川県	横浜市	−4,276,777	−1.2	3,585,785	0.95	0.97
	愛知県	名古屋市	−3,199,706	−1.5	2,164,640	0.99	1.02
	福岡県	福岡市	−2,410,925	−1.8	1,375,292	0.81	0.83
	広島県	広島市	−1,939,341	−1.7	1,149,478	0.78	0.79
	福岡県	北九州市	−1,769,582	−1.8	982,836	0.66	0.69
	岡山県	岡山市	−1,626,890	−2.4	685,564	0.74	0.76
増額上位10団体	新潟県	新潟市	14,167,217	17.6	803,470	0.69	0.70
	静岡県	浜松市	12,281,821	15.5	790,302	0.89	0.91
	青森県	青森市	2,059,663	6.7	308,616	0.60	0.59
	広島県	福山市	618,934	1.3	463,947	0.83	0.87
	沖縄県	那覇市	609,843	2.0	312,692	0.75	0.76
	埼玉県	川口市	549,889	1.0	548,730	0.98	1.01
	千葉県	船橋市	545,281	0.9	584,152	0.99	1.01
	滋賀県	近江八幡市	532,879	6.6	80,340	0.66	0.68
	兵庫県	西宮市	530,452	1.1	465,951	0.89	0.90
	広島県	東広島市	475,799	2.7	177,535	0.79	0.85

出所：総務省『地方財政統計年報』各年版より作成。

都市になった。浜松市も2005年に市町村合併があり，2007年度から政令指定都市になっている。両市ともに2006年度から2007年度にかけて財政力指数が上昇している。この増額も，包括算定経費導入による影響ではなく，合併補正の影響と考えられる。

第 3 節　基準財政収入額の構造変化

　この節では，三位一体の改革の期間において基準財政収入額に構造変化が生じていたのか否かについて検討する。

　基準財政収入額の構造を捉えようとする研究はこれまでにも存在している。中井（1988）は，1人当たりの基準財政収入額と自治体の人口規模に正比例の関係を見いだしている。人口要因に加えて中井（1988）は，税収要因として市民所得を考慮して基準財政収入額を推計している[15]。中井（1988）では，所得を変数に加えることで決定係数は増すが，普通交付税の構造を人口で捉えることを目的とするために，所得の変数は除いて関数を描いている[16]。中井（1988）では，推計結果から1人当たりの基準財政収入額は，人口が要因であると特徴づけることができ，都市部については，年度を追うごとに人口パラメータの係数は小さくなり，都市間での均てん化されているとしている[17]。全市町村でも同様の傾向があるとしている。

　図5-6は2010年度における東京都特別区を除く全市町村における1人当たりの基準財政収入額（対数変換）と人口（対数変換）の関係を表した散布図である。図によると，1人当たり基準財政収入額と人口規模では正比例の関係性にある自治体が多いようにみえる。

　三位一体の改革での税源移譲が，市町村間で収入額の均等化につながっているのかを人口による回帰分析結果によってみることにする。対象とした自治体は東京都特別区を除く全市町村であり，期間は2006年度，2007年度，2010年度である。推計式は以下である。

　$\ln（1人当たりの基準財政収入額）= \alpha \ln（人口）+ 定数項$

---

[15]　説明変数は，人口，人口密度，1人当たり市民所得である。
[16]　説明変数は，人口，就業者構成比，人口密度，人口増加率と都市ダミー変数である。
[17]　対象としている年度は，1970年度，1975年度，1980年度，1984年度である。

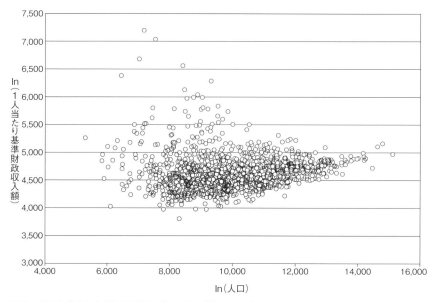

出所:総務省『地方財政統計年報』,『市町村決算状況調』各年版より作成。

図5-6　基準財政収入額と人口の関係

　表5-7は推計結果をまとめたものである。各年度ともに決定係数が低くなっている。これは同様の推計をおこなっている本間(1991)においても同じ傾向がみられる[18]。人口に関する係数は,2006年度と2007年度は有意な結果であるが,2010年度は有意でない結果が得られた。基準財政収入額と人口の間には,基準財政需要額ほど明確な相関関係がみられないことがわかった。これは,図5-6でわかるように,人口が少ないにもかかわらず,突出して基準財政収入額が多い地方団体が存在するためだと考えられる。

---

18) 1983年度で0.334となっている。

表5-7　1人当たりの基準財政収入額の推計結果

ln（1人当たり基準財政収入額）	ln（人口）	定数項	$\overline{R}^2$
2006年度	0.022 (3.956)	4.463 (79.847)	0.008
2007年度	0.025 (4.523)	4.452 (79.192)	0.011
2010年度	0.009 (1.869)	4.535 (88.801)	0.001

出所：総務省『地方財政統計年報』，『市町村決算状況調』各年版より作成。

　表5-8は2006年度，2007年度，2010年度における1人当たり基準財政収入額の平均額と標準偏差を比較したものである。平均額は2006年度から2007年度にかけて11.53万円から11.79万円に上昇し，標準偏差が6.30から6.28へ低下していることから三位一体の改革の税源移譲によって市町村分の財源が拡充と安定化がなされたものと評価できる。2007年度から2010年度にかけては平均額が10.87万円，標準偏差が5.95に低下していることから景気後退による各自治体が概ね等しく財源不足に陥ったことと予測できる。また，2006年度と2010年度において1人当たり基準財政収入額が最高であるのは，上野村（群馬県）であり，2006年度が150.50万円，2010年度は132.32万円となっている。上野村の特徴として，ダム建設地であることから固定資産税収が多く，不交付団体であることがいえる。逆に，各年度の最低額は，上砂川町（北海道）であり，2006年度は4.93万円であり，2010年度は4.46万円である。上砂川町の特徴としては，旧産炭地であることが挙げられる。

表5-8　1人当たり基準財政収入額の比較（単位：万円）

	平均	標準偏差
2006年度	11.53	6.30
2007年度	11.79	6.28
2010年度	10.87	5.95

出所：総務省『地方財政統計年報』，『市町村決算状況調』各年版より作成。

第4節　まとめ

　本章では，近年の地方財政制度の改革と現状を把握したうえで，基準財政需要額と基準財政収入額に構造変化があるのかについて検討をおこなった。

　まず，地方交付税は2002年度をピークにして2003年度から2007年度にかけての三位一体の改革によって総額4.3兆円が減少しているが，民主党への政権交代と景気低迷によって増額されており，その額は三位一体の改革開始時点の水準に戻っている。

　基準財政需要額の構造変化としては，2006年度と2010年度の構造を比較すると，小規模な地方団体の基準財政需要額は増加しているのに対して，大規模な地方団体の基準財政需要額が減少していることがわかった。小規模な地方団体の基準財政需要額の増加は，民主党政権下での交付税増額の影響であると考えられる。包括算定経費導入の影響については，基準財政需要額の構造をほとんど変えていないことがわかった。特に，小規模な地方団体に対する影響は小さい。これは，包括算定経費が基準財政需要額に占める割合が少なかったことと，とりわけ小規模な地方団体に影響が生じないように配慮する形で制度設計されたことで説明できるだろう。

　基準財政収入額については，基準財政需要額のように人口との間に明確な相関関係はみられない。この原因は，ダムの所在地の地方団体のように，人口が小さいにもかかわらず1人当たりの基準財政収入額が大きいケースが存在するためだと考えられる。基準財政収入額の構造変化としては，1人当たりの基準財政収入額の平均額の上昇と標準偏差の低下から，財源の拡充と安定化がなされたと評価できる。三位一体の改革による税源移譲に伴い，均等化されたことがわかった。

第6章 交付税改革が夕張市財政に与えた影響について

　この章では、近年実施されてきた交付税改革が北海道夕張市の財政に与えた影響について検証する。夕張市は、2006年に財政破綻が起きた自治体である。その破綻の一因となったのが、交付税改革であるとする見方もある[1]。そこで本章では、第4章で説明した段階補正の見直し、包括算定経費の導入に代表される交付税改革が、夕張市の財政に与えた影響についてみていく。

　本章の具体的な構成は以下の通りである。第1節では、夕張市における地方交付税の推移についてみる。第2節では、交付税改革が夕張市財政に与えた影響について検証する。第3節では、本章で得られた結果をまとめる。

第1節　夕張市における地方交付税の推移

　この節では、段階補正の見直し、包括算定経費の導入という個別の改革が与えた影響を詳細にみる前に、交付税改革の大まかな影響を把握することにする。

　図6-1は、2001年度から2013年度までの夕張市の地方交付税の推移を描いたものである。この図では、普通交付税と特別交付税の内訳も示している。図6-1によると、地方交付税の総額は、2001年度の60億円弱から2007年度にかけて急激に減少していくことがわかる。夕張市の財政危機が表面化した年が2006年度であることから、交付税の減少が夕張市財政の悪化の一因となったことは否めない[2]。交付税の総額は、2008年度以降は再び増額に転じていく。2010年度には53億円に達しており、ほぼ2002年度の水準にまで回復していることがわかる。2008年度以降は、夕張市の財政再建を国も支援する姿勢を強めて

---

[1]　夕張市の財政悪化の要因として交付税改革の影響を指摘しているものには、保母・河合・佐々木・平岡（2007）が存在する。

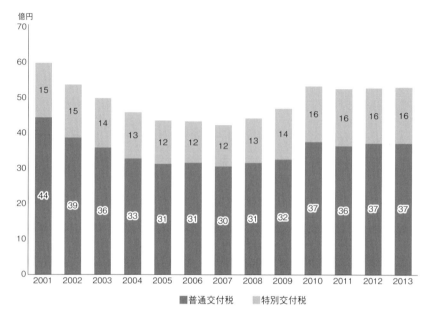

出所：夕張市『地方交付税算定台帳』各年版より作成。

図6-1　夕張市の地方交付税の推移

きたことになる。

　なお，夕張市に交付された地方交付税の総額には，特別交付税も含まれている。特別交付税は「基準財政需要額に捕捉されなかった特別の財政需要があること」，「基準財政収入額に過大に算定された財政収入があること」，「災害等のための特別の財政需要があること」等を考慮して決定される[3]。図6-2は，夕張市について基準財政需要額から基準財政収入額を差し引いた財源不足額と地方交付税の総額を比較したものである。この図からは，夕張市では，財源不足額を地方交付税の総額が上回ってきたことがわかる。これは，交付税改革における普通交付税の減少の影響を緩和する効果をもってきたことを示唆するもの

---

2)　本書の第10章，第11章でみるように，炭鉱閉鎖後の急激な人口減少に対応するために，過大なリゾート投資にのめり込んでいったことも財政悪化の要因となった。
3)　『地方交付税のあらまし（2015年度版）』p.14引用。

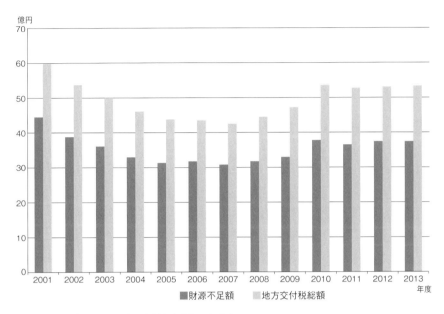

出所:夕張市『地方交付税算定台帳』各年版より作成。

図6-2 財源不足額と地方交付税総額

である。2008年度以降については,夕張市の財政再建を支援するために特別交付税を活用してきたと解釈できよう。特別交付税は,災害復旧など特別な財政需要に対応するだけでなく,財政力の弱い団体を支援することで財政調整にも使われているという見方は,高木(2008)も主張している[4]。

図6-1でみられた2001年度から2007年度までの交付税総額の減少は,いかなる要因で生じたものであろうか。この期間には,第4章でみたように段階補正の見直しと包括算定経費の導入がおこなわれている。ただし,これらの交付税改革が実施されなかったとしても,第5章で示したように交付税の総額は,人口と強い相関をもっている。図6-3は,夕張市の人口推移を描いたものて

---

[4] 高木(2008)は2004年度の決算額によると,「人口1人あたりの特別交付税の配分状況を見ると,財政力の弱体な県,市町村に傾斜的に配分されており,特別交付税によっても財政調整が行われている」と指摘している(p.127引用)。

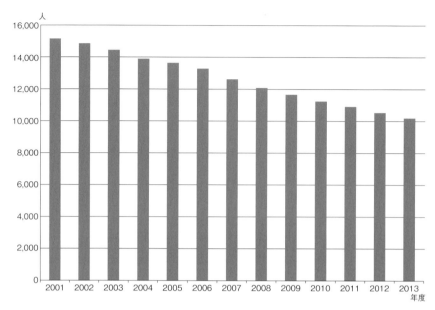

出所:総務省『市町村決算カード』各年版より作成。

図6-3 夕張市の人口推移

ある[5]。夕張市の人口は2001年度には15,173人だったものが，2007年度には12,631人と，2,542人も減少しており，この人口減少が普通交付税の減少を招いた可能性が考えられる。

そこで図6-4は，人口1人当たりでみた夕張市の基準財政需要額と基準財政収入額の推移を描いたものである。基準財政収入額については，2001年度から2013年度までは，ほぼ横ばいとなっていることがわかる。基準財政需要額については，人口1人当たりでみても，2001年度から2005年度にかけて減少傾向がみられる。これは，基準財政需要額が人口減少以外の要因で減少したことを意味するものであり，この期間に実施された段階補正の見直しによるものだと考えられる。2006年度以降は，1人当たりの基準財政需要額に増加傾向がみら

---

5) 住民基本台帳の各年度末（3月31日）の住民人口である。

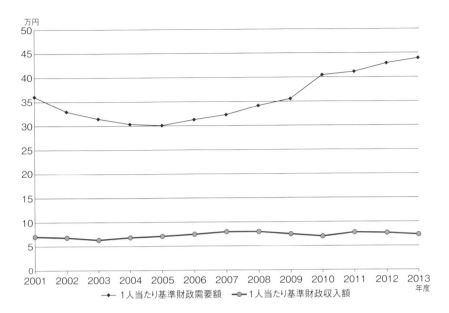

出所:夕張市『地方交付税算定台帳』各年版より作成。
図6-4　夕張市の1人当たり基準財政需要額・収入額の推移

れることがわかる。これは、この期間に実施された包括算定経費の導入は、夕張市の交付税の減少をもたらしていないことを示唆するものである。2010年度は、1人当たりの基準財政需要額にさらなる増加傾向が生じている。2010年度は、民主党政権下での財政運営がおこなわれるようになった年である。また、旧法のもとで策定された「財政再建計画」から財政健全化法のもとで策定された「財政再生計画」へのバトンタッチがおこなわれた年でもある[6]。

第2節　交付税改革が夕張市財政に与えた影響

　以上でみたように、近年おこなわれてきた交付税改革のなかでは、段階補正の見直しが夕張市財政に大きな影響を及ぼし、包括算定経費の導入による影響

---

[6] 旧法と財政健全化法については本書の第9章、財政再建計画と財政再生計画の違いについては、本書の第10章を参照されたい。

はほとんどみられないことが示唆される。この節では，これらの個別の交付税改革が夕張市の財政に与えた影響を基準財政需要額の個別算定項目に着目することで，さらに詳しくみていくことにしよう。

実は，夕張市は，段階補正の見直しだけでなく，産炭地補正の廃止という特殊要因による影響も受けている。産炭地域振興臨時措置法にもとづく雇用対策が夕張市といった旧産炭地を対象に実施されていた。産炭地域振興臨時措置法は1961年に成立し，国によるエネルギー政策の転換に伴い，石炭産業を中心としていた地域を生産業を中心とした産業に転換させるための雇用対策である。鷲田（2007）によると，1969年から2001年までに夕張市に対して総額67億円が産炭地域振興法による臨時交付金が支払われているとされている[7]。地方交付税においても，旧産炭地については，激変緩和措置としての産炭地補正がおこなわれてきたが，2006年度に廃止されている。

表6-1は2001年度から2006年度までの夕張市における産炭地補正額と基準財政需要額に占めるシェアをまとめたものである。表6-1によると，産炭地補正額は2001年度では1,182万円であるが，毎年減額されていき，最終年である2006年度では122万円にまで減額されている。その基準財政需要額に占めるシェアは2001年度の2％から2006年度では0.3％となっている。図6-4でみた，2001年度から2006年度までの1人当たりの基準財政需要額の減少は，この産炭地補正の廃止の影響もあったわけである。ただし，2001年度から2006年度までの基準財政需要額の減少分が13.8億円であったのに対して，同期間の産炭地補正の減少額は1,059.7万円であり，それほど大きいわけではない。

図6-5と図6-6は基準財政需要額（公債費を除く）の内訳の推移を表している。図6-5によると，1人当たり基準財政需要額の教育費は，2001年度（4.2万円）から2007年度（3.0万円）にかけて低下傾向にある。財政破綻後（2007年度）から2010年度までは微増し，それ以降，2012年度を除いて微減している。2013年度には2.9万円となっている。これは教育費の測定単位である児童・生

---

7) 鷲田（2007）p.139を参照。

表6-1　産炭地補正額の推移

	2001年度	2002年度	2003年度	2004年度	2005年度	2006年度
(A) 産炭地補正分（万円）	1181.8	917.8	688.3	458.9	229.5	122.1
(B) 基準財政需要額（億円）	55.3	49.0	45.3	42.3	40.9	41.5
$\dfrac{(A)}{(B)}$	2.1％	1.9％	1.5％	1.1％	0.6％	0.3％

出所：夕張市『市町村分地方交付税算定台帳』（各年版）より作成[8]。

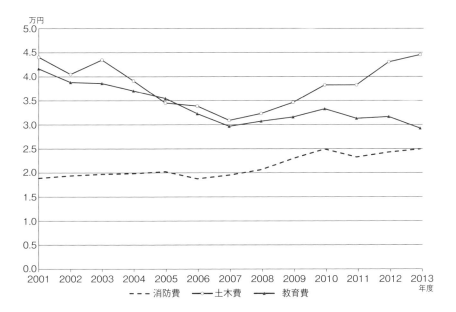

出所：夕張市『市町村分地方交付税算定台帳』各年版より作成。

図6-5　1人当たり基準財政需要額（除公債費）の内訳の推移(1)

徒数と学校数が減少していることによるものだと考えられる[9]。

　1人当たり基準財政需要額の土木費は2001年度（4.4万円）から2003年度を除いて減少傾向にあり2007年度では3.1万円にまで減少している。しかし2008

---

8) 夕張市における項目別の基準財政需要額のデータ入力に関しては，元関西大学大学院の宮原正貴氏の協力を得た。

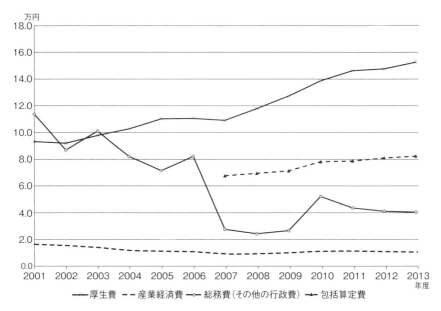

出所：夕張市『市町村分地方交付税算定台帳』各年版より作成。

図6-6　1人当たり基準財政需要額（除公債費）の内訳の推移(2)

年度以降は増加傾向にあり，2013年度では4.4万円となり，2001年度の水準に戻っている。これは測定単位の指標である人口は減少しているので，破綻後の増加傾向は算定項目とは異なる指標（政策）で伸びているものと考えられる[10]。消防費については，1人当たり基準財政需要額は2001年度の2.9万円から2013年度の2.5万円と動きは横ばいである。

　図6-6によると，1人当たりの基準財政需要額の産業経済費はわずかな低下傾向にあり，2001年度の1.6万円から2013年度では1.1万円にまで減少してい

---

9) 2008年度に小学校と中学校がそれぞれ1校が閉校となっている。2010年度に中学校2校が1校に統合されている。2011年度に小学校6校が1校に統合されている。

10) 1人当たりの歳出額でみると，2008年度（5.0万円）から2009年度にかけて急増している（17.3万円）。その後2012年度にかけて減少傾向にあり，その額は12.1万円となっている。2013年度では12.3万円となっている。歳出額の変化についての詳細は第10章を参照。

る。これは農林漁業者数が大きく減少していることが反映されている。総務費（その他の行政費）は2001年度（11.4万円）から2008年度にかけて2003年度と2006年度を除いて低下傾向にあり，2008年度では2.6万円となっている。特に2006年度から2007年度の急減は8.3万円から2.9万円と大きい。急減の要因としては段階補正の見直しの影響が考えられる。2009年度と2010年度は2年連続の増加であり，2008年度から2009年度にかけて2.6万円から2.8万円，2010年度では5.3万円となっている。これは民主党への政権交代による政策が反映された結果であると考えられる。それ以降，総務費は減少傾向にあり，2013年度では4.2万円となっている。

厚生費は，2002年度と2007年度にわずかに減少したものの，増加傾向にある。2002年度では9.4万円であったが2013年度では15.3万円にまで増加している。人口の高齢化が主な要因であると考えられる。

(1) 段階補正見直しの影響

以上のような個別の1人当たり基準財政需要額の動きからは，土木費と総務費に段階補正見直しの影響が生じているものと考えられる。この段階補正の見直しの影響がどれほどのものかを確認するために，土木費と総務費の1人当たり基準財政需要額の金額を表示したものが表6-2である。

表6-2によると，土木費は2002年度から2003年度にかけて4.1万円から4.3万円に微増しているが，2004年度には3.9万円に減少している。総務費は2002年度から2003年度にかけて8.8万円から10.2万円に増加し，2004年度には8.3万円に減少している。土木費と総務費は段階補正の見直しの影響を受けて同様の動きをしていることがわかる。

2008年9月に発生したリーマン・ショックへの景気対策や民主党政権によって地方交付税の加算や復元がおこなわれた。2010年においては，夕張市のような条件不利地域や小規模市町村に対して，段階補正と人口急減補正の見直しがおこなわれた。人口急減補正の見直しとしては，「高齢者比率の上昇や労働力人口の減少等が全国的に進行する中で，より持続的な人口減少局面に直面して

いる市町村においても，必要な行政サービスの提供によって，地域社会の維持を可能とする観点から，人口急減補正を見直す。」とある[11]。

表6-2によって2009年度から2010年度にかけて1人当たり基準財政需要額の項目別の変化を確認してみる。土木費は3.46万円から3.82万円に増加している。それまで大きく削減されてきた総務費は2.79万円から5.33万円に大きく増加している。以上のことから夕張市の基準財政需要額は，政権交代による政策の影響を反映して増額されていることがわかる。

表6-2 項目別の1人当たり基準財政需要額の推移 (単位：万円)

	土木費	総務費 (その他の行政費)
2001年度	4.40	11.44
2002年度	4.05	8.78
2003年度	4.34	10.19
2004年度	3.91	8.30
2005年度	3.45	7.25
2006年度	3.38	8.31
2007年度	3.09	2.89
2008年度	3.23	2.56
2009年度	3.46	2.79
2010年度	3.82	5.33
2011年度	3.82	4.47
2012年度	4.30	4.23
2013年度	4.45	4.16

出所：夕張市『市町村分地方交付税算定台帳』各年版より作成。

---

11) 段階補正は，一般財源（平成13年〜20年度（決算））で標準団体以上は平均で1.6％削減され，標準団体未満は平均で5.8％削減されている。地方単独事業費は同期間中に標準団体以上は平均で33.7％削減され，標準団体未満は平均で52.1％削減されている。人口急減補正は，「現行の算式（過去5年間の人口減少の影響を緩和）に加えて，条件不利地域の市町村を対象として，新たな算式（過去20年間の人口減少の影響を緩和）を導入（当該市町村にとって有利な算式を適用）」となっている。『地方交付税のあらまし（平成27年度）』p.65引用。

(2) 包括算定経費の影響

　本章の分析では，包括算定経費の導入は夕張市の財政にほとんど影響を与えていないことを示唆している。以下では，基準財政需要額の項目別に，包括算定経費導入前後の変化額を確認してみよう。**表6-3**によると，2006年度と2007年度において合計額では2.7％減に収まっている。包括算定経費は2007年度において合計額の23％を占めている。

表6-3　包括算定経費の導入の影響　　　　　　　　　　（単位：万円）

	消防費	土木費	教育費	厚生費	産業経済費	総務費（その他の行政費）	包括算定経費	合計額
(A)2006年度	24,850	44,877	42,772	147,623	15,561	110,321	－	386,004
(B)2007年度	24,613	38,984	37,435	138,755	12,543	36,452	86,647	375,428
(B)－(A)	－237	－5,893	－5,337	－8,869	－3,018	－73,869	86,647	－10,576
増加率	－1.0％	－13.1％	－12.5％	－6.0％	－19.4％	－67.0％	－	－2.7％

出所：夕張市『市町村分地方交付税算定台帳』各年版より作成。

　このように，各個別項目でみても基準財政需要額の変化額が小さくなった理由は，第4章の**図4-1**で説明したように，包括算定経費の導入にあたっては，各地方団体の基準財政需要額に変動が生じないように制度設計されたのに加えて，第4章で述べたように，地域振興費が創設されたことによるものである。

　また，夕張市・北海道の資料によると「夕張市において，行政執行体制のスリム化と大幅な歳出削減を極めて短期間で実施したことなどを考慮し，普通交付税の行革インセンティブ算定に関する特例措置を講じること。」とされており[12]，包括算定経費における条件不利地域への配慮等として，行革インセンティブ等への対応がおこなわれたことも反映されている。

---

12)　『財政再生団体（夕張市）に対する国の支援策についての提案・要望』（https://www.city.yubari.lg.jp/contents/municipal/zaisei/keikaku/documents/1267489808.pdf：閲覧日2016年10月30日）p.12引用。

第3節　まとめ

　この章では，交付税改革が北海道夕張市の財政に与えた影響について検証をおこなった。本章で得られた結果をいま一度まとめることで結びとしよう。

　第1に，基準財政需要額については，人口1人当たりでみても，2001年度から2005年度にかけて減少傾向がみられる。これは，基準財政需要額が人口減少以外の要因で減少したことを意味するものであり，この期間に実施された段階補正の見直しによるものだと考えられる。基準財政需要額について項目別にみると，土木費と総務費が段階補正の見直しの影響を受けていることがわかった。

　2008年9月に発生したリーマン・ショックへの景気対策や民主党政権によって地方交付税の加算や復元がおこなわれた。2010年においては，夕張市のような条件不利地域や小規模市町村に対して，段階補正と人口急減補正の見直しがおこなわれた。2009年度から2010年度にかけて1人当たり基準財政需要額の項目別の変化を確認してみると，土木費は3.5万円から3.8万円に増加している。それまで大きく削減されてきた総務費は2.8万円から5.3万円に大きく増加している。以上のことから夕張市の基準財政需要額は，政権交代による政策の影響を反映して増額されていることがわかった。

　第2に，2006年度以降は，1人当たりの基準財政需要額に増加傾向がみられることがわかる。これは，この期間に実施された包括算定経費の導入は，夕張市の交付税の減少をもたらしていないことを示唆するものである。

第 3 部

補助金改革

第7章 国庫支出金改革の概要

　この章では，国庫支出金改革の概要について学ぶ。**国庫支出金**とは，国から地方への特定目的での補助金のことである。

　この章の具体的な構成は以下の通りである。第1節では国庫支出金改革の推移をみる。第2節では国庫支出金改革に関する議論を整理する。第3節では国庫支出金改革の影響をみる。

第1節　国庫支出金改革の推移

(1) 補助金の分類

　国庫支出金改革の推移をみる前に，**補助金**の分類をしておこう。補助金の問題を取り扱うときに混乱を招くのが，経済学上の分類と地方財政制度における分類で用いられる名称が異なること，さらに地方財政制度においては，より詳細な分類方法も存在することである。経済学的な分類では，補助金とは，国から家計，企業，NPO法人，地方公共団体への資金移転のことを指す。さらに，使い途が限定される補助金が**特定補助金**であり，使い途が限定されていない補助金が**一般補助金**となる。特定補助金は，事業にかかる費用の一定割合を国が負担する**定率補助金**と費用の一定額を負担する定額補助金に分類される。地方財政では，このうち国が地方公共団体へ資金を移転する場合に，使い途を限定するケースを国庫支出金，使い途を限定しないケースを地方交付税とよんでいる。

　国庫支出金は大別すると，**国庫負担金**，**国庫委託金**，**国庫補助金**に分類される。国庫負担金は，さらに**普通国庫負担金**，**建設事業費国庫負担金**，**災害国庫負担金**に分類される。普通国庫負担金には，生活保護費のように，**所得再分配**という国が本来果たすべき機能を地方団体にも負担させているケースや，義務

教育のように**ナショナル・ミニマム**としてどの地域においても最低限必要な行政サービスの水準を保障するために，費用の一部を国が負担するケースなどがある[1]。建設事業費国庫負担金は，公共事業の費用の一部ないし全部を国が負担するものである。災害国庫負担金は，地震等の災害時に国が費用の一部を負担するものである。これらの負担金は，本来国が費用の大部分を負担すべき**義務的**な補助金だと考えられる。

国庫委託金は，国会議員の選挙や国勢調査など，地方団体が肩代わりしているが負担する義務は負わないものについての費用を国が支出するものである。

国庫補助金には，国が景気対策などの特定の政策目的で地方団体の支出を誘導するための**奨励的**な補助金や，地方団体の財政上特別の必要があると認められるときに交付される財政援助的な補助金がある。

国庫支出金は，交付根拠によっても分類されている。法律にもとづいて支出されるものが**法律補助**，それ以外のものが**予算補助**とよばれている。法律補助は，法制上「負担する」とされている義務的な支出である。予算補助には，奨励的な補助金が多く，おおむね国庫補助金に対応している。

(2) 国庫支出金改革の変遷

近年における国庫支出金改革の変遷についてまとめておこう。**表7-1**は，2001年以降の国庫支出金改革の変遷をまとめたものである。2001年4月に発足した小泉内閣は，聖域なき構造改革を掲げ，2001年6月に国庫補助負担金の整理合理化，市町村合併などを盛り込んだ地方自立・活性化プログラムを『骨太の方針2001』において打ち出した[2]。

---

1) 生活保護費負担金は，かっては高率補助金ともよばれ国がその費用の大部分を負担してきた。しかし，国の財政状況の悪化とともに，国の負担割合が引き下げられてきた。ただし，これらの負担割合の低下の一方で，地方交付税の基準財政需要額が加算されてきたことで一般財源化がおこなわれてきたという見方もある。
2) 『骨太の方針2001』の概要版には，「国庫補助負担金の整理合理化，地方交付税制度の見直し，地方税の充実確保により地方行政の基本的な財源を地方が自ら賄える形に」と記載されている。

表7-1　近年における国庫支出金改革の変遷

年月		主な内容
2001年	4月 小泉内閣発足	聖域なき構造改革
	6月 骨太の方針2001	地方自立・活性化プログラム（市町村合併，国庫補助負担金の整理合理化など）
2002年	5月 片山試案「地方財政の構造と税源移譲について」	税源移譲によって税収を国：地方＝1：1を実現，国庫支出金5.5兆円削減，交付税見直し
	6月 骨太の方針2002	地方の財源不足（14兆円）を早期解消を目指す
	10月 地方分権改革推進会議・意見書	国庫補助負担事業の在り方の検討＋国庫補助負担金の在り方に言及
2003年	6月 骨太の方針2003	三位一体改革の基本方針の打ち出し（2006年までの工程表の提示）
	12月 2004年度地方財政計画	交付税1.2兆円減額，所得譲与税4,200億円
2004年	4月 麻生プラン	2005年度以降の三位一体改革の進め方
	5月 地方六団体の緊急決議	麻生プランに反発，国庫補助負担金改革案（三位一体改革への前提を提示）
	6月 骨太の方針2004	2005年度と2006年度にかけての国庫補助金改革3兆円の工程表，地方へ改革の具体案のとりまとめを要請，税源移譲に個人住民税比例税率化を検討
	8月 地方六団体・改革案	2期に分けて3.2兆円，3.6兆円の補助金削減，税源移譲案を提示
	11月 三位一体改革について	政府与党合意（6,000億円の補助金改革は未定）
2005年	4月 麻生大臣から知事会長に要請	未定分の6,000億円分の国庫補助負担金改革の提示を地方に要請
	6月 骨太の方針2005	政府与党合意を踏襲
	7月 知事会の改革案	6,000億円改革に向けた1兆円改革リストを提示
	11月 追加改革案	政府与党合意，3兆円の税源移譲の内容が決定
2007年	4月 三位一体改革完了	国から地方への税源移譲完了
2009年	4月 麻生内閣の経済対策	リーマン・ショックへの経済対策（地方への配慮）
	9月 民主党「マニフェスト2009」	ひも付き補助金の一括交付金化，地域主権
2011年	4月 2011年度予算	地域自主戦略交付金創設
2013年	1月 日本経済再生に向けた緊急経済対策	地域自主戦略交付金廃止

出所：筆者作成。

　2002年5月の片山試案『地方財政の構造と税源移譲について』は，税源移譲によって国と地方の税収配分を1対1にすることを実現し，国庫支出金を5.5兆円削減し，地方交付税を見直すものとされた。税源移譲としては，所得税から個人住民税に3兆円，消費税から地方消費税に2.5兆円をそれぞれ税源移譲するとされ，国庫支出金については，奨励的補助金を2.3兆円，経常的経費を3.2兆円それぞれ削減するとされ，地方交付税については，算定方法の見直しと交付税対象の税目と交付税率を見直すとされた。

2002年6月の『骨太の方針2002』においては，「国庫補助負担金，交付税，税源移譲を含む税源配分のあり方を三位一体で検討し，それらの望ましい姿とそこに至る具体的な改革工程を含む改革案を，今後一年以内を目途にとりまとめる。」とされた[3]。

　2002年10月の地方分権推進会議が「事務・事業の在り方に関する意見」を発表した。そこでは，三位一体の改革については，会議が首相の諮問機関であることから，『骨太の方針2002』をふまえた内容となっている。そこでは特に国庫補助負担事業について，国の関与を大幅に減らすとともに，地方の権限と責任を拡大させることで事業の廃止・縮減をおこなうべきであるという議論がなされた。

　2003年6月の『骨太の方針2003』では，税源移譲，国庫支出金の削減，地方交付税の削減を組み合わせた三位一体の改革の基本方針が打ち出され，2006年までの工程表も提示された。工程表の具体的な中身としては，「国庫補助負担金については，広範な検討を更に進め，概ね4兆円程度を目途に廃止，縮減等の改革を行う。その際，国・地方を通じた行財政の効率化・合理化を強力に進めることにより，公共事業関係の国庫補助負担金等についても改革する。」，「地方交付税総額を抑制し，財源保障機能を縮小していく。」「税源移譲に当たっては，個別事業の見直し・精査を行い，補助金の性格等を勘案しつつ8割程度を目安として移譲し，義務的な事業については徹底的な効率化を図った上でその所要の全額を移譲する。あわせて，「18年度までに必要な税制上の措置を判断」して，その一環として地方税の充実を図る。(中略) こうした三位一体の取組により，地方歳出の見直しと併せ，地方における歳出規模と地方税収入との乖離をできるだけ縮小するという観点に立って，地方への税源配分の割合を高める。その際，応益性や負担分任性という地方税の性格を踏まえ，自主的な課税が行いやすいという点にも配意し，基幹税の充実を基本に，税源の偏在性が少なく税収の安定性を備えた地方税体系を構築する。」というものであった[4]。

---

3)　『骨太の方針2002』p.29引用。
4)　『骨太の方針2003』p.20引用。

2004年4月に公表された「麻生プラン」では，2005年度以降の三位一体の改革の内容として以下のような方針が打ち出された。税源移譲としては，所得税から住民税へ3兆円規模の税源移譲をおこない，住民税を税率10％で比例税率化すること。補助金削減によって移譲額が3兆円に満たない場合は，偏在度の高い他の地方税を国へ逆移譲して調整すること。税源移譲に結びつくものを中心に，3兆円の国庫補助負担金改革を確実に実施すること。特に，2005年度は，施設整備事業に係る国庫補助負担金全体の廃止，義務教育費国庫負担金のうち学校事務職員等に係るものを先行的に検討し，奨励的国庫補助金の計画的縮減に重点をおくこと。2005年度は，「地域再生」等を進めるため，地方税，地方交付税等の一般財源総額を前年度と同程度の水準にすること。交付税算定に行革努力が報われる要素を導入すること。

　この麻生プランに反発した地方6団体は2004年に，「三位一体の改革」の全体像を早期明示し，国・地方間で協議すること，基幹税による税源移譲を早期実現すること，負担転嫁なき国庫補助負担金の廃止をおこなうこと，地方交付税を堅持し充実させること，国直轄事業負担金を廃止すること，という内容の緊急決議をまとめた。

　基幹税による税源移譲については，国と地方の税源配分を1対1にすることを目標として，2005年度に所得税から個人住民税への税源移譲と地方消費税の引上げの実施を要求している。

　国庫補助負担金の削減については，「単なる地方への負担転嫁となる国庫補助負担金の削減は，断固認められない。あくまでも地方の自由度を高めるものを対象に見直しを行い，税源移譲額に見合った国庫負担金を原則廃止すること。」とした[5]。この負担転嫁になるものは認められないという主張は，当時の削減対象として生活保護費負担金が想定されていたことが念頭にある。生活

5）　地方自治確立対策協議会『地方財政危機突破に関する緊急決議』(2004年5月25日)，p.2引用。さらに例として，「特に生活保護負担金などについては，本来国の責任で実施すべきものであり，補助率の引き下げは到底受け入れられないとした。」としている。(同ページから引用)。

保護は，所得再分配政策として本来国がおこなうべきものであり，窓口サービスを提供するのは市町村が望ましいとしても，その費用負担は国が担うべきだという考え方に沿ったものである。

　国庫補助負担金の見直しとしては，地方の裁量を高めるようなものにし，税源移譲の額に対応するものは原則廃止すべきであるとした。国庫補助負担金が廃止されることによって一般財源化される事務事業は，必置規制・基準の義務付けを廃止するといったことをおこなうべきであるとした。また公共事業関係の国庫補助負担金の廃止に伴う財源は税源移譲によっておこなうべきであるとした。国直轄事業負担金については，この事業が国家的政策であるにも関わらず，地方に対して個別負担を課していることは不合理であるとし，廃止すべきであるとした[6]。

　2004年6月の『骨太の方針2004』は，地方六団体の「緊急決議」を受け，地方団体側に，国庫補助負担金改革の具体案をとりまとめるように要請している。これに対して，地方六団体は，2004年8月に『国庫補助負担金等に関する改革案』において，第1期（2006年度まで）に3.2兆円，第2期（2007年度以降）に3.6兆円，揮発油税の一部を地方譲与税化することで1.4兆円の合計8兆円の税源移譲を提示した。それに見合う国庫補助負担金の見直しの合計額をすでに実行されている2004年度分の1兆円を含めて9兆円とした。9兆円廃止の内訳は，第1期に税源移譲につながる国庫補助負担金を廃止することで3兆円，第2期には，すでに廃止を提言しているが第1期で廃止されていない国庫補助負担金を廃止することで3.6兆円，道路特定財源を見直しすることで1.4兆円廃止するというものである。

　2004年11月には，三位一体の改革に関して政府・与党が合意した。具体的には，住民税の比例税率化で3兆円の税源移譲とこれに伴う国庫補助負担金改革を2.4兆円とした。ただし6,000億円分の国庫補助負担金改革が未定とされた。

---

[6]　国直轄事業負担金には，たとえば国の行う河川，道路，砂防，港湾等の土木事業が存在する（地方財政法，第17条の2，第1項）。『地方財政統計年報（平成24年度）（1-2-1表）』によると，2014年度決算額で国直轄事業負担金は9,308億円となっている。

表7-2は，国庫補助負担金改革の概要をまとめたものである。省庁別にみると，厚生労働省（約9,340億円），文部科学省（約8,730億円），国土交通省（約6,460億円）が多くなっている。厚生労働省所管の補助金としては，国民健康保険国庫負担（約6,900億円），文部科学省所管の補助金としては，義務教育費国庫負担金（約8,500億円）と国が関与すべき割合が高く設定されてきた義務的な補助金が税源移譲の対象となったことがわかる[7]。

2005年7月には，知事会が1兆円（9,970億円）の補助金改革案を決定している。これは，未定の6,000億円分に対してリストを提示したものであった。1兆円（9,970億円）の中身は大きく4つに分類される[8]。1つ目は，「地方財政法第16条関係の国庫補助金」であり，金額は1,620億円程度である。これは，「地方公共団体の事務として同化・定着，定型化し，引き続き地方が実施する必要があると思われるもので，国庫補助金の廃止後においても税源移譲により財源の確保が必要となるもの」としている。2つ目は，「地方財政法第10条関係の経常的な国庫負担金」であり，金額は2,580億円程度である。これは，「地方公共団体の事務として義務的に行われているもので，廃止して税源移譲することにより，地方の裁量度を高め自主性を拡大することにつながるもの」としている。3つ目は，「経常的な国庫補助負担金のうち交付金化されたもの」であり，金額は570億円程度である。いまひとつは，「普遍的・経常的に行われる施設整備に関する国庫補助負担金（交付金化されたものを含む）」であり，金額は5,200億円程度である。これは，「施設整備の必要性や規模，時期及びその後の改修・補修の更新を地方の判断で計画的に整備することが効率的で，廃止して税源移譲することにより，地方の裁量度を高め自主性を拡大することにつながるもの」としている。

2005年11月には，税源移譲の対象となる追加の補助金改革として6,540億円分が政府・与党間で合意された。このような経緯を経て，3兆94億円の税源移

---

7) 厚生労働省所轄分については総務省（2006）『地方財政白書（平成18年度版）』「資料3　三位一体改革について」を参照した。

表7-2 政府与党合意「三位一体の改革について」における国庫補助負担金改革の概要

	取組状況	概要
内閣本府	10億円程度	生活情報体制整備等交付金,交通事故相談所交付金,民間資金等活用事業調査費補助金　等
総務省	90億円程度	消防災設備整備費補助金（緊急消防援助隊関係設備分を除く）,地域情報通信ネットワーク基盤整備事業費補助金,情報通信システム整備促進費補助金　等
文部科学省	義務教育費国庫負担金 8,500億円程度の減額（暫定）（うち17年度分（暫定）4,250億円）	減額相当分は税源移譲予定特例交付金（教職員給与費を基本に配分）により措置
	その他の国庫補助負担金等 230億円程度	要保護及準要保護児童生徒援助補助金,教員研修事業費等補助金,高等学校等奨学事業費補助金,学校教育設備整備等補助金　等
厚生労働省	9,340億円程度	国民健康保険国庫負担,養護老人ホーム等保護費負担金,児童保護費等補助金（産休代替保育士費等補助金等）,在宅福祉事業費補助金（生活支援ハウス等）,社会福祉施設等施設整備費補助金・負担金　等
農林水産省	3,040億円程度	経営体育成基盤整備事業補助,治山事業費補助,農道整備事業費補助,水土保全林整備治山事業費補助,協同農業普及事業交付金,農業委員会交付金　等
経済産業省	180億円程度	小規模企業等活性化補助金,中心市街地商業等活性化総合支援事業費補助金,産業再配置促進環境整備費補助金,輸入関連事業者集積促進事業費補助金　等
国土交通省	6,460億円程度	公営住宅家賃対策等補助（公営住宅家賃収入補助）,住宅産業構造改革等推進補助金,土地利用転換計画策定補助金,土地分類調査費等補助金,特定賃貸住宅建設融資利子補給補助　等
環境省	530億円程度	環境監視調査等補助金,鳥獣等保護事業費補助金,廃棄物処理施設整備費補助　等
合計	28,380億円程度	

※　うち,17,700億円は税源移譲につながる分,4,700億円はスリム化による分,6,000億円は交付金化による分である。国庫補助負担金の純ベース削減額は合計額28,380億円からスリム分4,700億円を差し引いた23,680億円（約2.4兆円）となる。
出所：総務省（2006）『地方財政白書（平成18年度版）』「資料3 三位一体の改革について」より引用（一部筆者追加）。

譲（2006年度は所得譲与税,2007年度に所得税から個人住民税へ税源移譲）がおこなわれ,国庫支出金が4兆6,661億円削減されるという三位一体の改革が実施されることになった[9]。

---

8)　以下の記述は,全国知事会『国庫補助負担金等に関する改革案（2）』（2005年7月19日）p.4を引用した。

その後，リーマン・ショックを経て，2009年9月に民主党への政権交代がおこなわれた。民主党の補助金改革の特徴は，**ひもつき補助金**を廃止し，**一括交付金化**をはかるというものであった。民主党の「マニフェスト2009」では，庁費等，委託費，施設費，補助金を効率化させることで合計6.1兆円が削減されるとしている[10]。一括交付金化については，「マニフェスト2009」には「国から地方への「ひもつき補助金」を廃止し，基本的に地方が自由に使える「一括交付金」として交付する。義務教育・社会保障の必要額は確保する。」「「一括交付金」化により，効率的に財源を活用できるようになるとともに補助金申請が不要になるため，補助金に関わる経費と人件費を削減する。」と記載されている[11]。

　この民主党のマニフェストの一部を実現したものが，2011年度予算で創設された地域自主戦略交付金である。これは，地方の投資的事業の補助金に関して内閣府の予算とすることで，各省庁の事前関与を廃止し，地方の裁量的選択を拡大するものである[12]。

　2013年1月には，安倍内閣で閣議決定された「日本経済再生に向けた緊急経済対策」を踏まえて，2013年度予算から地域自主戦略交付金は廃止され，内閣府予算への一括交付金から各省庁への交付金に戻された。

第2節　国庫支出金改革の議論

　この節では国庫支出金改革の議論を整理する。まずは補助金の経済効果をみておくことで議論の整理に役立てる。次に，国庫支出金改革に関する先行研究での議論を整理する。

---

9) 地方交付税は臨時財政対策債を含めて5兆1,000億円が抑制されることになった。
10) 民主党「マニフェスト2009」p.4参照。
11) 民主党「マニフェスト2009」p.19引用。
12) 内閣府予算に5,230億円が計上されている。内訳は地域自主戦略交付金が4,799億円，沖縄振興自主戦略交付金321億円となっている。

(1) 補助金の経済効果

補助金の経済効果については，消費者の無差別曲線と予算制約線を使うことで，経済効果の違いをみることができる。**図7-1**は，一般補助金と特定定率補助金の違いを示したものである[13]。

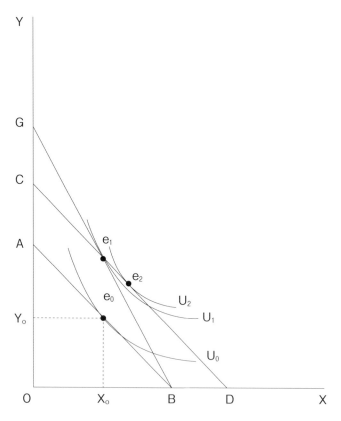

図7-1　一般補助金と特定定率補助金

---

13) 特定補助金には，特定定額補助金も存在している。特定定額補助金の経済効果については，跡田・橋本（1991）を参照されたい。

この図の縦軸には補助金の交付対象である地方公共財Y の数量が，横軸には補助金の交付対象とならない地方公共財X の数量が採られている。AB は補助金交付前の地方団体の予算制約線だとしよう。地方団体の独自予算では，予算のすべてをY 財に振り向けるとA だけの数量を提供でき，予算のすべてをX 財に振り向けると，B だけの数量を提供できる。

　いま，一般補助金として地方交付税が交付されると，この地方団体の予算制約線は右上方に平行移動することになる。予算制約線が平行移動する理由は，一般補助金は使い途が自由な資金であるためにX 財，Y 財ともに数量を増加させることができるからである。この一般補助金交付後の予算制約線が CD である。一般補助金交付前の予算制約線に対して，X 財とY 財の最適な組合わせは，当該地域の地域住民の効用関数に依存して決定されることになる。地域住民の効用関数はX 財とY 財の数量に依存して決定すると考え，無差別曲線を重ね合わせて描いたとすると，無差別曲線と予算制約線の接点で地域住民の効用最大化の点が得られる。この図だと補助金交付前には，予算制約線 AB と無差別曲線 U_0 との接点 e_0 が効用最大化の点となり，X_0，Y_0 がそれぞれ最適な数量となる。一般補助金交付後の予算制約線 CD のもとでは，予算制約線 CD と無差別曲線 U_2 との接点 e_2 が効用最大化の点となる。

　一方，特定定率補助金として国庫支出金が提供されると，この地方団体の予算制約線は，GB のように，B 点を軸として右に回転することになる。定率補助金は，地方団体の補助金交付対象事業への支出の一定割合を国が負担するものであるために，地方団体の予算がすべて補助金対象外の事業であるX 財に支出された場合には，補助金交付額はゼロとなり，すべてが補助金対象の事業であるY 財に支出された場合には，仮に補助率が50％だとすると，G 点の高さはOA の高さの倍となる。この定率補助金交付後の予算制約線 GB のもとでは，無差別曲線 U_1 との接点 e_1 が効用最大化の点となる。この図において，一般補助金交付後の予算制約線は定率補助金のもとでの効用最大化の点を通るように描かれている。この場合には国が提供する資金は一般補助金，定率補助金ともに同じとなる。同じ資金のもとで，2 つの補助金の効果を比べると，地域住民の

効用で比較すると，一般補助金交付後の効用最大化の点での効用水準の方が，定率補助金のもとでのそれよりも右上方に位置するために，より地域住民の満足度を引き上げることになる。ただし，定率補助金の方が，国が補助対象とした事業の数量が多くなっていることがわかる。したがって地域住民の満足度を無視して，国の意向にそった政策を実行したいなら定率補助金が選ばれることになる。このことを直感的に説明すると，国が国民の教育水準の向上を目指して図書館の建設に定率補助金を提供すれば，図書館建設には有効な政策といえるものの，地域住民自身は図書館よりも体育館の建設を歓迎するなら，使い途が自由なお金である一般補助金の方が喜ばれるといった状況を示していることになる。

(2) 先行研究での議論

国庫支出金は，非効率的な財政支出の温床として，これまでも削減の必要性を主張されてきた。前述したような補助金の経済効果から，特定定率補助金である国庫支出金を議論しているのが跡田・橋本（1991）である。跡田・橋本（1991）は，奨励的な補助金を特定定率補助金の形態で提供することは，より低い効用水準しか得られないうえに，コスト意識が生じないために浪費される可能性があること，補助金獲得のための陳情行政の弊害が生じること，補助金が適正に使われているかを審査するための間接経費が増加すること，一度支出された補助金が既得権化することなどを問題視している[14]。池上（2004）も，特定補助金の問題点として，「①事業が全国的に画一化されやすい，②特定補助金を伴う事業が地方政府の予算編成のなかで優先され，地域住民の意向との間にゆがみが生じる，③特定補助金は中央から地方へつながる特定分野の「縦割り」システムを作り出す，④事務手続き等のために経費と時間が無駄に費やされる」と指摘している[15]。

---

14) 跡田・橋本（1991）p.114参照。
15) 池上（2004）p.80引用。

義務的な補助金における「超過負担」と「国庫補助負担金の一般財源化」を問題視しているものが川瀬（2011）である。補助金の超過負担とは，国の定める基準と実態とのずれにより地方団体の負担が重くなることを指す。川瀬（2011）は「基準が年々引き下げられており，市民サービスのカットに結びつく可能性が大きくなっている」と指摘している[16]。国庫補助金の一般財源化とは，国の財政再建の過程で，定率補助金の割合が引き下げられ，交付税等で一般財源化されたことを指す。奨励的な補助金を地方交付税などの一般補助金に置き換えた場合には，先述したように，非効率的な財政支出の削減につながることも期待されるわけだが，ここで問題とされているのは義務的な補助金の一般財源化である。三位一体の改革でも，義務教育費の国庫負担金が税源移譲の対象となった。三位一体の改革の過程では，本来国が負担すべき生活保護費国庫負担金も削減対象として浮上していた。土居（2004）も，生活保護費を削減対象とすることに対しては「生活保護は少なくとも日本国憲法で保障している最低限の生活を維持するためには，自治体の財政状況がどうあれ，国がきちんと保障しなければいけません」と述べている[17]。

第3節　国庫支出金改革の影響

図7-2は，補助金改革の期間における地方財政計画上の国庫支出金，地方交付税，地方税の推移を描いたものである。この図によると，2004年度から2006年度にかけて国庫支出金は12兆1,238億円から10兆1,739億円へと1兆9,223億円減少している。三位一体の改革の完了年（2007年度）まで国庫支出金は減少傾向にあり，2004年度から2007年度にかけて1兆9,499億円減少している。

一方，国庫支出金の削減と引き替えに，地方税には2006年度から2008年度にかけては増加傾向がみられる。2002年1月から2007年10月1日の期間は，戦後最長期間の景気回復期にもあたるため，税源移譲の効果と相まって，地方税は

16）　川瀬（2011）p.61引用。
17）　土居（2004）p.76引用。

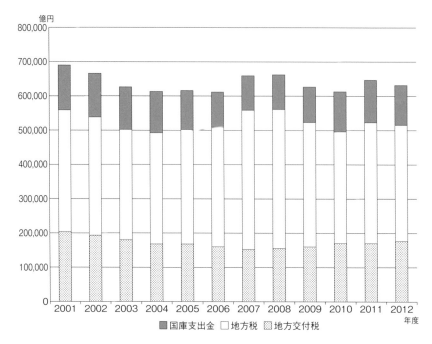

出所:総務省『地方財政計画関係資料』各年版より作成。

図7-2 国庫支出金,地方交付税,地方税の推移(地方財政計画)

2002年度から2007年度にかけて6兆1,165億円増加している。ところが,2009年度以降は地方税は大幅な減少に転じている。これは,2008年9月におきたリーマン・ショックに伴う景気後退の影響によるものである。2008年度から2009年度にかけて地方税収は4兆2,843億円減少している。2008年度から2010年度にかけては,7兆9,607億円の減少となっている。

地方交付税については,小泉政権下の2003年に地方交付税の大幅な削減(1.2兆円)を内容とする2004年度の地方財政計画が発表された。図7-2は,国庫支出金,地方交付税,地方税の推移を描いたものである。2003年度から2004年度に地方交付税は1兆1,832億円減少し,2003年度から2006年度にかけては,2兆1,620億円減少している。2003年度から2007年度についてみると,地方交付税は2兆8,666億円減少している。

削減された地方交付税は，2008年度より増加に転じている。2008年度は「安定的な財政運営に必要な一般財源総額の増額確保」ということで地方交付税が2,034億円増加している[18]。2009年は，民主党を中心とした政権に交代した年である。2009年度は「生活防衛のための緊急対策」によって地方交付税を1兆円増額している[19]。これは2008年9月に起こったリーマン・ショックへの対応である。2010年度は「円高・デフレ対応のための緊急総合経済対策」の一環として1兆3,733億円増額している[20]。2011年度は80億円の減少とほぼ横ばいである。しかし2011年におきた東日本大震災への対応と雇用対策として地方交付税が増額されている。

---

18) 総務省『平成20年度地方財政計画の概要』，p.2より引用。
19) 総務省『平成21年度地方財政計画の概要』，p.1によると，「既定の加算とは「別枠」で地方交付税を1兆円増額」とあり，「増額分の地方交付税は，「雇用創出」や「地域の元気回復」の財源」とされている。
20) 「地域活性化・雇用等臨時特例費」（9,850億円）が創設されている。

第8章　国庫支出金の構造変化について—夕張市の事例

　この章では，国庫支出金改革の影響を夕張市の事例を取り上げて検証する[1]。地方団体の事例として夕張市を取り上げることにしたのは，2006年に多額の負債が表面化し，2007年に財政再建団体となり，事実上財政破綻した自治体だからである。財政破綻以降の夕張市は，極限まで切りつめた財政運営をおこなっている。夕張市の財政破綻前後の補助金の構造の変化を調べることで，地方団体を維持する上で最低限必要な補助金がどのようなものなのかを検証することが可能となるだろう。

　この章の具体的な構成は以下の通りである。第1節では，夕張市における補助金の推移についてみていく。ここでは国庫支出金だけでなく，北海道から夕張市への道支出金の推移についても取り扱う。まず国庫支出金改革の影響をみるために使用したデータの詳細について解説し，国庫支出金と道支出金の推移を明らかにする。第2節では，国庫支出金改革の影響を検証する。

第1節　夕張市における補助金の推移

(1)　データの詳細

　本章では，夕張市の事例を調べるにあたって，2001年度から2012年度までの期間について夕張市の国庫支出金ならびに道支出金の受取額のデータを利用することにした[2]。2001年度から2012年度までの期間に夕張市は，小泉政権下での三位一体の改革，夕張市の財政再建団体入り，リーマン・ショック，民主党への政権交代という，経済，財政上の変化を経験することになる。以下では，こ

---

1)　本章は，鈴木・橋本（2015）の一部を加筆修正したものである。
2)　夕張市の補助金データは，夕張市財務課より提供していただいた。データの入手に関しては，前夕張市財務課長石原秀二氏の協力を得た。

れらの変化に伴う補助金の構造変化について詳しく検討していくことにしたい。

本章で使用した夕張市の補助金データの概要は，表8-1のようにまとめられる。表には，一般会計で受け取った補助金額のデータが，款，項，目，節，細節の各分類にしたがって掲載されている。分析対象とした期間は，2001年度から2012年度までである。この期間には，①夕張市の財政破綻の年（2006年度），②三位一体の改革前後（2003年度と2007年度），③民主党への政権交代（2009年度）が含まれている[3]。

表8-1 夕張市補助金データの概要

名称	概要
会計	一般会計
款	国庫支出金と道支出金
項	委託金，交付金，負担金，補助金に分類
目	総務費委託金，民生費交付金など，項を目的別に分類
節	国民年金事務委託金，公有林交付金など，項を性質別に分類
細節	児童手当事務委託金，有害鳥獣捕獲許可事務取扱交付金など，節を分類

（備考）予算（歳出）は，執行を便宜にし，効率的な経費消化を目的とするために科目が設定されている。予算科目は「款（かん）」に分けられる。款はさらに「項」に分けられ，項は「目」と「節」に分けられる。款，項，目は目的別に分けられているが，目は性質別に分けられている。款，項，目は法令上で定められているが，細節は都道府県が独自に設定している[4]。

---

3) ただし，政権交代による予算が本格的に反映されるのは2010年度からとなる。民主党政権（鳩山内閣）は2009年9月発足である。鳩山内閣は，前政権（麻生内閣）で組まれた第1次補正予算を組み替えることによって第2次補正予算を組んでいる。すなわち，既定経費を7兆3,441億円減額し，「明日の安心と成長のための緊急経済対策費」として7兆2,013億円，「その他の経費」として2,274億円を計上している。「明日の安心と成長のための緊急経済対策費」は内容別に，雇用が6,140億円，環境が7,768億円，景気が1兆5,742億円，生活の安心確保が7,849億円，地方支援が3兆4,515億円となっている。

4) 大阪府ウェブページ「公金支出情報公表サイト」http://www.pref.osaka.lg.jp/kokin/expinfo/index.php?list=2（閲覧日：2014年11月29日）および，岐阜県ウェブページ「歳出予算の節について」http://www.pref.gifu.lg.jp/kensei-unei/nyusatsu-kokin/kokin-shishutsu-joho/setsu-saisetsu.html（閲覧日：2014年11月29日）を参照した。

(2) 夕張市における補助金の推移

　図8-1は，国庫支出金と道支出金の推移を描いたものである。国庫支出金はピーク時である2002年度には17億2,000万円であったが，三位一体の改革期間中（2006年度）を経て，2007年度に7億900万円まで減少している。2008年度には微増し，2009年度に16億1,100億円に急増している。2010年度からは微減し，2012年度には11億2,300万円にまで減少している。また，夕張市の受け取ってきた補助金のほとんどが国庫支出金であることが読み取れる。

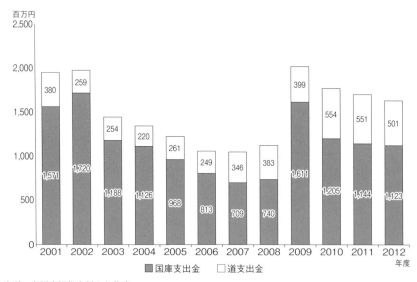

出所：夕張市提供資料より作成。

図8-1　国庫支出金と道支出金の推移

　道支出金は，2001年度の3億8,000万円から2006年度2億4,900万円にまで減少している。その後，2007年度の3億4,600万円から2010年度に5億5,400万円まで拡大している。これは夕張市の財政破綻に伴う支援体制の強化によるものと考えられる[5]。2011年度から2012年度にかけて5億5,100万円から5億100万円にまで微減している。

第8章　国庫支出金の構造変化について—夕張市の事例　171

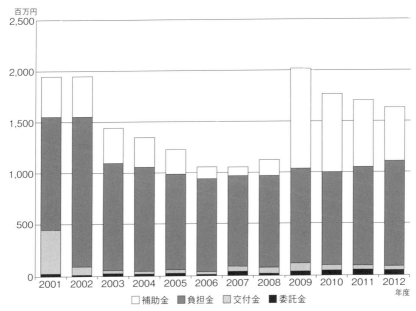

出所：夕張市提供資料より作成。

図8-2　項目別の金額の推移

図8-2は，補助金，負担金，交付金，委託金という項目別の分類で見た補助金額の推移を示したものである。補助金には，「生活保護費補助金」や「公営住宅建設費等補助」などが存在し，奨励的なものが多い。負担金には，「生活保護費負担金」のように義務的な補助金が含まれている。交付金は，「国有資産所在市町村交付金」のように義務的な補助金と，独立行政法人を対象とした交付金が多く，「独立行政法人国民生活センター運営交付金」のように助成的な補助金が含まれている。交付金は国が全額負担または一部を負担することになっている。委託金は，「国民年金事務委託金」のように国の事務を地方団

---

5)　夕張市の「財政再建計画の平成20年度実施状況」によると，北海道からの支援として，「医療給付事業，バス運行事業，除雪事業への事業支援や補助金，交付金等の優先採択による財政支援を受けた。」とある。たとえば，2008年度には，スクールバス運営費補助金（193万2,780円）という道支出金を受け取っている。

体に委託する場合の費用をみるものである。したがって，奨励的な補助金の多くは，項目別の分類での「補助金」に含まれていると考えられる。

図8-2によると，補助金は2001年度から2002年度に大きく増加（3億8,800万円の増加）しているが，2003年度以降は2007年度までの三位一体の改革期に継続的に減少している。その削減額は7億円である。2008年度は微増であるが，2009年度に急増している。その増加額は8億1,500万円である。三位一体の改革期において削減した額よりもこの増加額は多い。その後，2010年度から2012年度まで補助金は削減されているが，2012年度において5億2,000万円存在し，国庫支出金の32％のシェアと大きな位置を占めている。

負担金は，国庫支出金の中で最も高いシェアを占めている。2009年度の46％を除くと，期間中は50％を超えるシェアとなっている。特に2006年度と2007年度85.4％と83.8％と高いシェアとなっている。ただし，金額ベースとなると，2001年度から2007年度までは下がり続けている。2008年度からは2010年度を除いて2012年度まで微増し，2012年度は2004年度とほぼ同じ水準になっている。

交付金は，2002年度に3億4,600万円の減額となっている。シェアでみると，2001年度の22.1％から2002年度に4.3％へ下がっている。2003年度も削減額が5,700万円と多い。これによって交付金のシェアは2％を前後する数値で2006年度まで推移している。しかし財政破綻が明らかになった次年度である2007年度から2009年度まで増加し，2009年度には2002年度と同程度までになっている。その後2010年度から2012年度にまで微減しており，2002年度では3,700万円（シェア2.3％）となっている。

委託金は，対象としている期間中，金額が少額であることからシェアが低い。期間中にシェアで3％を超えたのは2007年度のみであり，その他の年次では1％弱から2％強で推移している。2002年度から2009年度までは，ほぼ同額の金額で増減をくり返している。2010年度と2011年度は連続で微増しているが，2012年度は微減となっている。

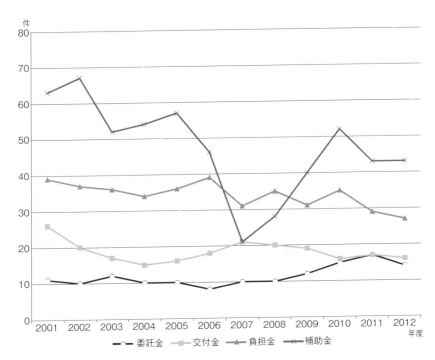

出所:夕張市提供資料より作成。

図8-3 項目別の件数の推移

表8-2 項目別1件当たり金額の推移(単位:百万円)

	2001年度	2002年度	2003年度	2004年度	2005年度	2006年度	2007年度	2008年度	2009年度	2010年度	2011年度	2012年度
委託金	2.2	1.2	2.6	2.1	3.0	1.1	3.5	1.8	2.9	3.0	2.8	2.9
交付金	16.6	4.2	1.6	1.6	1.7	1.5	2.5	2.9	4.3	3.2	2.4	2.3
負担金	28.2	29.6	29.0	30.0	26.0	23.3	28.5	25.5	29.8	25.9	33.1	38.0
補助金	6.3	11.7	6.5	5.2	4.2	2.6	4.1	5.5	24.2	14.6	15.1	12.1

出所:夕張市提供資料より作成。

図8-3は,補助金,負担金,交付金,委託金という項目別の分類でみた補助金項目数の推移を示したものである。表8-2は,補助金項目1件当たりの金額の推移を示したものである。図8-3と表8-2によると,補助金は項目数が2001年度から2002年度に63件から67件に増加し,1件当たり金額では630万

円から1,170万円に増加している。項目数の増加のわりに1件当たり金額の増加が多い。図8-2によると，2001年度から2002年度にかけて補助金の額は微増にとどまっている。しかし項目数1件当たりの金額が大きく増加していることから，補助金はこの間，全体のボリュームを上昇させたものと考えられる。次に三位一体の改革期間にあたる2003年度から2007年度にかけて，項目数は52件から21件にかなり減少させ，なお1件当たり金額で650万円から260万円に減少させている。このことから補助金そのものを大きく削減し，中身を絞った補助金を配分しているものと考えられる。財政破綻後にあたる2008年度以降に補助金は項目数と1件当たり金額で大きく上昇している。項目数では2010年度の52件がピーク（1件当たり金額は1,460万円）であるが，1件当たり金額では2009年度の24.2件がピーク（項目数は40件）となっている。財政破綻後は景気対策も重なって補助金が手厚く配分されているものと考えられる。なお，2011年度と2012年度は項目数で43件と横ばいであり，1件当たり金額は1,510万円と1,210万円とこれもほぼ横ばいとなっている。

　負担金は2001年度から2004年度まで微減していたが，2005年度から2006年度にかけて微増し，2006年度では2001年度と同水準（39件）になっている。しかしながら1件当たり金額では2001年度から2006年度にかけて2,820万円から2,330万円に減少している。この間，負担金は総額で10億9,900万円から9億700万円に減少していることから，1件当たり金額を抑えることで総額を下げているものと考えられる。負担金の項目数は2007年度に31件にひとたび下がっていることから1件当たり金額が2,850万円に上昇している。その後の2008年度から2011年度にかけて同数（4件）の増減をくり返しながら1件当たり金額は2,550万円から3,310万円に増加している。2011年度と2012年度は連続して項目数は減少し，2012年度は項目数で27件で1件当たり金額は3,800万円となっている。2001年度から2012年度にかけて負担金は的を絞って手厚くされているものと考えられる。

　交付金は，2001年度から2004年度にかけて項目数が減少し続け，26件から15件にまで下がっている。1件当たり金額は2001年度が1,660万円と多額であっ

たが，2002年度に420万円に急減している。2002年度以降も１件当たり金額は下がり続けて，2004年度時点では１件当たり金額は160万円にまで下がっている。しかし項目数は2005年度から2007年度に増加し，2005年度に16件だったものが2007年度に21件となっている。また１件当たり金額も上昇し，2005年度に170万円だったものが2007年度に250万円に増加している。2008年度から2010年度にかけて項目数は減少傾向にあり19件から16件に微減している。同期間に１件当たり金額は290万円から320万円に微増している。2011年度と2012年度は項目数と１件当たり金額はほぼ横ばいで推移している（項目数17件から16件，平均額は240万円から230万円）。

　委託金は，2001年度から2008年度にかけてそれほど大きな変化が起きていない。項目数が８件（2006年度）から12件（2003年度）の間で推移している。１件当たり金額は120万円（2002年度）から350万円（2007年度）で推移している。しかし2009年度から2011年度にまで項目数が増加傾向にあり，2011年度では17件にまで増加している。１件当たり金額は概ね300万円で推移している。2012年度には項目数が14件に下がっているが，１件当たり金額は290万円とほぼ横ばいである。

第２節　国庫支出金改革の検証

(1)　分析の手法

　以下では，国庫支出金改革の影響を2001年度から2012年度の間に生じた３つの重要な出来事を基準に分析することにしよう。具体的には
　ケース１．三位一体の改革前後（2003年度と2006年度）
　ケース２．民主党政権前後（2007年度と2010年度）
　ケース３．夕張市の財政破綻前後（2003年度と2010年度）
である。

　ケース１は，三位一体の改革の影響をみるために，2003年度と2006年度の補助金の変化をみたものである。三位一体の改革のうち国庫補助金の削減は，前述したように2005年度から2006年度にかけておこなわれている。2003年度の補

助金額は，三位一体の改革が実施される前，2006年度の補助金額は三位一体の改革により補助金が削減された後の状況を反映したものと考えられる。

ケース2は，民主党への政権交代による政策変化の影響をみるために，2007年度と2010年度の補助金の変化をみたものである。麻生政権から鳩山政権への移行は，2009年9月である。2009年度予算は麻生政権と鳩山政権の政策が混在して反映されていることから，政権交代による政策の影響をみるために，2007年度と2010年度を比較することにした。

ケース3は，夕張市の財政破綻の影響をみるために，2003年度と2010年度の補助金の変化をみたものである。夕張市は2007年に財政再建団体となった。財政破綻の影響をみるためには，財政破綻の要因を加えて探る必要があると考えて，2003年度と2010年度を比較することにした。

以下では，ケース1からケース3について道支出金を含めた国庫支出金の中で，シェアが高い負担金と補助金を対象として政策変化の影響をみることにする。

負担金を分析するに際しては，**表8-3**に示したように，①保険基盤安定，②子ども関連，③障害者関連，④生活保護関連，⑤老年者関連，⑥その他に分類した。ここで①の保険基盤安定に関する負担金には，国庫支出金と道支出金からの保険基盤安定がある。②の子ども関連に関する負担金には，例えば，児童福祉負担金，被用者児童手当といったものがある。③の障害者関連に関する負担金には，例えば，障害者介護給付費等負担金，障害者自立支援医療費負担金といったものがある。④の生活保護関連に関する負担金には，生活保護費負担金の現年度分と過年度分を振り分けた。⑤の老年者関連には，老人保健事業費負担金を振り分けた。⑥のその他には，助産費負担金，緊急消防援助隊活動費負担金などが存在するが，いずれの年度においてもすべての細節についてゼロであった。

次に，補助金に関して分類をおこなったものが**表8-4，表8-5**である。これらの表では，補助金を①衛生関連，②子ども関連，③障害者関連，④生活保護関連，⑤老年者関連，⑥雇用，⑦地域振興，⑧農業，⑨道路，⑩経済対策，

⑪その他に分類した。

　ここで①の衛生関連には，例えば，し尿処理場建設改修費補助金，二酸化炭素排出抑制対策事業等補助金，新型インフルエンザ接種費用負担軽減事業費補助金などを振り分けた。②の子ども関連には，例えば，乳幼児医療費補助金，スクールバス購入費補助金，清水沢中学校校舎改修費補助などを振り分けた。③の障害者関連には，重度心身障害者医療費補助金，地域生活支援事業費等補助金，障害者自立支援対策推進費補助金などを振り分けた。④の生活保護関連には，生活保護費補助金，生活保護運営対策事業費等補助金を振り分けた。⑤の老年者関連には，例えば，在宅介護支援センター運営費補助金，老人医療給付費補助金などを振り分けた。⑥の雇用には，緊急地域雇用特別対策推進事業補助金，生活管理指導員派遣，ふるさと雇用再生特別交付金などを振り分けた。⑦の地域振興には，例えば，郷愁の丘ミュージアム建設費，平和運動公園野球場建設，社会資本整備総合交付金などを振り分けた。⑧の農業には，例えば，農業経営基盤強化資金利子補給補助金，米数量調整円滑化推進事業費補助金などを振り分けた。⑨の道路には，例えば，市道若菜千代田線道路改良，市道紅葉山新夕張駅前中通線道路改良などに振り分けた。⑩の経済対策には，例えば，地域活性化・きめ細かな臨時交付金，地域活性化・経済危機対策臨時交付金などに振り分けた。⑪のその他には，例えば，除排雪サービス，テレビ極微小中継局デジタル改修費補助金を振り分けた。

表8-3　負担金の分類

分類	2003年度			2006年度		
	支出別	細節	金額（円）	支出別	細節	金額（円）
保険基盤安定	国庫支出金	保険基盤安定	47,095,136	国庫支出金	保険基盤安定	11,850,692
	道支出金	保険基盤安定	23,547,568	道支出金	保険基盤安定	62,807,199
子ども	国庫支出金	3歳児健康診査事業費負担金	142,729	国庫支出金	児童福祉費負担金	60,719,215
	国庫支出金	児童福祉費負担金	64,566,665	国庫支出金	被用者児童手当	4,388,000
	国庫支出金	児童扶養手当	45,929,685	国庫支出金	非被用者児童手当	1,103,333
	国庫支出金	特例給付	225,000	国庫支出金	特例給付	110,000
	国庫支出金	非被用者児童手当	2,506,666	国庫支出金	被用者小学校第3学年修了前特例給付	6,836,667
	国庫支出金	非被用者就学前特例給付	3,303,332	国庫支出金	非被用者小学校第3学年修了前特例給付	3,741,667
	国庫支出金	被用者児童手当	3,951,000	国庫支出金	児童扶養手当	18,166,930
	国庫支出金	被用者就学前特例給付	4,983,333	道支出金	児童福祉費負担金	30,359,607
	国庫支出金	幼児健康診査事業費負担金	93,653		被用者児童手当	548,500
	道支出金	3歳児健康診査事業費負担金	137,346	道支出金	非被用者児童手当	1,063,333
	道支出金	児童福祉費負担金	32,283,333	道支出金	被用者小学校第6学年修了前特例給付	6,616,666
	道支出金	非被用者児童手当	626,666	道支出金	非被用者小学校第6学年修了前特例給付	3,620,000
	道支出金	非被用者就学前特例給付	825,832			
	道支出金	被用者児童手当	219,500			
	道支出金	被用者就学前特例給付	1,245,833			
	道支出金	幼児健康診査事業費負担金	93,653			
障害者	国庫支出金	補装具給付	3,606,792	国庫支出金	補装具給付	3,834,697
	国庫支出金	施設入所者扶助	48,635,237	国庫支出金	施設入所者扶助	26,966,541
	国庫支出金	更生医療給付	6,901,421	国庫支出金	更正医療給付	298,697
	国庫支出金	身体障害児補装具給付	329,043	国庫支出金	身体障害児補装具給付	361,155
	国庫支出金	特別障害者手当等給付費負担金	2,334,765	国庫支出金	特別障害者手当等給付費負担金	1,183,245
	国庫支出金	施設入所者扶助	83,154,142	国庫支出金	施設入所者扶助	44,650,971
	国庫支出金	通勤寮等扶助	10,506,000	国庫支出金	障害者介護給付費等負担金（知的・身体）	62,970,185
	道支出金	日常生活用具費	430,710	国庫支出金	障害者介護給付費等負担金（補装具）	690,421
				国庫支出金	障害者介護給付費等負担金（療養介護医療費）	202,304
				国庫支出金	障害者自立支援医療費負担金	1,568,651
				国庫支出金	障害者自立支援給付費負担金	40,000
				道支出金	日常生活用具給付	0
				道支出金	障害者介護給付費等負担金（知的・身体）	31,485,092
				道支出金	障害者介護給付費等負担金（補装具）	345,210
				道支出金	障害者介護給付費等負担金（療養介護医療）	101,152
				道支出金	障害者自立支援医療費負担金	354,338
				道支出金	障害者自立支援給付費負担金	20,000
生活保護	国庫支出金	生活保護費負担金	579,152,000	国庫支出金	生活保護費負担金	484,500,000
	国庫支出金	生活保護費負担金（過年度分）	1,010,808	国庫支出金	生活保護費負担金（過年度分）	773,358
	道支出金	生活保護費負担金現年度分	42,651,000	道支出金	生活保護費負担金現年度分	30,484,000
				道支出金	生活保護費負担金過年度分	427,964
老年者	国庫支出金	老人保健事業費負担金	2,022,233	国庫支出金	老人保健事業費負担金	1,964,795
	国庫支出金	老人福祉費負担金	27,050,691	道支出金	老人保健事業費負担金	1,934,721
	国庫支出金	老人福祉費負担金（過年度分）	1,888,445			
	道支出金	老人保健事業費負担金	2,170,914			
その他	道支出金	行旅病死人負担金	0			

出所：夕張市提供資料より作成。

第8章　国庫支出金の構造変化について―夕張市の事例　179

分類	2007年度			2010年度		
	支出別	細節	金額（円）	支出別	細節	金額（円）
保険基盤安定	国庫支出金	保険基盤安定	8,670,187	国庫支出金	国民健康保険基盤安定	6,308,440
	道支出金	保険基盤安定	58,445,253	道支出金	国民健康保険基盤安定	43,316,000
				道支出金	後期高齢者医療保険基盤安定	31,333,002
子ども	国庫支出金	児童福祉費負担金	59,925,165	国庫支出金	児童福祉費負担金	63,114,715
	国庫支出金	被用者児童手当	7,256,000	国庫支出金	被用者児童手当	1,048,000
	国庫支出金	非被用者児童手当	1,433,333	国庫支出金	非被用者児童手当	243,334
	国庫支出金	被用者小学校修了前特例給付	6,140,000	国庫支出金	被用者小学校修了前特例給付	1,143,333
	国庫支出金	非被用者小学校修了前特例給付	4,060,000	国庫支出金	非被用者小学校修了前特例給付	576,666
	国庫支出金	児童扶養手当	16,235,722	国庫支出金	児童扶養手当	13,367,853
	道支出金	児童福祉費負担金	26,962,582	国庫支出金	子ども手当負担金	69,825,332
	道支出金	被用者児童手当	908,000	道支出金	児童福祉費負担金	31,557,357
	道支出金	非被用者児童手当	1,433,333	道支出金	被用者児童手当	131,000
	道支出金	被用者小学校修了前特例給付	6,150,000	道支出金	非被用者児童手当	242,334
	道支出金	非被用者小学校修了前特例給付	4,055,000	道支出金	被用者小学校修了前特例給付	1,143,333
				道支出金	非被用者小学校修了前特例給付	553,333
				道支出金	子ども手当負担金	9,600,999
障害者	国庫支出金	特別障害者手当等給付費負担金	1,036,740	国庫支出金	施設入所者扶助	0
	国庫支出金	障害者介護給付費等負担金（知的・身体）	123,427,354	国庫支出金	特別障害者手当等給付費負担金	1,090,665
	国庫支出金	障害者介護給付費等負担金（補装具）	1,000,000	国庫支出金	障害者介護給付費負担金（知的・身体）	156,600,440
	国庫支出金	障害者介護給付費等負担金（療養介護医療）	484,496	国庫支出金	障害者介護給付費等負担金（補装具）	2,729,582
	国庫支出金	障害者自立支援医療費負担金	2,117,586	国庫支出金	障害者介護給付費等負担金（療養介護医療）	495,396
	国庫支出金	障害者介護給付費等負担金（精神）	0	国庫支出金	障害者自立支援医療費負担金（知的・身体）過年度分	13,886
	道支出金	障害者介護給付費等負担金（知的・身体）	61,825,000	国庫支出金	障害者自立支援医療費負担金	13,550,508
	道支出金	障害者介護給付費等負担金（補装具）	793,000	道支出金	障害者介護給付費負担金（知的・身体）	78,300,220
	道支出金	障害者介護給付費等負担金（療養介護医療）	242,250	道支出金	障害者介護給付費等負担金（補装具）	1,364,791
	道支出金	障害者自立支援医療費負担金	1,004,981	道支出金	障害者介護給付費等負担金（療養介護医療）	247,698
	道支出金	障害者介護給付費等負担金（精神）	0	道支出金	障害者自立支援医療費負担金過年度分（知的・身体）	603,864
			63,865,231	道支出金	障害者自立支援医療費負担金	6,775,500
				道支出金	障害者自立支援医療費負担金過年度分	512,617
生活保護	国庫支出金	生活保護費負担金	457,176,000	国庫支出金	生活保護費負担金	344,608,000
	道支出金	生活保護費負担金現年度分	30,102,000	国庫支出金	生活保護費負担金（過年度分）	252,429
	道支出金	生活保護費負担金過年度分	104,821	道支出金	生活保護費負担金現年度分	24,955,000
老年者	国庫支出金	老人保健事業費負担金	1,505,167			
	道支出金	老人保健事業費負担金	1,198,809			
その他	国庫支出金	助産費負担金	0	国庫支出金	助産費負担金	0
	道支出金	助産費負担金	0	国庫支出金	緊急消防援助隊活動費負担金	0
				道支出金	助産費負担金	0

表8-4 補助金の分類(1)

分類		2003年度			2006年度	
		細節	金額（円）		細節	金額（円）
衛生	道支出金	在宅当番医制運営費補助金	2,132,000			
	道支出金	在宅福祉事業費補助金	1,670,659			
子ども	国庫支出金	準要保護児童生徒給食	1,363,000	国庫支出金	小学校理振法設備整備	170,000
	国庫支出金	準要保護児童生徒学用品購入	1,048,000	国庫支出金	中学校理振法設備整備	170,000
	国庫支出金	要，準要保護児童生徒修学旅行	624,000	国庫支出金	要保護児童生徒修学旅行	125,000
	国庫支出金	中学校理振法設備整備	427,000	道支出金	乳幼児医療費補助金	3,145,000
	国庫支出金	小学校理振法設備整備	400,000	道支出金	ひとり親家庭等医療費補助金	1,348,000
	国庫支出金	準要保護児童生徒新入学用学用品購入	150,000	道支出金	放課後児童対策事業費補助	2,244,000
	国庫支出金	特殊教育設備整備	136,000	道支出金	子育て支援センター設置	1,618,000
	国庫支出金	要，準要保護児童生徒医療	18,000	道支出金	子ども発達支援事業専門支援事業費補助金	183,000
	国庫支出金	準要保護児童生徒校外活動	14,000			
	国庫支出金	子育て支援センター設置	809,000			
	道支出金	放課後児童対策事業費補助	2,313,000			
	道支出金	乳幼児医療費補助金	2,279,000			
	道支出金	母子家庭等医療費補助金	2,241,000			
	道支出金	子育て支援センター設置	809,000			
	道支出金	母子通園センター事業費補助金	0			
障害者関連	国庫支出金	進行性筋萎縮症者扶助	2,144,829	国庫支出金	進行性筋萎縮症者扶助	934,757
	国庫支出金	障害者居宅支援事業費補助	781,000	国庫支出金	更正訓練給付	0
	国庫支出金	障害児保育事業費補助金	0	国庫支出金	身体障害者居宅支援事業費補助金	64,000
	道支出金	重度心身障害者医療費補助金	37,406,000	国庫支出金	知的障害者居宅支援事業費補助金	1,132,000
	道支出金	障害者居宅支援事業費補助	4,309,313	国庫支出金	障害児デイサービス事業費補助金	78,000
	道支出金	障害児デイサービス事業費補助金	1,726,000	国庫支出金	障害児短期入所事業費補助金	0
	道支出金	障害児短期入所事業費補助金	125,652	国庫支出金	障害児居宅介護事業費補助金	0
	道支出金	精神障害者通所交通費補助	70,095	国庫支出金	障害者自立支援事業等補助金	127,000
	道支出金	障害児保育事業費補助金	0	国庫支出金	障害者保健福祉推進事業等補助金	1,000,000
	道支出金	障害児保育特別対策事業費補助金	0	国庫支出金	地域生活支援事業等補助金	1,050,000
	道支出金	日常生活用具給付等事業費補助金	0	国庫支出金	知的障害者通所寮支援等補助金	993,000
				道支出金	重度心身障害者医療費補助金	18,141,000
				道支出金	日常生活用具給付等事業費補助金	0
				道支出金	障害者自立支援対策推進補助金	331,000
				道支出金	障害児保育特別対策事業費補助金	0
				道支出金	障害児デイサービス事業費補助金	39,000
				道支出金	障害児短期入所事業費補助金	0
				道支出金	障害児居宅介護事業費補助金	0
				道支出金	身体障害者居宅生活支援事業費補助金	32,310
				道支出金	知的障害者居宅生活支援事業費補助金	566,052
				道支出金	地域生活支援事業等補助金	525,000
				道支出金	精神障害者通所交通費補助金	40,000

出所：夕張市提供資料から作成。

分類		2007年度			2010年度	
		細節	金額（円）		細節	金額（円）
衛生	道支出金	し尿処理場施設改修費補助金	6,200,000	国庫支出金	女性特有のがん健診推進事業費補助金	541,000
				道支出金	二酸化炭素排出抑制対策事業費等補助金	27,489,000
				道支出金	新型インフルエンザワクチン接種費用負担軽減事業費補助金	1,454,000
				道支出金	疾病予防対策事業費等補助金	317,000
				道支出金	子宮頸がん等ワクチン接種緊急促進臨時特例交付金	102,000
子ども	国庫支出金	スクールバス購入費補助金	3,040,000	国庫支出金	清水沢中学校校舎改修費補助	121,124,000
	国庫支出金	要保護児童生徒修学旅行	96,000	国庫支出金	児童生徒通学費補助金	4,927,000
	国庫支出金	幼稚園就園奨励費補助金	5,000	国庫支出金	子ども手当準備事業費補助金	3,706,000
	道支出金	乳幼児医療費補助金	5,466,414	国庫支出金	要保護児童生徒修学旅行	65,000
	道支出金	放課後児童対策事業費補助	2,149,000	道支出金	乳幼児医療費補助金	3,521,678
	道支出金	ひとり親家庭等医療費補助金	3,484,898	道支出金	ひとり親家庭等医療費補助金	2,344,413
				道支出金	放課後児童対策事業費補助	1,037,000
障害者関連	国庫支出金	地域生活支援事業費補助金	2,193,000	国庫支出金	地域生活支援事業費補助金	1,902,000
	国庫支出金	障害程度区分認定等事務費補助金	129,000	国庫支出金	障害程度区分認定等事務費補助金	109,000
	道支出金	重度心身障害者医療費補助金	41,784,330	道支出金	重度心身障害者医療費補助金	33,837,434
	道支出金	障害者自立支援対策推進補助金	4,709,000	道支出金	障害者自立支援対策推進補助金	7,456,000
	道支出金	地域生活支援事業費補助金	982,000	道支出金	地域生活支援事業費補助金	1,401,000
				道支出金	知的障害者等実態調査交付金	0

表8-5　補助金の分類(2)

分類	2003年度			2006年度		
		細節	金額（円）		細節	金額（円）
生活保護	国庫支出金	生活保護費負担金	2,050,000	国庫支出金	生活保護費補助金	1,733,000
	道支出金	生活保護運営対策事業費等補助金	671,300	道支出金	生活保護運営対策事業費等補助金	664,000
老年者関連	道支出金	在宅介護支援センター運営費補助金	4,504,275	国庫支出金	養護老人ホームアスベスト除去	787,000
	道支出金	老人医療給付費補助金	4,479,000	道支出金	老人医療給付費補助金	3,608,000
	道支出金	老人クラブ運営費補助金	1,179,263	道支出金	老人クラブ運営費補助金	912,539
	道支出金	高齢者配食サービス	556,778	道支出金	老人短期入所介護事業費補助金	0
	道支出金	生きがい活動支援通所	171,380			
	道支出金	老人短期入所介護事業費補助金	0			
雇用	国庫支出金	緊急地域雇用特別対策推進事業補助金	6,168,000	道支出金	生活管理指導員派遣	0
	道支出金	生活管理指導員派遣	7,237,388			
地域振興	国庫支出金	郷愁の丘ミュージアム建設費	25,000,000	国庫支出金	郷愁の丘ミュージアム公園整備	25,000,000
	国庫支出金	産炭地特定事業費補助金	6,593,884	国庫支出金	平和運動公園整備	40,129,000
	国庫支出金	平和運動公園野球場建設	105,000,000	道支出金	発達支援センター事業補助金	901,000
	道支出金	地域療育推進体制整備事業費補助	110,000			
農業	道支出金	農業経営基盤強化促進対策費補助金	42,000	道支出金	農業経営基盤強化資金利子補給補助金	7,131
	道支出金	農業委員会補助金	16,000	道支出金	米数量調整円滑化推進事業費補助金	311,000
	道支出金	農業経営基盤強化資金利子補給補助金	10,198			
道路	国庫支出金	市道若菜千代田線道路改良	60,500,000	国庫支出金	市道鹿の谷2丁目通線道路改良	0
	国庫支出金	市道紅葉山新夕張駅前中通線道路改良	30,000,000	道支出金	林道管理	0
	道支出金	冷水林道改良	4,805,220			
	道支出金	林道管理	1,158,500			
経済対策						
その他	道支出金	除排雪サービス	6,723,094	道支出金	人口動態調査費補助金	34,400
	道支出金	人口動態調査費補助金	30,100	道支出金	林業施設災害復旧	11,340,000
	道支出金	緊急通報体制等整備	9,592,833			

出所：夕張市提供資料から作成。

第 8 章　国庫支出金の構造変化について―夕張市の事例　183

分類	2007年度			2010年度		
		細節	金額（円）		細節	金額（円）
生活保護	国庫支出金	生活保護費補助金	3,118,000	国庫支出金	生活保護費補助金	6,409,000
老年者関連	道支出金	高齢者等の冬の生活支援事業費補助金	600,000	道支出金	老人福祉会館改修整備	0
	道支出金	老人医療給付費補助金	4,655,920			
雇用				道支出金	ふるさと雇用再生特別交付金	33,096,495
				道支出金	緊急雇用創出事業交付金	10,101,911
地域振興	国庫支出金	郷愁の丘ミュージアム公園整備	4,871,000	国庫支出金	社会資本整備総合交付金	153,367,000
	道支出金	発達支援センター事業補助金	888,000	道支出金	社会資本整備総合交付金	11,157,750
				道支出金	社会資本整備総合交付金	9,902,300
				国庫支出金	地域活力基盤創造負担金	0
				国庫支出金	地域住宅交付金	0
				国庫支出金	地域活力基盤創造交付金	0
				道支出金	夕張市財政再生支援対策費補助金	75,535,325
				道支出金	市営住宅再編事業費補助金	45,846,000
				道支出金	発電所所在市町村振興事業補助金	5,000,000
				道支出金	地域再生加速事業交付金	3,340,000
				道支出金	地域再生加速事業交付金	960,000
				道支出金	発達支援センター事業補助金	643,000
				道支出金	市営住宅再編事業費補助金	0
				道支出金	発達支援センター事業補助金	0
農業	道支出金	農業経営基盤強化資金利子補給補助金	6,415	道支出金	農業経営基盤強化資金利子補給補助金	4,156
	道支出金	米数量調整円滑化推進事業費補助金	0			
道路				道支出金	小規模林道整備事業	990,000
経済対策				国庫支出金	地域活性化・きめ細かな臨時交付金	117,178,950
				国庫支出金	地域活性化・経済危機対策臨時交付金	32,350,000
				国庫支出金	地域活性化・住民生活に光をそそぐ交付金	15,432,000
				国庫支出金	地域活性化・きめ細かな交付金	0
その他	国庫支出金	人口動態調査費補助金	34,700	国庫支出金	テレビ極微小中継局デジタル改修費補助金	19,335,000
	道支出金	児童虐待・DV対策等総合支援等補助金	639,000	国庫支出金	電波遮へい対策事業費補助金	1,918,000
				国庫支出金	児童虐待・DV対策等総合支援等補助金	642,000
				国庫支出金	橋梁長寿命化修繕計画策定事業費補助金	0
				道支出金	防災情報通信設備整備事業交付金	2,163,000
				道支出金	妊婦健康診査臨時特例交付金	1,195,000
				道支出金	エゾシカ被害防止緊急捕獲事業	300,000
				道支出金	北海道地域自殺対策緊急強化推進事業費補助金	163,049
				道支出金	人口動態調査費補助金	16,400
				道支出金	社会福祉統計調査等交付金	3,000

(2) 分析結果

表8-6　負担金の内訳の比較　　　　　　　　　（単位：万円）

	2003年		2006年		2007年		2010年		ケース1	ケース2	ケース3
	金額	シェア	金額	シェア	金額	シェア	金額	シェア	変化額	変化額	変化額
保険基盤安定	7,064	6.8%	7,466	8.2%	6,712	7.6%	8,096	8.9%	402	1,384	1,031
子ども関連	16,113	15.4%	13,727	15.1%	13,456	15.2%	19,255	21.3%	−2,386	5,799	3,141
障害者関連	15,590	14.9%	17,507	19.3%	19,193	21.7%	26,229	29.0%	1,917	7,035	10,639
生活保護関連	62,281	59.7%	51,619	56.9%	48,738	55.2%	36,982	40.8%	−10,663	−11,757	−25,300
老年者関連	3,311	3.2%	390	0.4%	270	0.3%	0	0.0%	−2,921	−270	−3,311
その他	0	0.0%	0	0.0%	0	0.0%	0	0.0%	0	0	0
合計	104,360	100.0%	90,709	100.0%	88,369	100.0%	90,561	100.0%	−13,651	2,191	−13,800

出所：夕張市提供資料より作成。

　表8-6は，負担金について分析したものである。ケース1の三位一体の改革前後（2003年度と2006年度）の比較では，負担金総額が1億3,651万円（13％）減少している。子ども関連は2,386万円減少している。障害者関連では，1,917万円増加している。具体的には，2006年に施行された障害者自立支援法による障害者介護給付費，障害者自立支援医療費負担金，障害者自立支援給付費負担金の増加が挙げられる[6]。生活保護関連では，1億663万円減少している。その内訳をみると国庫支出金が9,489万円減少し，道支出金が1,174万円減少している。2003年度の生活保護関連の道支出金は，生活保護費負担金現年度分4,265万円のみであるが，2006年度は生活保護費負担金現年度分が3,048万円に引き下がり，生活保護費負担金過年度分で43万円が追加されているが総額は減少している。

　ケース2の民主党への政権交替前後（2007年度と2010年度）では，総額が2,191万円増加している。子ども関連は5,799万円増加している。これは，民主党政策の子ども手当負担金が国庫支出金で6,983万円，道支出金で960万円が新規に追加されていることが大きな要因である[7]。障害者関連は7,035万円増加し，

---

6) 障害者自立支援法は2012年に野田内閣によって廃止され，現在は内容が一部変更されて障害者総合支援法となっている。

生活保護関連は1億1,757万円減少している。

ケース3の夕張市の財政破綻前後（2003年度と2010年度）では，総額が1億3,800万円減少している。これは生活保護関連の中でも特に生活保護負担金が2億5,299万円減少したことが大きな要因である[8]。一方で増加している項目が存在し，障害者関連は1億639万円，子ども関連は3,141万円増加している。障害者関連ではやはり2006年に施行された障害者自立支援法による障害者介護給付費，障害者自立支援医療費負担金，障害者自立支援給付費負担金が追加的に増加していることが大きな要因である。子ども関連が増加している理由は，子ども関連において大きなシェアをもつ児童扶養手当（国庫支出金）が3,256万円減少しているが，子ども手当負担金が国庫支出金と道支出金の合計で7,943万円追加されていることによる。

表8-7は，負担金と同様の分析を項目別分類の「補助金」についておこなったものである。ケース1の三位一体の改革前後（2003年度と2006年度）を比較すると，総額では補助金は2億2,011万円減少している。グループ分けした効果でみると，地域振興（7,067万円）と道路（9,646万円）の減少が大きい。これは2003年度に地域振興として，平和運動公園野球場建設費への補助金が1億500万円計上されていたものが，2006年度には4,013万円に減少していることで説明できる。この夕張市の平和運動公園野球場は，補助金に加えて，過疎対策事業債（過疎債）で建設された施設である[9]。過疎債は，過疎地域の施設整備，医療の確保，地域活性化などに必要な経費に対して支出する財源に用いられ

---

7) 被用者児童手当，非被用者児童手当，被用者小学校修了前特例給付，非被用者小学校修了前特例給付，児童扶養手当などは数百万円程度で減少している。
8) この他，生活保護費負担金過年度分が76万円，生活保護費負担金現年度分が1,770万円減少している。
9) 現在の過疎法の名称は過疎地域自立促進特別措置法であり，2010年度に措置法の期限を2016年度までとした。その後，東日本大震災の発生に伴う過疎事業の遅れなどから措置法の期限が2021年度まで延長されている。なお，過疎債は，従来は上下水道，道路といったハード事業のみが起債の対象であったが，2010年度から産業振興，教育振興，医療の確保といったソフト事業も対象となった。

る[10]。過疎債は起債充当率が100％の地方債である。また，元利償還金の70％を後年度の普通交付税で賄うことができる。このことから市町村は元利償還金の30％を負担するだけでよい。過疎債を用いたハード事業は，建設時の費用負担は生じないものの，償還費用の一部は負担する必要がある。さらに，維持管理費用が発生するため，使用料で賄えない部分は夕張市の負担となることに留意が必要である[11]。また夕張市の場合，郷愁の丘ミュージアム公園整備への補助金が，2001年度から2007年度にかけて合計額で2億9,987万円が計上されていることは注目すべきことである。道路関連については2003年に9,646万円あったものが2006年にはゼロとなっている。

表8-7 補助金の内訳の比較 (単位：万円)

	2003年度		2006年度		2007年度		2010年度		ケース1	ケース2	ケース3
	金額	シェア	金額	シェア	金額	シェア	金額	シェア	変化額	変化額	変化額
衛生関連	380	1.1%	0	0.0%	620	7.3%	2,990	3.9%	-380	2,370	2,610
子ども関連	1,263	3.7%	900	7.5%	1,424	16.7%	13,673	18.0%	-363	12,248	12,409
障害者関連	4,656	13.7%	2,505	0.0%	4,980	58.5%	4,471	5.9%	-2,151	-509	-186
生活保護関連	272	0.8%	240	21.0%	312	3.7%	641	0.8%	-32	329	369
老年者関連	1,089	3.2%	531	2.0%	526	6.2%	0	0.0%	-558	-526	-1,089
雇用	1,341	3.9%	0	55.3%	0	0.0%	4,320	5.7%	-1,341	4,320	2,979
地域振興	13,670	40.3%	6,603	0.0%	576	6.8%	30,575	40.3%	-7,067	29,999	16,905
農業	7	0.0%	32	0.3%	1	0.0%	0	0.0%	25	0	-6
道路	9,646	28.4%	0	4.4%	0	0.0%	99	0.1%	-9,646	99	-9,547
経済対策	0	0.0%	0	0.0%	0	0.0%	16,496	21.8%	0	16,496	16,496
その他	1,635	4.8%	1,137	9.5%	67	0.8%	2,574	3.4%	-497	2,506	939
合計	33,960	100.0%	11,948	100.0%	8,505	100.0%	75,838	100.0%	-22,011	67,333	41,879

出所：夕張市提供資料より作成。

　ケース2の民主党への政権交代前後（2007年度と2010年度）を比較すると，

---

10) 地方財政法に定められていない経費についても過疎債を財源にすることができる。
11) 夕張市によると，野球場の維持管理経費は，2013年度決算額では1,399千円となっているが，使用料収入は，530千円（33件，1,874名）となっている。また，過疎債の元利償還金のうち夕張市の負担は，15,510千円（元金15,060千円，利子450千円）となっている。

総額では6億7,333万円増加している。増加の主たる項目としては，地域振興（2億9,999万円増），経済対策（1億6,496万円増）及び，子ども関連（1億2,248万円増）が挙げられる。地域振興は2007年度には郷愁の丘ミュージアム公園整備の487万円（国庫支出金）と発達支援センター事業補助金の89万円（道支出金）のみであったが，2010年度には社会資本整備総合交付金が国庫支出金として新規に3つあり，その合計額は1億7,443万円に達する。また道支出金として，夕張市財政再生支援対策費補助金（7,554万円）と市営住宅再編事業費補助金（4,585万円）が新規に加えられていることが増加の主な要因である[12]。

経済対策は鳩山内閣で実施した「明日の安心と成長のための緊急経済対策（2009年12月8日閣議決定）」の1つである，地域活性化・きめ細かな臨時交付金（国庫支出金）が1億1,718万円と金額が高い[13]。この交付金は交付金の実施計画に基づいた事業を各自治体が作成し，その事業に対して交付されるものである[14]。マクロレベルで約4,500億円の予算規模であった。

子ども関連は，清水沢中学校校舎改修費補助（国庫支出金）が1億2,112万円追加されていることが増加の最も大きな要因である。民主党の目玉政策の1つであった子ども手当に関するものは，子ども手当準備事業費補助金（国庫支出金）が存在するが，これは児童手当から子ども手当への移行準備のために存在する補助金であり，金額は371万円と規模としては小さい。

老年者関連は，2007年度の526万円から2010年度にはなくなっている。これは2007年度に存在した老人医療給付費補助金（466万円）が，2008年に後期高齢者医療制度が導入されたことに伴い，2010年度にはなくなっていることが主な要因である。

雇用は，2007年度にはゼロであるが，2010年度には，道支出金として，ふる

---

12) 夕張市財政再生支援対策費補助金は，夕張市が負担する再生振替特例債の利子を軽減するためのものである。
13) この他に経済対策の交付金として，地域活性化・経済危機対策臨時交付金（3,235万円），地域活性化・住民生活に光をそそぐ交付金（1,543万円）がある。
14) 基本的にはインフラ整備が目的とされている。

さと雇用再生特別交付金が3,310万円，緊急雇用創出事業交付金が1,010万円が存在する。ふるさと雇用再生特別交付金は，国の雇用創出の基金による事業の中の１つであり，都道府県から市町村に交付されたが，2011年度に終了している。

　障害者関連については，シェアが2007年度に58.5％であったものが，2010年度には5.9％に大きく縮小しているが，これは補助金の総額が2007年度（8,505万円）から2010年度（７億5,838万円）に大幅に増加したことによる。なお，補助金の総額の増加は主に地域振興関連（２億2,999万円増），経済対策関連（１億6,496万円増），子ども関連（１億2,248万円増）によるものである。障害者関連の補助金金額は2007年度（4,980万円）から2010年度（4,471万円）にかけて509万円減少している。

　ケース３の夕張市の財政破綻前後（2003年度と2010年度）では，総額が４億1,879万円増加している。増加の主な要因は，地域振興と経済対策であり，それぞれの増加額は，１億6,905万円と１億6,496万円である。経済対策は2003年度はゼロであることから2010年度は追加の純増である。地域振興は2003年度は１億3,670万円であったものが2010年度に３億575万円に大きく増加している。

　地域振興としては，2003年度については，ケース１で述べたとおり，郷愁の丘ミュージアム建設費（2,500万円）と平和運動公園野球場建設（１億500万円）が主な項目である。これらの項目は2010年度にはなくなっている[15]。2010年度の主な補助金は，社会資本整備総合交付金（１億7,443万円），夕張市財政再生支援対策費補助金（7,554万円），市営住宅再編事業費補助金（4,585万円）である。

(3)　まとめ

　本章で得られた主な結果をまとめることで結びとしよう。

　第１に，三位一体の改革前後の比較では，負担金総額の減少がみられた。負

---

15)　これらの他の補助金である産炭地特定事業費補助金（6.59万円），地域療育推進体制整備事業費補助（11万円）も2010年度にはなくなっている。

担金の減少の原因は，子ども関連（2,386万円減），生活保護関連（1億663万円減）等によるものである。ただし，2006年に施行された障害者自立支援法により，障害者介護給付費，障害者自立支援医療費負担金，障害者自立支援給付費負担金などは増加している。補助金についても総額の減少が生じている。グループ分けした効果でみると，地域振興（7,067万円減）と道路（9,646万円減）がその要因だ。

　第2に，民主党政権前後の比較では，負担金の総額が増加していることがわかった。特に，子ども関連の負担金が5,799万円増加している。これは，民主党政権の目玉政策であった子ども手当創設の影響で説明できる。

　第3に，夕張市における財政破綻の前後において，国庫補助金の構造的な変化がみられた。負担金については，生活保護関連費が大きく削減されている一方で，障害者自立支援法の形成に伴って障害者関連費が大きく増加している。補助金については，地域振興関連費が大きく増加している。破綻前では特定の建設物に集中していたものが，破綻後では，住民に必要不可欠なインフラ整備や財政再建資金に集中している。財政破綻に伴う，国や道からの補助金の形態での支援は，夕張市固有の問題へ対処するものだ。

　インフラ整備に伴う補助金は，すべての地方団体の財政運営にとって，最低限必要なものと考えられよう。2012年12月2日の笹子トンネル天井板落下事故以降，インフラの老朽化についての関心が高まってきている。総務省は，公共施設等総合管理計画の策定を検討している。この計画では地方が策定する事業経費に対して措置率50％の特別交付税が2014年度から3年間にわたって措置されることになっている。また，公共施設の除却に対して2014年度から特例期間を設置して，充当率75％の地方債の特例措置を計画している[16]。国土交通省は道路老朽化対策として，複数年にわたる大型対策事業費に対して新たな補助制度の創設を検討している[17]。

16）　特例期間は当分の間とされている。
17）　社会資本整備審議会（道路分科会の基本政策部会）「道路の老朽化対策の本格実施に関する提言（骨子案）」，2014年3月23日による。

第4部
財政再建

第9章　地方財政健全化法の概要

　この章では，地方財政健全化法の概要について学ぶ。地方財政健全化法とは，2007年6月22日に制定され，2009年4月から全面施行された「地方公共団体の財政の健全化に関する法律」のことである。この地方財政健全化法の特徴は，財政健全化の度合いを判定する指標としてフロー指標に加えてストック指標を採用し，早期に健全化に対する警告措置をおこなえるようにしたところにある。

　この章の具体的な構成は以下の通りである。第1節では，地方財政健全化法制定の経緯についてみる。第2節では，地方財政健全化指標の概要について説明する。第3節では，地方財政健全化法成立以降の地方団体の財政状況をみる。第4節では，健全化法に対する議論を紹介する。

第1節　地方財政健全化法制定の経緯

　この節では，地方財政健全化法制定の経緯からみていこう。2006年7月3日に公表された『地方分権21世紀ビジョン懇談会報告書』では，「再生型破綻法制」について「いわゆる"再生型破綻法制"の検討に早期に着手し，3年以内に整備すべきである。その際，透明なルールに基づく早期是正措置を講じ，それでもうまくいかなかった場合に再生手続きに入るという2段階の手続きとすべきである。これらの点を踏まえた，いわゆる"再生型破綻法制"の制度の概要を今秋までに作成・公表すべきである。」とされている。これを受けて2006年7月7日には，「基本方針2006」が閣議決定された。そこでは，「再建法制等も適切に見直すとともに，情報開示の徹底，市場化テストの促進等について地方行革の新しい指針を策定する。」とされた。2006年12月8日の『新しい地方財政再生制度研究会報告書』では，「今回の新しい再生制度においては，新たなフロー指標を設け，公営企業会計も連結して把握することにより，公営企業

会計が悪化した結果，当該地方公共団体全体の新たなフロー指標が早期是正又は再生段階に至った場合には，当該公営企業会計を中心に早期是正又は再生スキームが適用されるものである」とされている。

2006年度は，**夕張市**の財政破綻が報道された年でもある。2006年6月には，北海道新聞が夕張の財政危機についてスクープを掲載している[1]。2007年3月には，旧法である「地方財政再建促進特別措置法」（昭和30年法律第195号）にもとづき夕張市は「**財政再建計画**」を策定している。財政再建計画策定時には新法が間に合わなかったわけである。新法である「地方公共団体の財政の健全化に関する法律」（平成19年法律第94号），いわゆる「**健全化法**」は，2007年6月22日に公布され，2009年4月に全面施行された。これに伴い夕張市の財政再建は，2010年3月にまとめられた「**財政再生計画**」のもとで進められることになった。なお，夕張市については一般には財政破綻したといわれているものの，民間企業の破産とは違い，債務不履行が生じたわけではない。夕張市に多額の貸付けをおこなっていた銀行の債務カットもおこなわれなかった[2]。

第2節　地方財政健全化指標の概要

この節では，健全化法において採用された**健全化指標**についてみていこう。健全化指標としては具体的には以下の4つの指標が採用された。

① **実質赤字比率**（当該地方公共団体の一般会計等を対象とした実質赤字額の標準財政規模に対する比率）

② **連結実質赤字比率**（当該地方公共団体の全会計を対象とした実質赤字額又は資金の不足額の標準財政規模に対する比率）

③ **実質公債費比率**（当該地方公共団体の一般会計等が負担する元利償還金及び準元利償還金の標準財政規模を基本とした額に対する比率）

---

1) 夕張市の財政破綻の経緯については，北海道新聞取材班（2009）が詳しい。本書の第11章も参照されたい。

2) これについては夕張市の財政状況の厳しさを知りうる立場にあった銀行の貸し手責任を問うべきだという声もあった。

④ 将来負担比率（地方公社や損失補償を行っている出資法人等に係るものも含め，当該地方公共団体の一般会計等が将来負担すべき実質的な負債の標準財政規模を基本とした額に対する比率）

実質赤字額とは，**実質収支**の赤字額である。地方財政の場合の赤字の概念は，国の財政に比べるとかなり複雑になっている。国の場合には，単年度の税収等と歳出を比較して，歳出が税収等を上回っている金額が財政赤字（財政収支の赤字）となる。また，歳入から公債金収入，歳出から公債費を差し引いた収支は**プライマリー・バランス**（基礎的財政収支）とよばれている。公債金収入はその年度の新しい借入れ，公債費は過去の借入れの原本の返済と利子支払であるため，プライマリー・バランスでは，過去の借金と新しい借金を取り除くことで，当該年度の税収等と借金の返済を除く歳出がバランスしているかをみることができる。プライマリー・バランスは，国の財政再建を考える際の重要な指標とされている。

地方財政の場合には，赤字額をみるときに歳入と歳出の差額が採用されている。1年間の歳入決算総額と歳出決算総額の差額は，**形式収支**とよばれている。この形式収支から用地取得や工事の遅れ等によって生じた翌年度に繰り越すべき財源を差し引いた額を**実質収支**とよんでいる。この指標では歳入に地方の借金である地方債収入が含まれていることに注意が必要である。この指標では，通常はほとんどの地方団体が「黒字団体」となってしまう。2014年度では，47都道府県すべてが黒字団体であり，市町村の赤字団体も2団体のみである。黒字団体であっても地方債を発行しているし，国からの国庫支出金や地方交付税を受け取ることで黒字となっていることを忘れてはいけない。

財政健全化指標に採用された実質赤字比率は，このような実質収支の赤字額を**標準財政規模**で割ったものである。標準財政規模とは，地方団体の標準的な財源の規模を示すもので，標準的な地方税収等に普通交付税を加えた金額である。なお，2004年度以降は，地方財政法施行令附則第11条第3項の規定により，**臨時財政対策債**の発行可能額も含んでいる。臨時財政対策債とは，地方の財源不足に対応するために，**地方財政法第5条**の特例として発行される地方債であ

る。地方財政法第5条では,「地方公共団体の歳出は,地方債以外の歳入をもつて,その財源としなければならない。ただし,次に掲げる場合においては,地方債をもつてその財源とすることができる。

一　交通事業,ガス事業,水道事業その他地方公共団体の行う企業(以下「公営企業」という。)に要する経費の財源とする場合

二　出資金及び貸付金の財源とする場合(出資又は貸付けを目的として土地又は物件を買収するために要する経費の財源とする場合を含む。)

三　地方債の借換えのために要する経費の財源とする場合

四　災害応急事業費,災害復旧事業費及び災害救助事業費の財源とする場合

五　学校その他の文教施設,保育所その他の厚生施設,消防施設,道路,河川,港湾その他の土木施設等の公共施設又は公用施設の建設事業費(公共的団体又は国若しくは地方公共団体が出資している法人で政令で定めるものが設置する公共施設の建設事業に係る負担又は助成に要する経費を含む。)及び公共用若しくは公用に供する土地又はその代替地としてあらかじめ取得する土地の購入費(当該土地に関する所有権以外の権利を取得するために要する経費を含む。)の財源とする場合」

と規定されている。つまり,地方財政法第5条は,地方団体は原則としてその歳出を地方債以外の歳入で賄わなければならないとしたうえで,交通・ガス・水道などの公営企業,出資金,貸付金,地方債の借換え,災害復旧事業費,標準税率以上で普通税を課している公共施設等の建設事業で構成される5つの事業を,**起債**(地方債の発行)が認められる事業(**適債事業**)として定めているわけである。地方財政法第5条は,国の歳入に関して公共事業の資金調達を除く,公債発行を禁止している財政法第4条と同様に,人件費等の経常的経費を調達するための地方債の発行を禁止しているのだが,国が財政法第4条の例外として経常的な経費を調達するために特例公債を発行しているように,臨時財政対策債も,地方財政法第5条の特例として投資的経費以外の経費にも充当するために発行しているわけである。なお,財政法第4条が公共事業の資金調達に充当する建設公債の発行を認めているのは,公共施設は完成するまではなん

ら便益をもたらさないが，一旦完成すると長期間にわたって便益をもたらすことになるため，建設時点の国民だけに負担を求めるよりも，公債を発行して，将来時点の国民に負担を求めた方が望ましいと考えられているからである。地方財政法第5条で地方債の発行を認めているケースでは，地方債は，**財源調達機能，年度間調整，世代間の公平，財政政策の補完**という意義を有していると考えられるからである。財源調達機能は，大規模な社会資本の建設事業を実施する場合や，突発的な災害等により復旧事業が必要になった場合には地方税を柱とする単年度の経常的な収入のみでは賄いきれないことに対応するものである。年度間調整は，年度間で発生する地方団体の歳出の変動に対応し，歳入とのアンバランスを年度間で調整する役割を地方債に期待するものである。世代間の公平は，国の建設公債発行と同様に，社会資本整備に係る経費をその償還というかたちで後年世代に送ることによって世代間の公平を図るものである。最後に，バブル崩壊後には国の財政政策の補完として，地方の単独事業を奨励するために，地方債の積極的な活用がおこなわれてきた。

連結実質赤字比率は，実質赤字比率が一般会計を対象としているのに対して，地方団体の特別会計などを加えた赤字の比率をみるものである。一般会計が黒字だとしても，地方団体では地下鉄や病院などの公営事業で多額の赤字を抱えていることが多いために，全会計を対象とした指標が採用されたわけである[3]。公営事業会計については，公営企業ごとに**資金不足比率**が算定される[4]。資金不足比率は，各公営企業会計の**資金不足額**を事業規模で割ったものである。資金不足額は，法適用企業の場合，

$$\text{資金の不足額} = \left(\text{流動負債} + \begin{array}{l}\text{建設改良費等以外の経費の}\\\text{財源に充てるために起こした}\\\text{地方債の現在高}\end{array} - \text{流動資産} \right) - \text{解消可能資金不足額}$$

と定義され，法非適用企業の場合には

---

[3] 第10章で紹介する夕張市の事例では，リゾート開発の失敗で観光事業会計に多額の赤字を抱えていた。
[4] なお，資金不足比率の経営健全化基準は20%となっている。

$$\text{資金の不足額} = \left(\text{繰上充用額} + \text{事業繰越額等} + \begin{array}{l}\text{建設改良費等以外の経費の}\\\text{財源に充てるために起こした}\\\text{地方債の現在高}\end{array}\right) - \text{解消可能資金不足額}$$

と定義される[5]。なお，解消可能資金不足額とは，事業の性質から事業開始後一定期間に構造的に資金不足が生じる場合に資金不足額から控除する金額であり，繰上充用額とは，会計年度経過後に歳入不足するときに翌年度の歳入を繰り上げて充てることであり，流動資産，負債とは，それぞれ原則として1年以内に回収できる資産，1年以内に支払期限が来る負債である。

実質公債費比率とは，過去に発行した地方債の利払と償還に要する費用が，標準財政規模のどの程度になるかをみたものであり，地方団体の借金返済がどの程度の負担となっているかをみることができる。具体的には

$$\text{実質公債費比率(3か年平均)} = \frac{\text{地方債の元利償還金} + \text{準元利償還金} - \left(\text{特定財源} + \begin{array}{l}\text{元利償還金・準元利償還金に}\\\text{係る基準財政需要額算入額}\end{array}\right)}{\text{標準財政規模} - \left(\begin{array}{l}\text{元利償還金・準元利償還金に}\\\text{係る基準財政需要額算入額}\end{array}\right)}$$

と算定される[6]。

将来負担比率では，一般会計だけでなく，地方団体が出資した法人の負債額を含めて，地方団体が将来負担することになる負債残高を現在時点で算定し，標準財政規模に対する割合でみた指標となっている。具体的には

---

[5] 地方公営企業は，法適用企業と非適用事業に区分されている。公営企業法の全部又は一部が適用される事業が法適用企業，それ以外が非適用企業である。法適用企業には，上水道事業，病院事業等があり，法非適用企業には下水道事業，宅地造成事業等がある。

[6] なお，準元利償還金とは，次のイからホまでの合計額である。イ．満期一括償還地方債について，償還期間を30年とする元金均等年賦償還とした場合における1年当たりの元金償還金相当額，ロ．一般会計等から一般会計等以外の特別会計への繰出金のうち，公営企業債の償還の財源に充てたと認められるもの，ハ．組合・地方開発事業団（組合等）への負担金・補助金のうち，組合等が起こした地方債の償還の財源に充てたと認められるもの，ニ．債務負担行為に基づく支出のうち公債費に準ずるもの，ホ．一時借入金の利子。

$$\text{将来負担比率} = \frac{\text{将来負担額} - \text{充当可能基金額} + \text{特定財源見込額} + \text{地方債現在高等に係る基準財政需要額算入見込額}}{\text{標準財政規模} - \begin{pmatrix}\text{元利償還金・準元利償還金に}\\\text{係る基準財政需要額算入額}\end{pmatrix}}$$

と算定される[7]。

　これらの指標のうち，①②は**フロー指標**であり，③④は**ストック指標**である。①と②の違いは，一般会計を対象とした指標が前者であり，公営企業等を含めたものを対象とした指標が後者である。③と④の違いも，前者が一般会計を対象としており，後者が公営企業等を含めた指標となっている。

　健全化法では，**財政再生団体**として国の管理下に置かれる前に，**財政健全化団体**として，地方団体による自主的な財政再建への取り組みを促す仕組みを取り入れている。いわば，いきなりレッドカードを突きつけるのではなく，まずはイエローカードで警告を与えているわけである。**表9-1**にまとめた早期健全化基準を，いずれかひとつでも超える場合に，当該地方団体は健全化判断比率を公表した年度の末日までに「財政健全化計画」を定めなければならない。さらに財政再生基準を①から③の３つの指標のいずれかが超える場合には，財政再生団体として，再生判断比率を公表した年度の末日までに「財政再生計画」を定めなければならない。財政再生団体は，毎年度，その実施状況を議会に報告し，公表しなければならない。

---

[7]　なお将来負担額とは，次のイからチまでの合計額である。イ．一般会計等の当該年度の前年度末における地方債現在高，ロ．債務負担行為に基づく支出予定額（地方財政法第5条各号の経費に係るもの），ハ．一般会計等以外の会計の地方債の元金償還に充てる一般会計等からの繰入見込額，ニ．当該団体が加入する組合等の地方債の元金償還に充てる当該団体からの負担等見込額，ホ．退職手当支給予定額（全職員に対する期末要支給額）のうち，一般会計等の負担見込額，ヘ．地方公共団体が設立した一定の法人の負債の額，その者のために債務を負担している場合の当該債務の額のうち，当該法人等の財務・経営状況を勘案した一般会計等の負担見込額，ト．連結実質赤字額，チ．組合等の連結実質赤字額相当額のうち一般会計等の負担見込額であり，充当可能基金額とは，イからヘまでの償還額等に充てることができる地方自治法第241条の基金である。

表9-1 早期健全化基準と財政再生基準

	早期健全化基準	財政再生基準
①実質赤字比率	市町村：財政規模に応じ 11.25〜15% 道府県（東京都は別途設定）：3.75%	市町村　20% 道府県　　5%
②連結実質赤字比率	市町村：財政規模に応じ 16.25〜20% 道府県（東京都は別途設定）：8.75%	市町村：30% 道府県：15%
③実質公債費比率	25%	35%
④将来負担比率	市町村：350% 都道府県及び政令市：400%	—

出所：筆者作成。

第3節　地方財政健全化法とその影響

　この節では，地方財政健全化の影響についてみていこう。健全化法についての先行研究を整理し，健全化法施行以降の各地方団体の財政運営について，全体的な状況について検証しておこう。

(1)　先行研究

　財政健全化法の成立を肯定的に捉えている先行研究には，土居・外山・吉岡（2011），荒井（2009），菅原（2013），広田・湯之上（2015），前澤（2007）が存在する。土居・外山・吉岡（2011）は，健全化比率と各種の指標との関係を検討したものである。土居・外山・吉岡（2011）は，健全化比率に加えて，行政キャッシュフロー計算書[8]の活用が期待されると述べている[9]。荒井（2009）は「破綻した自治体であっても，住民にナショナルミニマムとしての公共サービスの提供を継続していくことは必要なことであり，国の責任であるから，財

---

[8]　行政キャッシュフロー計算書とは，行政における会計年度の資金の流れを示したものである。詳しくは，総務省『地方公共団体向け財政融資　財務状況把握ハンドブック（平成27年6月改訂）』https://www.mof.go.jp/filp/summary/filp_local/21zaimujoukyouhaaku.htm（閲覧日2013年1月6日）を参照されたい。

[9]　土居・外山・吉岡（2011）p.144参照。

政健全化や財政再生が，適切に進められるように関与するのは当然のことである。財政が健全な自治体には，そのような国の関与は存在しないのだから，地方財政健全化法を地方分権化に逆行すると理解するのは間違いである」と述べている[10]。菅原（2013）は，健全化法の施行後に各地方団体がどのように財政運営を変化させたかを検証し，「財政状況の如何に関わらず，多くの団体が「一部施行」に至る調整過程において財政指標を改善したこと」「他方，「全面施行」に至る段階においては，財政状況が良い団体は静観し，悪い団体もとりあえず指標が早期健全化基準を下回ったので，これ以上の努力は払わない」としたという分析結果を提示している[11]。健全化法の課題としては，財政健全化指標を改善するため基金を取り崩している可能性があるとしたうえで，基金の取崩しに依存した改善策は，将来負担比率を悪化させることを指摘している[12]。健全化指標の課題については，広田・湯之上（2015）も，健全化指標の相関関係を分析し，「財政ルールへの抵触を回避するような調整がおこなわれている可能性がある」と指摘している[13]。具体的には，将来負担比率については，相対的に基準が緩いために，基金の取崩しなどの手段で実質赤字比率や連結実質赤字比率の改善をおこなっていると述べている[14]。再建法制に盛り込まれなかった課題として，前澤（2007）は債務調整の是非であると指摘している。

　一方，健全化法を批判的に捉えているのが高木（2008），川瀬（2008）である。高木（2008）は，「自治体では，毎年度の財政運営において，以下の財政健全化比率，財政再生比率を常に意識した財政運営を強いられ，その結果，過剰反応気味の合理化促進も十分予想される。同時に総務省は，これらの財政指標の法定化を通じて自治体財政の日常的な財政運営をコントロールしていくように

---

10)　荒井（2009）p.248引用。
11)　菅原（2013）p.52引用。
12)　菅原（2013）p.52参照。
13)　広田・湯之上（2015）p.12引用。
14)　広田・湯之上（2015）p.12参照。
15)　高木（2008）p.120引用。

なった」と述べている[15]。この論文は，人件費削減に偏った財政再建策が採られること，地方分権に逆行する可能性への懸念を表明したものと位置づけられる。川瀬（2008）は，健全化法は，国の関与を強め地方分権に逆行するものだと指摘している[16]。「最低限の生活保障に関しては，地方交付税や国庫補助負担金等を通じて財源確保をおこなうべき」とも述べている[17]。これらの意見は，指標そのものへの批判というより，指標を使った財政再建策の内容が公務員の人件費や市民生活を犠牲にしたものとなりがちであることに対する批判といえよう。

(2) 健全化法と地方団体の財政状況

以下では，健全化法と地方団体の財政状況を2015年11月30日に総務省が公表した「平成26年度決算に基づく健全化判断比率・資金不足比率の概要（確報）」にもとづきみていこう。

財政健全化法施行以降に，早期健全化基準，財政再生基準に抵触した地方団体は，ほとんど存在していない。2014年度決算では財政再生基準以上の団体は，北海道夕張市のみであり，早期健全化基準を超えた地方団体は存在しなかった。夕張市の実質公債費比率は61.0％，将来負担比率724.4％であった。2013年度決算時点では，青森県大鰐町が早期健全化基準に抵触し，財政健全化団体となっていた[18]。

健全化指標毎の状況としては，実質赤字比率については早期健全化基準以上の団体は存在しない（2013年度決算も同じ）。連結実質赤字比率については，早期健全化基準以上の団体は存在しない（2013年度決算も同じ）。実質公債費比率は，財政再生基準以上の団体は1団体（夕張市：61.0％）となっている（2013年度決算も団体は同じ）。都道府県の平均値は13.1％，市区町村は8.0％で

---

16) 川瀬（2008）p.88参照。
17) 川瀬（2008）p.89引用。
18) 大鰐町は，第3セクターの運営する大鰐温泉スキー場への支援が原因で財政が悪化した団体である。

あった（2013度決算：都道府県平均13.5％，市区町村平均8.6％）。将来負担比率については，早期健全化基準以上の団体は1団体（夕張市：724.4％）となっている（2013年度決算も団体は同じ）。都道府県の平均値は187.0％，市区町村は45.8％であった（2013年度決算：都道府県平均200.7％，市区町村平均51.0％）。

　地方公営企業の実態をみることができる資金不足比率の状況については次のようにまとめられる。経営健全化基準以上の公営企業会計は13会計（2013年度決算：18会計）である。13会計の内訳は，交通事業2会計，病院事業2会計，市場事業1会計，宅地造成事業3会計，観光施設事業4会計，その他事業1会計である。資金不足額がある公営企業会計は58会計（2013年度決算：60会計）である。

第4節　おわりに

　地方財政健全化法は，4つの財政健全化指標を導入し，各自治体に財政健全化を意識した財政運営をおこなわせるインセンティブを付与したことについては評価できる。ただし，先行研究の多くで指摘されているように，自治体の本来の目的は財政健全化指標の数値を改善することにあるのではない。地域住民の厚生水準，満足度を高めることが本来の目的である。本章で示したように，2016年，現在夕張市を除けば財政再生基準を上回る団体も，財政健全化団体も存在していない。これは，地方財政健全化法の成果であるとみることもできるが，一方で，菅原（2013），広田・湯之上（2015）が指摘するように，健全化指標をクリアすることが目的化し，積立金の取崩しなどがおこなわれている可能性もある。川瀬（2008）が主張するように，過度な公務員の人件費削減や市民生活を犠牲にした結果であるという批判も根強い[19]。

---

19)　過酷な財政再建策としては，夕張市の事例が挙げられる。ただし，夕張市の財政再建策は，旧法のもとで策定された財政再建策に比べると，財政健全化法にもとづく財政再生案は地域住民の過度な負担を緩和する方向になっている。詳しくは本書の第10章を参照されたい。

第10章　夕張市の財政再建

　この章では，夕張市の財政再建の現状と課題についてみていく[1]。第9章でみたように，2016年現在，夕張市は全国唯一の財政再生団体となっている。また旧法である地方財政再建特別措置法と新法である財政健全化法の両方が適用された事例でもある。

　本章の具体的な構成は次の通りである。第1節では，夕張市の財政再建計画と財政再生計画の概要について説明する。第2節では，夕張市の現状についてみていく。第3節では，夕張市の公営事業と国民健康保険事業の現状と課題をみる。

第1節　夕張市の財政再建計画と財政再生計画の概要

　表10-1は，夕張市の財政再建の推移をまとめたものである[2]。2006年に北海道新聞による巨額負債報道により財政破綻が表面化して以降，北海道企画振興部による調査がおこなわれ，2007年3月に夕張市により夕張市財政再建計画が作成された。これは，旧法である地方財政再建促進特別措置法にもとづき策定されたものである。この財政再建計画は2007年3月6日に総務大臣の同意を経て実行されることになった。夕張市の財政再建計画は，旧法にもとづき作成されたわけだが，その後，2007年6月には「地方公共団体の財政の健全化に関する法律」（財政健全化法）が成立している[3]。この新しい財政健全化法にもとづき2010年3月には夕張市の「財政再生計画」が作成された。

---

[1]　本章の内容は，橋本・木村（2014），橋本・木村（2015）の一部を加筆修正したものである。
[2]　夕張市の財政再建の経緯については光本編（2011）が詳しい。
[3]　財政健全化と健全化指標の詳細は，本書の第9章を参照されたい。

表10-1　夕張市の財政再建の推移

2006年6月10日	北海道新聞　巨額負債報道
2006年6月29日	北海道企画振興部『夕張市の財政運営に関する調査（中間報告）』道議会総合企画委員会報告資料
2006年8月1日	北海道企画振興部『夕張市の財政運営に関する調査（経過報告）』道議会総合企画委員会報告資料
2006年9月11日	北海道企画振興部『夕張市の財政運営に関する調査』道議会総合企画委員会報告資料
2007年3月	夕張市財政再建計画（旧法：地方財政再建促進特別措置法にもとづき策定）【2007年3月6日財政再建計画の総務大臣同意】夕張市作成
2007年4月27日	藤倉肇市長就任
2007年6月22日	「地方公共団体の財政の健全化に関する法律」（平成19年法律第94号）
2010年2月17日	北海道「夕張市の財政再建と地域再生に向けた支援策」
2010年3月	夕張市財政再生計画（地方公共団体財政健全化法に基づき策定）2010年3月9日財政再生計画の総務大臣同意
2011年4月24日	鈴木直道市長就任

出所：筆者作成。

　夕張市が財政破綻に追い込まれるにいたった背景については，様々な先行研究で明らかにされてきた。夕張市破綻をスクープした北海道新聞の取材記事をまとめたものとしては北海道新聞取材班（2009）が，夕張市の破綻の原因を分析したものとしては保母・河合・佐々木・平岡（2007）が，夕張市破綻の分析と財政再建計画の検証をおこなったものとしては，光本編（2011）が存在している。これに対して本章の目的は，夕張市財政の現状を把握し，財政再建計画および財政再生計画の進行状況を明らかにすることである[4]。

(1)　財政再建計画の概要

　夕張市の財政再建計画は，2006年度を基準として2024年度までを対象として

いた。表10-2は、歳入面における再建計画の概要をまとめたものである。個人均等割については、500円の超過課税が実施され、その金額は3,500円とされた。個人住民税所得割も0.5％の超過課税がおこなわれることで税率が6.5％とされた。固定資産税の税率も超過課税により1.45％に引き上げられた。軽自動車税は、標準税率の1.5倍とされた。新設された入湯税では、宿泊客が150円、日帰り客が50円課されることになった。

表10-2　歳入面の計画の概要

個人市民税の均等割	3,000円→3,500円
所得割の税率	6％→6.5％
固定資産税税率	1.4％→1.45％
軽自動車税	現行税率（標準税率）の1.5倍へ
入湯税新設	宿泊客150円　日帰り客50円

出所：筆者作成。

表10-3は、歳出面における再建計画の概要をまとめたものである。職員数は、2006年4月時点で269人だったものを2010年度までに103人にまで削減することになっていた。一般職給与については給与月額を平均30％削減し、特別職給与は平均60％削減するとされた。物件費は、2005年度決算額比でみて、4割程度削減するとされた。扶助費については、原則として単独事業を廃止するものとした。ただし、敬老乗車証は、自己負担額を引き上げたものの存続された。投資的経費については、災害復旧事業以外は実施しないものとしていた。夕張市の破綻の一因となった観光事業会計については、2007年3月末日に閉鎖するものとされた。このように夕張市の財政再建計画は、日本一高い住民負担と日本一低い住民サービスとよばれるほどに過酷な住民負担を強いるものとなったわけだ。

4）　夕張市の財政再建計画については、総務省自治財政局財務調査課財政健全化専門官課長補佐（執筆時）、久代伸次氏にご教示をいただいた。夕張市の財政の現状については、夕張市財務課長（執筆時）石原秀二氏にご教示いただいた。記して深く感謝したい。

表10-3 歳出面の計画の概要

職員数	2006年4月　269人　→2010年度　103人
一般職給与	給料月額　平均30％削減
特別職給与	平均　60％以上削減
物件費	平成17年度決算額比　4割程度削減
扶助費	原則単独事業廃止 例外　敬老乗車証　自己負担額　1回200円を300円に
投資的経費	災害復旧以外実施しない
観光事業会計	2007年3月末日閉鎖

出所：筆者作成。

(2) 財政再生計画の概要

　夕張市をとりまく状況は，財政健全化法の成立と2009年9月に成立した民主党政権により，風向きが変わった。2010年3月に財政健全化法にもとづき策定された財政再生計画は，2009年度から2029年度まで21年間を対象とするものであった[5]。財政再生計画では，解消すべき赤字額を322億円とした。これは，2008年度決算額での標準財政規模（46億円）の約7倍の水準である。

　再生計画では，職員数は，人口規模が同程度の市町村で最も少ない水準を基本として適正化するとされた。給与については，全国の市町村の中で最も低い水準を基本として削減するとされたが，2010年4月から給料月額は平均20％削減とするとされており，財政再建計画の平均30％の削減より多少削減率が緩和されている。管理職手当は条例本則では13％以下としているが，課長10％，総括主幹8％，主幹5％，消防長12％，消防署長11％とするとされた。時間外勤務手当は，災害等特別な事情を除き，給料総額の8.2％の範囲内とするとされた。期末勤勉手当については，削減後の給料月額を算出基礎とし，支給月数を1月削減，役職加算は凍結するとされた。退職手当支給月数の上限は，2006年度の57月から2009年度には30月まで削減したところであるが，職員数の削減が大幅

5）　ただし，赤字を解消する実質的な計画期間は2010年度から2026年度までの17年間である。

に進んだことから，2010年度は33月とし，以降毎年3月ずつ復元し，2018年度から条例本則の月数とするとされた。特殊勤務手当は財政再建計画で廃止したところであり，引続き支給しないとされた。財政再生計画では，財政再建計画のもとでの給与の大幅な引下げにより，幹部職員の大量退職，水道，消防などの専門職員の退職により，行政サービスの維持が困難となったことを考慮して，給与の削減率の緩和などがおこなわれた。

財政再建計画が赤字解消を主眼として作成されたのに対して，再生計画では，「再生」を意識した施策もみられる。具体的には，まちづくりの推進及び高齢者・子育て・教育への配慮がおこなわれている。まちづくりについては，コンパクトで効率的なまちづくりを目指すとされ，特に住民からの要望が多かった敬老パスの自己負担額については300円から100円に引き下げられた。保育料については引上げを中止し，2009年度の水準で据置きするものとされた。

再生計画では，財政健全化法にもとづき，再生振替特例債を発行することになった[6]。再生振替特例債の借入額は321億9,900万円であり，利率は年1.5％とされた[7]。これにより，「地方債残高」は増加するものの，民間からの借入れを返済することで，利子負担は軽減されることとなった。

財政再建計画と比較すると，再生計画では国と道の支援体制も手厚いものとなっている。国の対応としては，地方交付税総額を増額確保するとともに，夕張市を含む条件不利地域や小規模の市町村において，必要な行政サービスを実施できるよう，段階補正及び人口急減補正の見直しを行うことにより，結果と

---

6) 第十二条によると「財政再生団体は，その財政再生計画につき第十条第三項の同意を得ている場合に限り，収支不足額（標準財政規模の額に，実質赤字比率と連結実質赤字比率から連結実質赤字比率について早期健全化基準として定める数値を控除して得た数値とのいずれか大きい数値を乗じて得た額を基準として総務省令で定める額をいう。）を地方債に振り替えることによって，当該収支不足額を財政再生計画の計画期間内に計画的に解消するため，地方財政法第五条の規定にかかわらず，当該収支不足額の範囲内で，地方債を起こすことができる。」とされている。

7) 2012年3月2日の『財政再生計画書』の段階では，再生振替債の利率は年1.8％とされていた。市場金利の低下を勘案して，最終的には年1.5％に決定された。

して財政状況が改善された。さらに，再生振替特例債の利子のかなりの部分を国・道が負担することになった[8]。北海道の支援としては，市町村振興基金貸付金の借換制度の創設，職員派遣，一部市道の除雪の実施などがおこなわれることとなった。

第2節　夕張市の現状

(1)　夕張市財政の現状

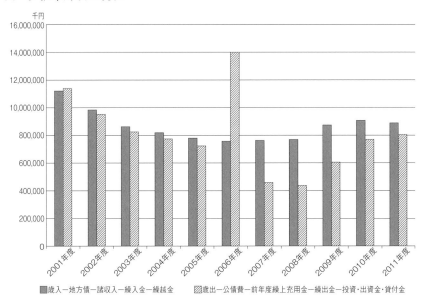

出所：総務省『市町村決算カード』各年版より作成。

図10-1　歳出と歳入の推移

---

[8] 夕張市でのヒヤリングによると，利子総額約50億円のうち，国からは特別交付税措置（1.0%）により計画期間計で約34億円，道からは新たな補助制度としての「夕張市財政支援対策費補助金」創設により利子補給（0.25%）がおこなわれ，計画期間計で約8億円の支援が実施される。

図10-1は，夕張市財政の推移をみるために，2001年度以降の歳出と歳入の決算額の推移を描いたものである。ただし，歳入からは，地方債，諸収入，繰入金，繰越金を差し引き，歳出からは，公債費，前年度繰上充用金，繰出金，投資・出資金・貸付金を差し引いている。2006年度の歳出の急増は，観光施設の一部閉鎖，市民病院閉鎖など破綻処理によるものと考えられる。2007年度，2008年度には，財政破綻前の2005年度と比較すると歳出額が大幅に減少していることがわかる。その後，2010年度以降は2005年度の水準を上回る水準まで歳出が増加してきている。一方，歳入額は，2007年度，2008年度には，財政破綻前の2005年度とほぼ同水準となっている。その後，2009年度以降は2005年度を上回る水準で推移していることがわかる。

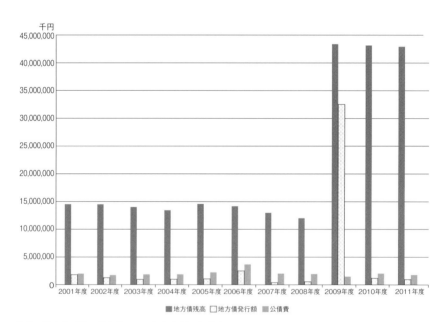

出所：総務省『市町村決算カード』各年版より作成。

図10-2　夕張市の債務状況

次に，夕張市の債務状況の推移をみたものが，図10-2である。図には，地方債残高と毎年の地方債発行額，公債費の推移が描かれている。財政破綻前までの地方債残高は，150億円弱で推移してきた。これは，不適切な会計処理により，真の債務が表面化していなかったためである。夕張市の財政再建計画によると，解消すべき赤字額は322億円であり，地方債残高はその半分にも満たない額だったことになる。地方債残高は，2009年度に450億円弱まで急増している。これは，2009年度に322億円の再生振替特例債が発行されたためである。再生振替債の発行により地方債残高が増加したことにより2010年度以降の公債費が増加しているものの，その水準は財政破綻前の2005年度の水準とほぼ同じとなっている。

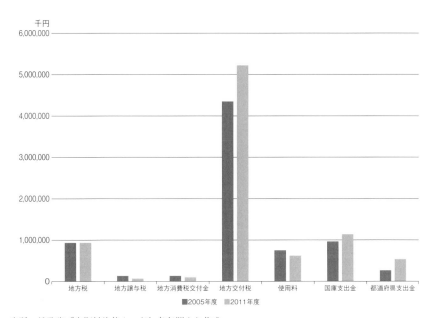

出所：総務省『市町村決算カード』各年版より作成。

図10-3　夕張市の主要歳入項目の比較

図10-3は，財政破綻前の2005年度と2011年度の主要歳入項目を比較したものである。この図では，地方税・使用料・地方消費税交付金，地方譲与税がわずかに減少していること，地方交付税が大幅に増加し，国庫支出金，都道府県支出金も増加していることを読み取ることができる。財政再建への貢献度としては，歳入面では，地方交付税の増額の影響が大きいことになる。

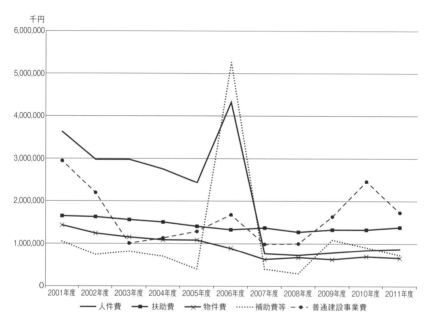

出所：総務省『市町村決算カード』各年版より作成。

図10-4　夕張市の性質別歳出項目の比較

次に，夕張市の歳出決算額を性質別にみたものが図10-4である。図では，2007年度以降，人件費が大幅に削減されたことがわかる。普通建設事業費については，2009年度，2010年度に増加しているが，前述したように小・中学校校舎改修の影響である。

性質別の歳出額のグラフからは，人件費が大幅に減少しているが，これは公

務員給与の引下げと職員数減少の両方の影響によるものである。図10-5は，職種別に夕張市職員の人数の推移を描いたものである。職員数の減少が最も大きいのは一般行政職である。また，専門職である消防職員，水道職員も給与削減を嫌って退職者が続出した影響で減少していることもわかる。

なお，夕張市の人件費カットは，職員数の削減が計画以上に進んだこともあって，財政再生計画では，再建計画の基本給30％カットから基本給の20％カットまで緩和された。だが，依然として厳しい人件費カットのため，新規採用職員の定着率が低いという課題が発生している。このため，2014年度の一般会計当初予算には，職員給与の改善策として3,028.5万円が計上された[9]。

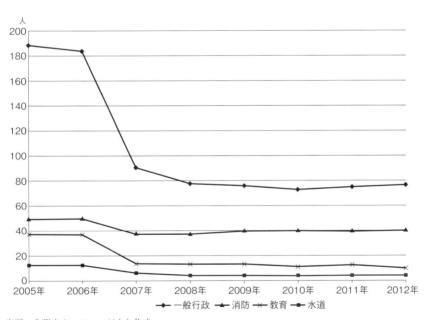

出所：夕張市ホームページより作成。

図10-5　夕張市の職員数の比較

---

9)　ただし，2014年4月からの消費税率引上げに対応した給与改善はおこなわれていない。

(2) 財政再建計画、再生計画と決算額

　以下では、財政再建計画、財政再生計画で想定されていた数字と実際の数字を比較することで、夕張市の財政再建の現状をみていこう。図10-6は、財政再建計画で使用された人口予測と住民基本台帳人口を比較したものである。夕張市の財政再建計画の策定に際しては、国立社会保障・人口問題研究所『将来推計人口』が利用された。将来推計人口の推計値を利用したため、財政再建計画では夕張市の財政破綻による人口流出については考慮されなかったことになる。表をみるとわかるように、現実には予測を上回るスピードで人口が減少したことになる。ただし、予想以上の人口流出は、2007年度、2008年度に生じており、夕張市職員の大量退職の影響を受けたものと考えられる。

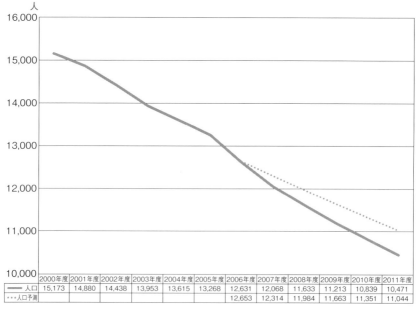

出所：社会保障人口問題研究所『将来推計人口』、総務省「住民基本台帳年齢別人口（市区町村別）」各年版より作成。

図10-6　財政再建計画での人口予測と住民基本台帳人口との比較

第10章　夕張市の財政再建　215

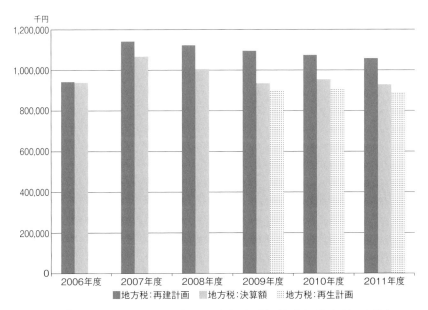

出所：総務省『市町村決算カード』，「夕張市財政再建計画」，「夕張市財政再生計画」より作成。

図10-7　財政再建，再生計画と決算額：地方税

　図10-7は，地方税について，財政再建，再生計画と決算額の数字を比較したものだ。この図からは，2007年度以降の税収決算額は，財政再建計画の見込額を大幅に下回って推移していることがわかる。これは，**図10-6**でみたような当初の想定以上の人口流出の影響とリーマン・ショック以降の景気悪化の双方の影響によるものと考えられる。このように税収決算額が財政再建計画を下回ったことを受けて，財政再生計画では税収見込みを下方修正している。その結果，財政再生計画の見込み額よりも税収決算額の方が高くなっている。

　図10-8は，交付税について財政再建，財政再生計画と決算額の数字を比較したものである。交付税は，2007年度を除くと，決算額が再建計画の水準を上回っている。国からの財政支援が2008年度以降増加していることになる。また，2009年度以降については，民主党政権下での交付税総額の増加の影響もみられる。財政再生計画では，再建計画下よりも交付税を高く見積もっており，財政

再生計画では国からの支援が強化されていることになる。

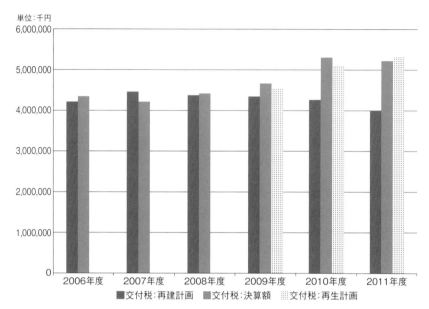

出所：総務省『市町村決算カード』，「夕張市財政再建計画」，「夕張市財政再生計画」より作成。

図10-8　財政再建，再生計画と決算額：交付税

　図10-9は，国・道支出金について，財政再建，財政再生計画と決算額の数字を比較したものだ。この図では，2006年度，2007年度を除くと，決算額が再建計画，再生計画の水準を上回っていることがわかる。特に，2009年度の決算額は，財政再建計画，財政再生計画の数字を大きく上回っている。この図からは，2008年以降，国，道の支援が強化されていることがわかる。

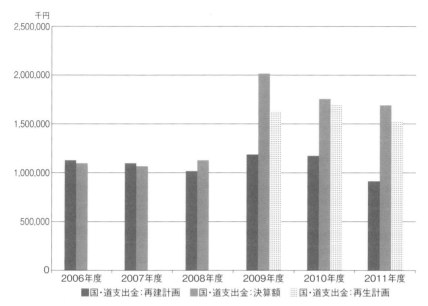

出所：総務省『市町村決算カード』,「夕張市財政再建計画」,「夕張市財政再生計画」より作成。

図10-9　財政再建，再生計画と決算額：国・道支出金

　図10-10は，人件費について財政再建計画，再生計画の数字と決算額を比較したものである。2006年度，2008年度，2009年度については，財政再建計画以上の人件費の削減が実現したことがわかる。財政再建計画では，2010年度以降も人件費の削減を見込んでいたが，財政再生計画において人件費の削減の一部が緩和されている。2010年度，2011年度については，人件費の決算額は，財政再建計画の水準を上回っているものの，ほぼ財政再生計画に沿って人件費の抑制が続けられていることがわかる。

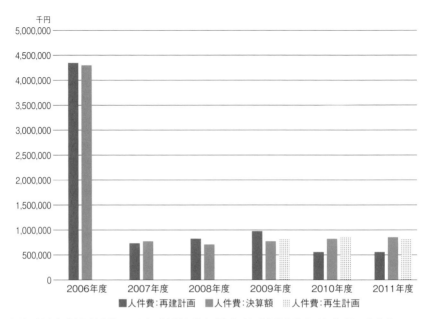

出所:総務省『市町村決算カード』,「夕張市財政再建計画」,「夕張市財政再生計画」より作成。

図10-10　財政再建,再生計画と決算額:人件費

　図10-11は,物件費について,財政再建計画,財政再生計画の数字と決算額を比較したものだ。物件費については,2006年度から2008年度にかけて,財政再建計画での数字を上回る削減がおこなわれてきたことがわかる。人件費と同様に,2009年度からの財政再生計画では,財政再建計画よりも削減額が緩和されている。物件費の決算額は,財政再生計画による削減目標の緩和に伴い2010年度,2011年度と増加しているものの,2010年度については財政再生計画の数字を下回っている。2011年度については財政再生計画の数字を決算額が上回っているものの,2010年度の決算額よりは抑制されていることがわかる。

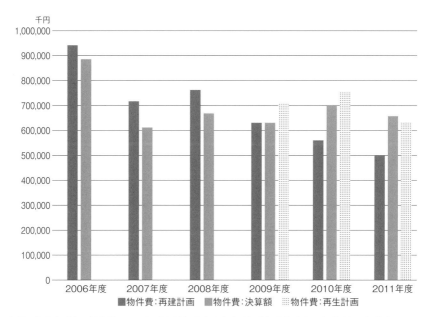

出所:総務省『市町村決算カード』,「夕張市財政再建計画」,「夕張市財政再生計画」より作成。

図10-11　財政再建,再生計画と決算額:物件費

(3) 財政再建・再生計画の総括

　以下では,財政再建・再生計画の総括をおこなう。まず,歳入面からの評価をしてみよう。表10-4は,財政破綻表面化前の2005年度の歳入決算額と2007年度以降の歳入決算額の差額を計算したものである。これにより財政再建への歳入面での貢献度がある程度推測できる。表によると地方税の差額は,2007年度,2008年度に増加しているものの2009年度,2011年度にはマイナスとなっている。前述したように,地方税に関しては2007年度の増加は三位一体の改革による税源移譲の影響が大きく,超過課税による貢献度は小さい。2009年度の地方税の減少は,リーマン・ショックの影響と考えられる。地方交付税については,2007年度がマイナスとなっているのを除くと,2008年度以降大幅に増加していることがわかる。地方交付税については,明らかに国からの支援強化の影

響がみられることになる。使用料については，2007年度以降明らかに減少している。これは，夕張市の財政再建のため，夕張市所有の各種の施設が廃止ないし休止された影響と考えられる。手数料については，2007年度以降増加していることがわかる。これは，財政再建・再生計画において手数料の引上げが行われた影響だと思われる。国庫支出金については，2007年度，2008年度については，2005年度決算額より大幅に減少しているが，2009年度以降は増加に転じている。前述したように，財政再生計画に移行することで国からの支援が強化されたことを反映したものであろう。都道府県支出金については，2007年度から差額がプラスとなっており，財政再建計画段階から道が積極的に夕張市を支援してきたことが読み取れる。寄附金については，破綻表面化直後の2007年度に差額が大幅なプラスとなっている。これは財政破綻直後のマスコミの報道により夕張市への関心が高まったことを示している。ただし，その後は徐々に寄附金は減少傾向にあることがわかる。

表10-4 2005年度の決算額と差額 (単位：千円)

	2007年度	2008年度	2009年度	2010年度	2011年度
地方税	115,078	62,665	-12,026	10,581	-10,782
地方交付税	-135,042	62,844	319,838	957,430	875,157
使用料	-84,482	-108,894	-108,770	-126,614	-126,961
手数料	36,408	40,569	35,828	31,475	29,075
国庫支出金	-265,475	-238,494	632,157	226,105	165,299
都道府県支出金	77,979	109,518	126,176	280,783	277,933
財産収入	3,708	50,695	19,836	3,471	39,016
寄附金	186,938	35,404	64,389	27,407	21,831

出所：総務省『市町村決算カード』各年版より作成。

交付税と国庫支出金，道支出金は，国と道による支援による歳入増加となるのに対して，地方税，手数料，使用料の増加が夕張市による歳入増加策を反映したものとなる。夕張市による歳入増加効果については，表10-5に示した『財政再生計画の平成24年度実施状況』で示された歳入増加の状況で確認しよう。

この表によると，これまでの歳入増加額を累計すると6億3,400万円となるとしている。このうち超過課税によるものが2億2,200万円と最も大きくなっている。これに続くのが使用料の1億3,900万円と徴収率向上の1億1,800万円となっている。

表10-5 歳入増加に関する状況　　　　　　　　　　（単位：百万円）

	累積実績額	左のうち一般財源相当額	算定方法
地方税その他の収入の増徴に関する状況 徴収率向上対策	118	118	H20からの徴収率向上分を積み上げ
地方税その他の収入で滞納に係るものの徴収に関する状況 （滞納者の）徴収率向上対策	27	27	
使用料等の変更，財産の処分その他の歳入の増加に関する状況 使用料の引上げ 手数料の引上げ その他の収入の引上げ 下水道使用料の引上げ	14 139 8 106	0 5 1 0	引上げ効果額を積上げ（文化スポーツセンターなど） 引上げ効果額を積上げ（ごみ・し尿手数料など） 引上げ効果額を積上げ（各種検診料など） 引上げ効果額を積上げ
超過課税又は法定外普通税による地方税の増収に関する状況 超過課税 合計	222 634	222 373	超過課税分の増収額を積上げ

出所：夕張市『財政再生計画の平成24年度実施状況』2013年9月19日引用。

次に，歳出面での財政再建への貢献度をみていこう。表10-6は，夕張市がまとめた事務及び事業の見直し，組織の合理化その他の歳出削減に関する状況をみたものである。歳出削減の効果は，累積額では113億8,000万円となっており，明らかに財政再建への貢献度は，歳入面より歳出面の方が大きいことがわ

表10-6 事務及び事業の見直し,組織の合理化その他の歳出削減に関する状況

(単位:百万円)

区分	当該年度までの累積実績額	左のうち一般財源相当額	算定方法
(1) 人件費	6,388	6,286	H17決算と各年度の差額の積上げ
(2) 物件費	1,705	1,705	〃
(3) 維持補修費	219	219	〃
(4) 扶助費	392	177	〃
(5) 補助費等	0	0	〃
(6) 投資的経費	0	0	〃
(7) 公債費	2,676	1,943	〃
(8) 他会計繰出金	0	0	H20決算と各年度の差額を積上げ
計	11,380	10,330	

注 本市では,財政再建計画により平成18年度以降,財政再建のための取組を継続して実施しているため,歳出削減額としては,財政再建計画策定の前年度である平成17年度決算を基準として算出している。ただし,「(8)他会計繰出金」については,繰出対象である他会計の廃止,新設による影響を除外するため,平成20年度決算を基準として算出している。

出所:夕張市『財政再生計画の平成24年度実施状況』2013年9月19日引用。

かる。歳出削減のうち半分程度が人件費(63億8,800万円)である。それに続くのが公債費(26億7,600万円),物件費(17億500万円)となっている。

表10-7 財政健全化指標の推移

	2007年度	2008年度	2009年度	2010年度	2011年度
実質赤字比率	730.71	703.6	—	—	—
連結実質赤字比率	739.45	705.67	—	—	—
実質公債費比率	39.6	42.1	36.8	42.8	40.9
将来負担比率	1237.6	1164	1091.1	922.5	891.3

出所:総務省『市町村決算カード』各年版より作成。

最後に，財政健全化法で決められた4つの財政健全化指標で夕張市の財政状況を確認しておこう。4つの指標のうち実質赤字比率と連結赤字比率については，2009年度以降の数字が表示されていない。これは，2009年度に再生振替債を発行することで一般会計の財源不足が解消されたためである。つまり2009年度以降は，フローの赤字は解消されていることがわかる[10]。実質公債費比率については，40%前後で推移しており，早期健全化基準の25%，財政再生基準の35%をはるかに超えていることがわかる。将来負担比率については，2007年度の1237.6%から2011年度には891.3%にまで低下しているものの，早期健全化基準の400%を超えていることになる。つまり，フローの赤字は解消されたものの，依然としてストックでみると，多額の返済を継続しなければならない状況にあることがわかる。

第3節　夕張市の公営事業会計と国保事業の現状と課題

　夕張市が2007年度に財政再建団体へと追い込まれる原因のひとつが，観光事業での巨額の赤字である。夕張市の観光事業は，閉山した炭鉱施設を利用した石炭博物館を中心とする石炭の歴史村の観光事業と，マウントレースイスキー場とホテルマウントレースイを柱としていた。石炭の歴史村は，市の第3セクターである石炭の歴史村観光が運営し，スキー場とホテルは，松下興産が運営していた。ところが，松下興産がバブル崩壊後の2002年に撤退し，夕張市は，スキー場，ホテル（ホテルマウントレースイ，ホテルシューパロ）を買い取ることになってしまった。夕張市の財政破綻に伴い，石炭の歴史村観光は2006年11月に破産申請し，清算されている。

　夕張市は，観光事業以外にも，市民病院での累積赤字や公共下水道事業での赤字を抱えていた。さらに，高齢化比率が高い夕張市では，国民健康保険事業

---

10)　地方財政では，国からの補助金に加えて，地方債による収入も歳入に加えて歳入と歳出を比較するため，赤字が解消されても，単年度の地方債発行額がゼロになっているわけではない。

会計においても多額の赤字を計上していた。これらの公営事業会計等の赤字は，地方団体に共通する悩みの種でもある。

(1) 夕張市の公営事業

表10-8　夕張市の諸会計と主な業務（2006年度）

夕張市	普通会計	一般会計	一般会計	
		特別会計	住宅管理事業	公営住宅の管理
	公営事業会計	公営企業会計	法適用 上水道事業	上水道の管理運営
			病院事業	市立病院の管理運営
			法非適用 公共下水道事業	下水道の管理運営
			市場事業	青果，水産物等の卸売
			観光事業	各種観光施設の設置、管理
			宅地造成事業	宅地の造成、分譲
		事業会計	国民健康保険事業	国民健康保険の運営
			老人保健医療事業	老人医療費の支払等
			介護保険事業	介護保険の運営
公社等	第3セクター		（株）石炭の歴史村観光	石炭博物館等の管理運営、めろん加工製品の加工販売等
			夕張観光開発（株）	宿泊施設等管理運営（ホテル、スキー場、温泉）
			夕張木炭製造（株）	容器包装廃棄物分別収集、木炭・土壌改良材等製造販売
	地方公社		夕張土地開発公社	公共用地の取得、造成及び処分
			（財）夕張振興公社	車庫の賃貸

出所：北海道企画振興部（2006）『夕張市の財政運営に関する調査（中間報告）』引用。

表10-8は，2006年度時点での夕張市の諸会計と主な業務をまとめたものである。夕張市の公営企業会計には，法適用として上水道事業，病院事業，法非適用としては，公共下水道事業，観光事業，宅地造成事業が存在していた[11]。

このうち，病院事業会計については診療所事業会計に移行し，観光事業会計については2007年3月に閉鎖されている。

表10-9　夕張市の公営事業会計への繰出金　　（単位：万円）

	2006年度	2007年度	2008年度	2009年度	2010年度	2011年度
観光施設	1,911,662	13,862	12,293	5,425	4,122	2,802
病院	585,029	17,723	7,487	13,277	13,055	12,847
宅地造成	236,240	0	0	0	0	0
下水道	181,379	11,712	12,359	124,946	17,098	17,309
上水道	0	2,552	2,426	2,237	2,221	2,236
国民健康保険	117,109	18,544	14,304	14,680	13,667	12,451
その他	196,425	39,888	49,203	45,583	46,937	45,889
合計	3,227,844	104,281	98,072	206,148	97,100	93,533

出所：総務省『市町村決算カード』各年版より作成。

表10-9は，夕張市の一般会計から公営事業会計への繰出しの推移をまとめたものである。この表によると，財政危機が表面化した2006年度時点では，観光施設，病院，宅地造成，下水道，国民健康保険へ巨額の繰出しがおこなわれている。特に観光施設へは，約191億円もの巨額の繰出がおこなわれている。これは，観光施設閉鎖のための破綻処理に使われたものである[12]。観光事業会計が2007年度に閉鎖されているにもかかわらず，2008年度以降も一般会計からの繰出しが記載されているのは地方債残高の毎年度償還分である。観光施設に次いで繰出しが多いのは，病院の約59億円である。病院についても市民病院の閉鎖と診療所への移行が実施されている[13]。さらに，宅地造成，下水道，国民

---

11) 法適用とは，「地方公営企業法」が適用され，独立採算の性格が強い事業であり，法非適用とは，地方公営企業法が適用されていない企業である。
12) 夕張市の財政再建計画では，「観光事業会計は，観光事業の見直しに伴い役割を終えたことから，平成19年3月末日をもって閉鎖する。このため，平成18年度末に一般会計からの繰出金により累積債務の約186億円を解消する」とされている。
13) 夕張市の財政再建計画によると「市立総合病院は，老人保健施設を併設する有床の診療所に再編し，併せて指定管理者制度を導入し公設民営化により運営する。」とされた。

健康保険に対しても多額の繰出しがおこなわれている[14]。このうち、宅地造成への繰出は2007年度以降はおこなわれていない。そこで本章では、観光施設、病院、下水道、国民健康保険の各会計の現状についてみていくことにしよう。

表10-10　夕張市の公営事業会計等の推移　　　　（単位：百万円）

	診療所事業会計			国民健康保険事業会計			下水道事業会計		
	歳入	歳出	実質収支	歳入	歳出	実質収支	歳入	歳出	実質収支
2007年度	1,101	1,101	0	2,241	2,322	△ 87	344	1,473	△ 326
2008年度	104	104	0	2,163	2,188	△ 24	288	1,417	△ 101
2009年度	772	772	0	2,113	2,031	82	1,411	1,411	0
2010年度	166	166	0	2,013	1,956	58	266	266	0
2011年度	167	167	0	1,910	1,910	0	264	264	0
2012年度	166	166	0	1,741	1,741	0	277	277	0

出所：夕張市『財政状況等一覧表』各年版より作成。

表10-10は、2007年度以降について夕張市の公営事業会計等の推移をまとめたものである。国民健康保険事業会計、下水道事業会計は、2007年度、2008年度に実質収支が赤字となっていたが、2009年度以降は、実質収支の赤字が解消されていることがわかる。診療所事業会計については、2010年度以降は歳入、歳出の双方の金額が大幅に減少しており、規模の縮小で収支が均衡していることになる。

(2)　夕張市の観光事業

夕張市が財政破綻するにいたった原因のひとつが、観光施設への過大な投資である。表10-11は、夕張市で実施された観光施設関連の整備事業をまとめたものである。国庫補助事業として実施されたもののうち、金額が大きいものが石炭の歴史村公園関連の事業である。総額では国の補助金として8億3,300万

---

14)　夕張市の第3回住民説明会資料によると、公共下水道累積債務（11億円）は平成21年度一般会計繰出しにより解消、国保会計赤字額（0.2億円）は平成25年度までに計画的に解消するとされている。

表10-11　夕張市が実施した観光関連の施設整備事業の状況

(単位：千円)

| 施設名 | 事業年度 | 全体事業費 | 国の負担 ||| 道の負担 | 市の負担 |
			全体事業費のうち国負担額	当該国負担に係る国庫補助負担金の名称	当該国庫補助負担金の所管省庁	全体事業費のうち道負担がある場合の道負担額	市の負担金額
1．国庫補助事業							
農林水産省							
ユーパロの湯	H8	1,160,303	518,500	山村等振興対策事業費補助金	農林水産省	なし	641,803
めろん城	S59	640,550	320,253	農業構造改善事業費補助金	農林水産省	なし	320,297
紅葉山工場	S63	423,540	211,770	農業構造改善事業費補助金	農林水産省	なし	211,770
経済産業省							
パークゴルフ場	H9	97,544	7,097	産炭地域振興臨時交付金	通商産業省	41,842	55,702
夕張鹿鳴館	H5	66,015	39,608	産炭地域振興臨時交付金	通商産業省	なし	66,015
生活歴史館	H12〜H13	246,530	29,003	産炭地域振興臨時交付金	通商産業省 経済産業省	なし	246,530
シネマのバラード	H14	638,456	230,068	中心市街地商業等活性化総合支援事業費補助金	経済産業省	なし	408,388
国土交通省							
石炭の歴史村公園	S54〜S63（第1期） H13〜H19（第2期）	3,402,000	833,000	都市公園事業費補助	建設省 国土交通省	なし	2,569,000
グリーン大劇場	S58〜S59	126,000	63,000	都市公園事業費補助	建設省	なし	63,000
キャンプ場	S59〜S61	90,000	45,000	都市公園事業費補助	建設省	なし	45,000
歴史村公園便益施設（トイレ等）	S57〜S63	138,000	11,000	都市公園事業費補助	建設省	なし	127,000
郷愁の丘ミュージアム公園	H13〜H16	423,000	151,000	都市公園事業費補助	国土交通省	なし	272,000
センターハウス	H14	338,000	158,000	都市公園事業費補助	国土交通省	なし	180,000
「北の零年」希望の杜	H17	36,000	5,000	都市公園事業費補助	国土交通省	なし	31,000
2．単独事業							
石炭博物館	S54〜S55	1,260,494	なし	−	−	なし	1,260,494
炭鉱生活館	S56	203,775	なし	−	−	35,000	168,775
化石のいろいろ展示館	H12	31,500	なし	−	−	なし	31,500
水上レストラン（望郷）	S56	128,240	なし	−	−	なし	128,240
レースイスキー場 ホテルマウントレースイ	H14	2,600,000	なし	−	−	なし	2,600,000
ホテルシューパロ	H8	2,088,744	なし	−	−	なし	2,088,744
（めろん城附属施設の観光物産センター）	H3	83,821	なし	−	−	なし	83,821
黄色いハンカチ想い出ひろば	H1〜H3	37,055	なし	−	−	なし	37,055
めろん城公園	S61〜H1	254,920	なし	−	−	88,273	166,647
ロボット城	S63	835,870	なし	−	−	70,000	765,870
世界の動物館	S58	368,716	なし	−	−	10,000	358,716
SL館	S55	170,609	なし	−	−	なし	170,609

※　国庫補助事業は最終支出ベースの数値，それ以外は予定事業費ベースの数値である。
出所：第9回 地方分権改革推進委員会提出資料 http://www.cao.go.jp/bunken-kaikaku/iinkai/kaisai/dai09/09shiryou8.pdf（閲覧日2014年7月29日）。

表10-12　2006年時点での夕張市所有の観光施設と現在の姿

	当初の方針	2014年現在
1 石炭博物館 2 炭鉱生活館 3 化石のいろいろ展示館	・収益性について検討し，収益が見込めない場合は休止。 ・石炭博物館は公益性があることから，市の管理も再建計画の中で検討。	管理委託（指定管理者：夕張リゾート株式会社）炭鉱生活館，化石のいろいろ展示館については，2013年に指定管理者返上。
4 水上レストラン（望郷） 5 園内飲食及び売店 6 駐車場	・収益性について検討し，収益が見込めない場合は休止・売却も検討。	休止中。 2013年3月解体。 イベントで活用。
7 レースイスキー場 8 ホテルマウントレースイ 9 ホテルシューパロ	・収益性について検討するとともに，売却も検討。 ・ホテルとしての運営の休止，他の活用，売却も検討。	管理委託（指定管理者：夕張リゾート株式会社）
10 ユーパロの湯（夕鹿の湯） 11 パークゴルフ場 12 めろん城 13 紅葉山工場	・収益性について検討し，収益が見込めないときは，休止，売却。	管理委託（指定管理者：北海道・夕張倶楽部） 管理委託（指定管理者：紅葉山パークゴルフ場を守る市民の会） 2007年〜夕張酒造に管理委託，2012年株式会社ベースクリエイトへ譲渡（2,890万円）
14 夕張鹿鳴館	・収益性について引き続き検討するとともに，売却・休止も検討。	2009年4月30日，小樽市の廃棄物処理業者「テクノ」に無償譲渡。（当初は夕張リゾート管理）
15 黄色いハンカチ想い出ひろば	・収益性について検討し，収益が見込めない場合は休止・売却も検討。	管理委託（指定管理者：夕張リゾート株式会社）
16 石炭の歴史村公園 17 ローズガーデン 18 グリーン大劇場 19 キャンプ場 20 歴史村公園便益施設 21 郷愁の丘ミュージアム公園 22 丁未風致公園 23 丁未風致公園「風美丁」	・公園としての市による管理又は休止を再建計画の中で検討。	市が最低限の維持管理実施。
24 めろん城公園（物産センター「カサブランカ」）		2012年株式会社ベースクリエイトへ譲渡
25 生活歴史館 26 シネマのパラード 27 センターハウス	・休止又は公園付帯施設としての市による管理を再建計画の中で検討。	2007年2月〜加森観光，2009年〜2012年花畑牧場に管理委託，2014年4月北海道芸術文化推進協議会に無償譲渡。
28「北の零年」希望の杜	・市民団体などによる委託又は休止を検討。	管理委託（指定管理者：NPO法人ゆうばり観光協会），休館中。
29 ロボット館 30 世界の動物館 31 SL館	・休止する。 ・休止する。 ・休止する。	解体済。 解体済。 休館中。

出所：夕張市『夕張市の観光施設のあり方について』2006年9月28日，夕張市ヒヤリングより筆者作成。

円，市の負担として25億6,900万円が支出された。単独事業としては，マウントレースイスキー場，ホテルの買収に26億円，ホテルシューパロの買収に2億8,874万4,000円を支出している。石炭博物館にも12億6,049万4,000円が費やされた。

夕張市の観光事業は，財政破綻後に抜本的な見直しが行われた。**表10-12**は，2006年時点で，夕張市がまとめた『今後の観光施設のあり方について』において表明された方針と2014年現在の状況を一覧表にしたものである。2006年時点の当初の方針では，「① 不採算の観光事業は，実施しない。② 委託事業のうち公園等公共性の高い施設の管理業務に係る経費の削減を図る。③ 業務の委託先の見直しや観光施設の民間売却を進める。」という基本的な考え方にもとづいて，観光施設の見直しが進められた。

表10-12に示したように，主要な観光施設としてのスキー場，ホテルについては，当初は売却も視野に入れられていた。しかし，北海道のリゾート施設を手がけている加森観光が17施設の運営委託を表明したことにより，ほとんどの施設が売却ではなく運営委託の形をとることになった。加森観光は，これらの施設を運営するにあたって，夕張リゾート株式会社を2007年2月28日に設立した。

夕張市の観光施設の運営委託にあっては，観光施設設置条例が制定された。夕張市観光施設設置条例によると，丁未風致公園施設「風美丁」，めろん観光農園，北方果樹園，SL館，炭鉱生活館，化石のいろいろ展示館，知られざる世界の動物館，グリーン大劇場，ローズガーデン，無料休憩所「エルドラド」，アドベンチャーフォール，ファミリーキャンプ場，水上レストラン「望郷」，味のコーナー・ハイロード，郷愁の丘「体験館」，郷愁の丘「センターハウス」，郷愁の丘「シネマのバラード」（商業複合施設），「北の零年」希望の杜，旧北炭夕張炭鉱遺産群，鎮魂の像，サイクリングロード，幸福の黄色いハンカチ広場，マウントレースイスキー場，ホテルマウントレースイ，レースイの湯，ホテルシューパロ，ファミリースクールひまわりの27の観光施設については，市長は，「指定管理者に施設の管理を行わせることができる」とされた[15]。夕張

市の観光施設に対する指定管理者制度では，地方自治法第244条の2第8項に定める利用料金制度を採用し，指定管理者は利用料金を自らの収入とすることができる。一方で，所有権は市のままなので固定資産税の負担はないものの，電気代等の維持管理費はすべて指定管理者が負担することとなる。この運営委託は，夕張市側が指定管理者に委託費を渡す必要がないかわりに，指定管理者側は委託された観光施設の返上も可能な制度となっている。

このため，夕張リゾート株式会社は，運営を委託された施設のうち不採算施設を次々に返上していくこととなった。2008年10月には，老朽化による改修費用の発生などを理由として，「夕張鹿鳴館」「SL館」「世界のはくせい館」の3施設の指定管理者を返上した。このうち夕張鹿鳴館は，2009年4月30日に小樽市の廃棄物処理業者「テクノ」へ無償で譲渡され，2009年9月からは，レストランとして再開されている[16]。さらに，郷愁の丘ミュージアムの「センターハウス」「生活歴史館」「シネマのバラード」は，2009年から花畑牧場へ指定管理者が引き継がれることになった。その後，2012年に花畑牧場はこれらの3つの施設の指定管理者を返上している。2005年に公開された映画「北の零年」のセットを移設してつくられた「北の零年」希望の杜も加森観光へ運営委託されていたが，平成20年から指定管理者がNPO法人ゆうばり観光協会に変更された。「北の零年」希望の杜については，加森観光が指定管理者を返上したわけでなく，従来から主体的に関与してきたNPO法人ゆうばり観光協会の申し出により，指定管理者が変更された[17]。

その他の観光施設としては，めろん城，紅葉山工場，物産センター「カサブランカ」は，当初夕張酒造が指定管理者となったが，2012年（平成24年）5月1日に株式会社「ベースクリエート」に売却および無償譲渡された[18]。

---

15) 平成18年11月17日条例第41号の夕張市観光施設設置条例第12条。なお，石炭博物館については，平成25年6月の条例改正により教育施設として整備されることになった。
16) 夕張鹿鳴館は，2015年12月1日から冬期休館されていたが，2016年4月4日に休館が延長され，2016年10月現在休館中である。
17) ただし，当該施設は，河川災害により2014年現在休館中となっている。

農林水産省の補助金を投入して建てられた温泉施設であるユーパロの湯も，指定管理者が度々変更になっている。財政破綻後に休止されていたユーパロの湯は，「シルバーリボン」が指定管理者となり2007年6月に再開された。ところがわずか1年あまりの2008年11月に，水道料金を滞納し，シルバーリボンは指定管理者を返上することになった。2008年12月から新たな指定管理者として札幌市の住宅関連機材販売会社「菱和興産」のもとで営業が再開されたものの，電気料金を滞納し電気を止められたことにより営業継続が不可能となり，2010年12月に菱和興産が指定管理者を返上した[19]。2012年5月に，一般財団法人北海道・夕張倶楽部が指定管理者に選定された。夕張倶楽部は，夕張鹿鳴館を買収したテクノの会長が寄附をして設立された財団法人であり，テクノから夕張鹿鳴館とユーパロの湯の業務を引き継ぐことになった。なお，ユーパロの湯の名称は，夕鹿の湯へ変更されている[20]。シルバーリボン，菱和興産と立て続けにユーパロの湯の指定管理者が返上された理由のひとつは，入館者数の低迷である。1997年度のピーク時には，23万8,551人だったものが，財政破綻が表面化した2006年度には12万9,453人まで減少し，2007年の営業再開時には7万4,585人にまで減少していた。ユーパロの湯の入館者数の減少は，2003年度にホテルマウントレースイ内にレースイの湯が作られたことも影響している。シルバーリボンが指定管理者となった時点での入館者数の減少は，市民割引の廃止と入湯税導入による利用料金の引き上げによるものと考えられる。

　夕張市所有の観光施設については，多くの施設が指定管理者制度を利用して営業を継続してきた。この制度のもとでは，指定管理者は人件費，電気，水道などの経常費用と維持補修費を負担するだけで済むため，固定資産税や減価償

---

18) めろん城については，国からの補助金を使って建設されたため，建物を取り壊すと補助金の返還の必要が生じるということで，無償譲渡された。なお夕張市による売却提案の募集要項では，産物処理加工センター第1工場について，地域活性化を図る用途で使用する場合は，土地を除く建物等に関しては無償譲渡する場合もあります。」とされていた。
19) 菱和興産は，電気料金だけでなく，上下水道料金も滞納していた。
20) 夕鹿の湯は，2015年2月から再び休業し，2016年7月30日から新たな指定管理者のもとで，「ゆうばり温泉　ユーパロの湯」と名称変更し，営業を再開している。

却費等が必要となる通常の運営よりも損益分岐点は低いはずである。しかし，2007年以降の夕張市所有の観光施設について指定管理者が相次いで返上されてきた実態をみる限り，指定管理者制度にも限界があることを指摘せざるをえない。

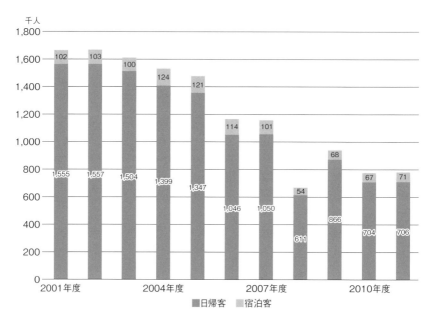

出所：北海道庁『北海道観光入込客数調査報告書』各年版より作成。

図10-12　夕張市の観光客数の推移

図10-12に示したように，夕張市への観光客は，宿泊，日帰りともに大きく減少してきた。2001年，2002年には，日帰り，宿泊を合わせると160万人を超えていたものが，2008年度に約60万人にまで減少し，2009年度には約90万人にまで回復するものの，2010，2011年度には，80万人弱まで減少している。指定管理者制度においても，民間の引受け手が現れない施設については，施設の廃止も検討すべきであろう。また，現在指定管理者制度のもとで運営されている

観光施設についても，民間の施設なら当然負担すべき固定資産税を免れていることを忘れてはならない。石炭博物館のように，学術的価値が高く，後生に残すべき施設を除けば指定管理者制度において，夕張市所有という形で観光施設の延命を図るよりは，本来民間が手がけるべき観光施設については，民間への売却を優先して考えていくべきだろう。

(3) 市民病院閉鎖と診療所の民間委託

夕張市は財政破綻するまで，病床数171床を有する救急告示医療機関の市立総合病院を抱えていた。しかし，2004年度以降3億円を超える経常赤字を出し，さらに財政破綻をした2006年度には医師・看護師も減り，2004年度に86人だった1日平均の入院患者数が2006年度には45人に，1日平均の外来患者数は2004年度261人から2006年度206人まで減少し，経常赤字は10億円にまで急増，累積債務は約186億円に達していた[21]。

夕張市は財政再建を機に，総合病院を診療所にダウンサイジングするとともに，管理運営に指定管理者制度を適用することにした。これに伴い会計も2006年度末で病院事業会計を閉鎖し，2007年度に診療所事業会計に移行した。診療所事業会計では，基本的に一般会計からの繰入金を財源として，旧病院事業会計で借りた市債の元利償還と指定管理者への補助が行われており，大半は元利償還である。

表10-13は，診療所事業会計の収支を示したものだ。市立診療所の維持管理経費は契約により基本的に指定管理者の負担となっているため，病院運営による経常赤字は原則ゼロとなった。しかしながら，当初一切支払わないとしていた管理運営費については，指定管理者との協議によってその後見直され，施設の老朽化に起因する光熱水費の経費及び病床維持に要する一定の経費を負担することとなった。

---

21) 数字は総務省自治財政局編『平成24年度地方公営企業年鑑』による。

表10-13 診療所事業会計の収支　　　　　　　　　　　　　　　（単位：千円）

項目			2008年度	2009年度	2010年度	2011年度	2012年度
歳入	診療所事業収入		167	20	55	111	63
	繰入金		104,017	144,944	164,976	165,729	164,900
	その他		89	1,200	1,200	1,200	972
歳出	診療所施設改修		2,804	1,260	0	450	1,068
	市立診療所負担金	施設の老朽化によって増嵩した光熱水費に対する市負担	26,436	12,114	6,610	7,983	8,178
	市立診療所病床負担金	地域医療の確保に必要な病床について地方交付税算入相当額を負担	－	－	29,013	30,029	30,136
	公債費	旧病院事業会計で借入れた市債の元利償還（繰上償還除く）	75,033	132,790	130,608	128,578	126,553
歳入・歳出計（繰上償還関係除く）			104,273	146,164	166,231	167,040	165,935
地方債現在高			785,902	666,070	546,238	426,406	306,565

備考：2009年度については，繰上償還の影響を除いている。
出所：夕張市提供資料より著者作成。

　新たな診療所では病床数は19床と大幅に減少した。その結果，国民健康保険及び後期高齢者医療制度における市内の病院に入院する割合は，2006年度の15％から2010年度には4％まで減少した。また，診療所への移行で救急告示医療機関がなくなったため，2009年度以降は市立診療所および市内4か所の無床の診療所の協力を得て初期救急医療が行われている。しかし，初期救急患者の搬送の4割が市外に搬送せざるを得ない状況にあり，2006年に平均38.7分だった搬送時間は，2012年には平均67.9分にまで延びるなど，市内の救急医療体制は脆弱化している。

　もともと総合病院および施設を引き継いだ診療所は，市の最北部にあるため利便性が悪い。さらに老朽化も著しいことから，2014年現在，利便性を最優先して清水沢地区へ移転することが計画されている。ただし，現在は「へき地診

療所」の認定を受け社会医療法人から医師派遣など支援を受けているが，清水沢地区にはすでに医療機関が 2 つあり，いまのままでは「へき地診療所」の認定を受けられない[22]。そこで，移転時期を当初2017年度供用開始としていたが，移転可能時期を探るため，最長10年程度先送りし，2027年度までに供用開始とする方針が示されている。移転時期の先送りによって，当面，老朽化した現施設を使用することになる。2014年 2 月に出された夕張市医療保健対策協議会による地域医療行動計画及び診療所のあり方についての答申では，2026年度までの必要最小限の費用として約3.8億円程度が見込まれている。

(4) 夕張市の国民健康保険会計

前述したように，国民健康保険事業会計の実質収支は，2007年度，2008年度では赤字となっていたが，2009年度以降は赤字が解消されている。**図10-13**の棒グラフは，2004年度以降の国民健康保険事業会計の歳入歳出差引額を示したものである。単年度の赤字は破綻した2006年度に大きく減少し，2009年度以降は黒字化している。

収支が改善した要因を探るため，収入面と支出面に分けて詳しくみてみよう。まず，収入構造の面からは，2008年 4 月より実施された高齢者医療制度の改革の影響が指摘できる[23]。

---

22) へき地診療所とは，容易に医療機関を利用できない地区の住民の医療を確保するために，市町村等が設置した診療所のことをいう。その設置基準（離島以外）は，①設置しようとする場所を中心に概ね半径 4 km の区域内に他の医療機関がない，②区域内の人口が原則として1,000人以上である，③最寄りの医療機関まで通常の交通機関を利用して30分以上を有する，となっている。
23) 2005年度から2006年度にかけて赤字額が大幅に縮小しているのは，2006年度に累積赤字解消に向けて大規模な繰入れが行われたためである。それ以降は赤字補てんのための繰入れは行われていない。

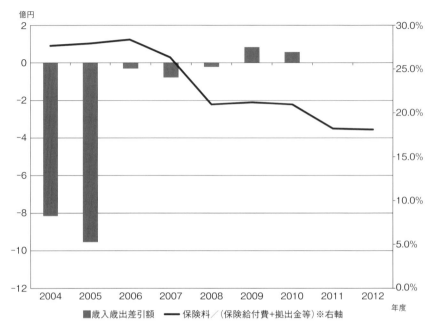

備考：拠出金等＝後期高齢者支援金＋前期高齢者納付金＋老人保健拠出金＋介護納付金
出所：夕張市提供資料より著者作成。

図10-13　夕張市の国民健康保険事業会計の状況

　従来の高齢者医療制度は，75歳以上については国保と被用者保険からの拠出金を財源とする老人保健制度に同時加入し，75歳未満でサラリーマンの期間が20年以上の退職者の医療費については被用者年金が市町村国保に拠出金を出して負担する退職者医療制度によって支えられていた。これを2008年の改革では，75歳以上については独立の後期高齢者医療制度で運営し，75歳未満については65歳以上を前期高齢者として制度間の不均衡の調整対象とする方式に変更した。

　夕張市では2007年度から2008年度にかけて，人口（年度末時点）は12,068人から11,633人へと435人減少したのに対し，被保険者数は6,858人から4,217人へと2,641人と大きく減少している。よって被保険者の減少の大半は，75歳以上

の国民健康保険被保険者が後期高齢者医療制度に移行したことによるものである（表10-14）。

表10-14　夕張市の国民健康保険被保険者数の増減と主な要因

（人）		2008年度	2009年度	2010年度	2011年度	2012年度
人口移動	（転入－転出）	－50	－53	－45	－33	－44
就業形態	（社保離脱－社保加入）	195	85	83	84	－2
生活保護	（廃止－開始）	－9	0	－16	－31	－21
自然増減	（出生－死亡）	－45	－34	－30	－23	－13
後期高齢者制度		－2,692	－190	－259	－221	－217

出所：厚生労働省『国民健康保険事業年報』各年版より作成。

　こうした制度改革が黒字化に影響したことは先ほどの**図10-13**でも確認できる。図中の折れ線は，夕張市について，保険料収入で保険給付費と高齢者医療介護制度への各種拠出金をどの程度まかなっているか，その推移を示したものである。2004年度から2007年度までは平均で支出の27.6％を保険料で賄っていたのだが，改革後は2008年度から2012年度までの平均で19.9％までその割合は低下している。つまり，高齢者医療制度の改革による国や道の公費負担や制度間の不均衡を調整する交付金によって国保財政の基盤が強化され，夕張市の一般会計による財政負担は軽減されたことになる。

　それでは保険料自体はどうであろうか。**図10-14**は，夕張市の被保険者一人当たりの保険料負担（国民健康保険と後期高齢者医療制度の合計）の推移を示したものである。2008年度に負担が急上昇した後は低下し，現在では破綻前より低い水準となっている。

　2008年度に保険料が急上昇したのは，後期高齢者医療制度の開始とともに同制度への支援金分が新たに設けられたこと，2007年度に残っている累積赤字の解消を図るため，資産割を廃止して，一部を除き応益分の保険料を引き上げた

ことによるものと考えられる。また，その後の保険料負担の減少は，2009年度および2010年度決算の黒字化を受け，2010年度，2011年度に保険料を引き下げる方向で改定されたことが反映されている（表10-15）。黒字化で保険料の引下げが行われたということは，裏を返せば保険料の引上げが保険財政の黒字化に貢献したともいえる。

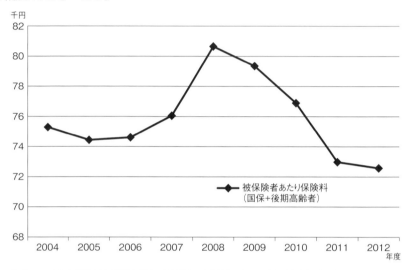

備考：国民健康保険料と後期高齢者医療制度の保険料の合計を被保険者合計で割ったもの。
出所：夕張市提供資料より著者作成。

図10-14　1人当たり保険料の推移（夕張市）

表10-15 国民健康保険料の改定経過（夕張市）

区　分			2007年度	2008年度	2009年度	2010年度	2011年度
医療分	応益割	均等割額	22,600円	24,900円	24,900円	20,500円	20,900円
		平等割額	25,000円	22,500円	22,500円	18,400円	15,200円
	応能割	資産割額	25.00%				
		所得割額	11.50%	9.10%	9.10%	8.80%	8.00%
	賦課限度額		560,000円	470,000円	470,000円	500,000円	510,000円
後期分	応益割	均等割額		8,900円	8,900円	8,700円	9,000円
		平等割額		7,800円	7,800円	7,700円	6,600円
	応能割	所得割額		3.60%	3.60%	4.80%	4.10%
	賦課限度額			120,000円	120,000円	130,000円	140,000円
介護分	応益割	均等割額	4,900円	7,800円	7,800円	7,500円	8,500円
		平等割額	4,400円	5,900円	5,900円	5,600円	4,500円
	応能割	資産割額	4.00%				
		所得割額	1.00%	2.70%	2.70%	2.80%	2.80%
	賦課限度額		90,000円	90,000円	100,000円	100,000円	120,000円
賦課総額			650,000円	690,000円	690,000円	730,000円	770,000円

出所：夕張市提供資料より作成。

　最後に支出面の影響をみてみよう。そのためには，保険給付，すなわち医療費の動向をみなければならない。図10-15～図10-17は，それぞれ夕張市の国民健康保険事業（退職者医療を含む）および高齢者医療（老人保健制度，後期高齢者医療制度）における被保険者1人当たり診療費，受診率（1人当たり受診件数），1件当たり診療費の推移を示したものである[24]。

---

24) これらのデータは，夕張市の国民健康保険事業や高齢者医療の対象者の医療費に関するもので，夕張市内での医療費ではない点に注意が必要である。例えば市内にない診療科については市外に出て受診する必要があるが，そうした医療費も被保険者であれば計上され，夕張市の国民健康保険事業等に影響する。

1人当たりの診療費は，2005年度まではおおよそ年間54万円前後で推移していたのが，破綻した2006年度から2010年度にかけて大きく減少している（図10-15）[25]。よって2006年度からの保険財政の収支改善には，医療費の減少も貢献しているといえる。しかしながら，近年では再び上昇傾向となっており，足元では破綻前の水準に戻っている[26]。

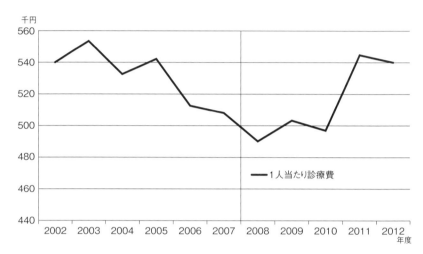

注）国民健康保険（一般・退職），老人保健制度，後期高齢者医療制度の合計
出所：夕張市提供資料より著者作成。

図10-15　1人当たり診療費の推移（夕張市）

---

25) 2007年度から2008年度にかけては医療制度が大きく変わっているため，注意が必要である（図中の縦線が目印である）。本稿では，制度改革の影響を抑えるため，国保（一般），退職者医療制度，老人保健，後期高齢者医療をまとめた。
26) 夕張市では高齢者の1人当たり医療費が減少しただけでなく死亡率も下がったという報告が，診療所の院長を務めた森田洋之氏の「医療崩壊のすすめ」という講演（TED x Kagoshima, 2014）でなされ話題となった。しかし，近年は少なくとも医療費については上昇傾向にある。

こうした1人当たり診療費の変化の背景について，受診率（1人当たりの年間受診件数）と1件当たり診療費に分けてもう少し詳しくみてみよう。受診率は2008年度を除き大きく減っておらず，近年は増加傾向にある（図10-16）。一方，1件当たりの診療費は，破綻した2006年度を境に，それまで4.3万円前後であったのが4万円前後にまで低下している（図10-17）。したがって，2006年度以降は，軽度での頻回受診に被保険者の行動が変化しており，2008年度を除いて，受診回数が増加する傾向にあるといえる。受診行動の変化には，先に述べたように，財政破綻に伴って市立総合病院から診療所に移行し，医師や病床の数が大きく減少したことや，診療所が訪問診療の強化など予防医療に力を入れたことが影響していると思われる。

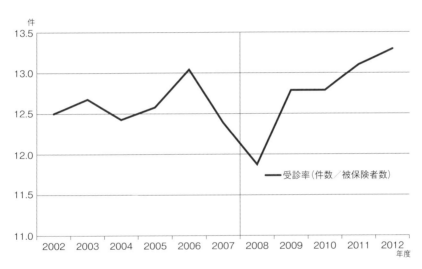

備考：国民健康保険（一般・退職），老人保健制度，後期高齢者医療制度の合計。
出所：夕張市提供資料より著者作成。

図10-16　受診率の推移（夕張市）

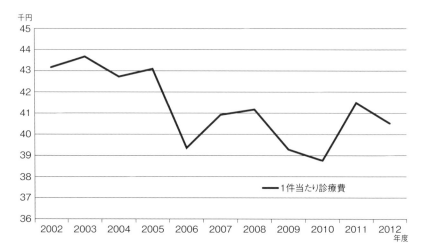

備考：国民健康保険（一般・退職），老人保健制度，後期高齢者医療制度の合計。
出所：夕張市提供資料より著者作成。

図10-17　1件当たり診療費の推移（夕張市）

(5) 夕張市の下水道事業

　前述したように，2006年度時点で観光施設，病院，宅地造成に次いで，一般会計からの繰出金が多かったのが下水道事業会計である。夕張市の下水道は，1989年に整備を開始し，平和地区以北（随北地区）を処理区域とし1995年より供用を開始してきた。表10-16は，夕張市の下水道普及率と水洗化率の推移を示したものである。普及率は27％から28％台に留まっているが水洗化率は2001年度以降ほぼ上昇傾向にあり，2013年度には87.7％に達している。他の市町村の普及率を比較すると，平成24年末時点で27.8％であり，札幌市の99.7％，類似市町村である三笠市の83.8％と比べるとかなり低いのが現状である。夕張市の下水道事業会計は，2008（平成20）年度に，資金不足比率が156.5％に達したため，財政健全化法にもとづき，経営健全化計画を策定し，健全化を図ることとなった[27]。

表10-16　夕張市の下水道普及率と水洗化率

	普及率	水洗化率
2001年度	28.0%	74.9%
2002年度	28.6%	77.8%
2003年度	28.5%	80.0%
2004年度	28.4%	81.5%
2005年度	28.3%	82.5%
2006年度	27.8%	82.5%
2007年度	27.5%	83.3%
2008年度	27.5%	83.7%
2009年度	27.3%	84.6%
2010年度	27.5%	85.4%
2011年度	27.8%	86.4%
2012年度	27.8%	86.8%
2013年度	28.3%	87.7%

出所：夕張市提供資料より作成。

　夕張市の下水道処理人口普及率がそれほど高くないにもかかわらず，なぜ資金不足に陥ったのであろうか。夕張市の経営健全化計画書（2009年3月2日議決）では，資金不足比率が経営健全化基準以上となった要因を以下のように説明している。

　第1に，需要の過大な予測が挙げられる。夕張市の下水道整備計画では，平成17年の随北地区下水道計画人口14,500人，観光入込客数2,000,000人を想定していたが，平成20年度における処理区域内下水道人口が3,209人，観光入込客数が704,582人に留まってしまった。利用者人口の低迷は，料金収入の減少による資金不足を発生させることになった。

　第2に，傾斜地など地理的悪条件による非効率も資金不足に拍車をかけた。

---

27) 資金不足比率は，資金不足額／事業規模で算定される。資金不足額は，法非適用企業では，〔（繰上充用額＋支払繰延額・事業繰越額＋建設改良費等以外の経費の財源に充てるために起こした地方債現在高）－解消可能資金不足額〕で求められる。事業規模は，法非適用企業の場合，（営業収益に相当する収入の額－受託工事収益に相当する収入の額）で算定される。財政健全化法では，公営企業の資金不足比率が20%を超えると，早期健全化の対象となり，経営健全化計画に沿った経営の健全化が義務づけられる。

傾斜地では，マンホールポンプの維持管理費用が必要となるためである。

第3に，下水道使用料を近隣市町村の使用料水準に合わせて，計画算定金額より低く設定されていたことも指摘されている。

表10-17　下水道事業会計の内訳の推移　　　　　　　（単位：千円）

	2007年度	2008年度	2009年度	2010年度	2011年度	2012年度
分担金及び負担金	8,223	6,502	1,812	1,812	1,276	1,277
使用料及び手数料	74,761	63,646	64,908	69,353	66,394	65,473
国庫支出金				4,733	2,677	9,083
繰入金	117,118	123,594	1,249,461	170,980	173,094	176,205
諸収入	0	40	0	0	686	0
市債	143,500	94,400	95,288	18,800	19,800	24,600
歳入合計	343,602	288,182	1,411,469	265,678	263,927	276,638
公共下水道費	62,312	60,553	57,679	76,067	70,010	83,752
公債費	281,290	227,649	224,590	189,611	193,917	192,791
諸支出金	0	0	0	0	0	95
繰上充用金	1,129,200	1,129,200	1,129,200	0	0	0
予備費	0	0	0	0	0	0
歳出合計	1,472,802	1,417,382	1,411,469	265,678	263,927	276,638

出所：夕張市提供資料より筆者作成。

　下水道事業会計の資金不足は，経営健全化計画が実施されたことで，**表10-17**に示されているように，2009年以降に完全に解消されている。以下では歳入，歳出それぞれについて，資金不足を解消するためにどのような手法が採られてきたのかをみていこう。

　歳入面では，下水道利用料金の引上げと一般会計からの繰出金によって歳入の増加がおこなわれた。下水道利用料金は，2007年度に1.66倍に引き上げられた。一般会計からの繰出金は，これまで十分な繰出しがおこなわれていなかったものを見直す形で行われた。というのは，地方公営企業は，独立採算を原則としているものの，地方公営企業法上，料金収入でまかなうべきでない性質の経費[28]，能率的な経営をもってもその経費を賄うことが困難な場合，一般会計

からの補助金，負担金，出資金，長期貸付等の方法で一般会計が負担することになっているからである。この一般会計が負担する繰出基準は毎年度総務省が各地方団体に通知をおこなっている。夕張市の場合には，財源不足からこの繰出基準に，一般会計からの繰出しが不足する状況にあったわけである。そこで2006年度の決算では，一般会計から基準内繰出金の繰出不足額1,813,794千円を解消し，累積赤字額は2,942,994千円から1,129,200千円となった。2006年度に繰出不足額は解消したものの，累積赤字の存在のため2008年度において資金不足比率は，156.5％にもなっていたわけだ。この累積赤字は，2009年度に一般会計からの繰入れにより完全に解消されることとなった。

　歳出面では，人件費の削減と新規工事の取りやめ，運営コストの削減でおこなわれた。人件費の削減は，職員数の削減と30％の給与カットでおこなわれ，運営コストの削減は，2008年度より新たに開始した包括的民間委託によっておこなわれた。さらに金利負担を削減するために，2007年度と2008年度においては，利率5％以上の公債について公的資金補償金免除繰上償還により金利を25,294千円削減した。これらの施策により，下水道事業の資金不足は，2009年度以降は解消されている。

---

28)　下水道の場合には，雨水の処理費用は公費負担が望ましいとされている。

第11章　夕張市の財政再建と税収への影響

　この章では，財政再建が税収へ与える影響についてみていく[1]。国の財政再建と異なり，地方団体の財政再建においては，あまりに過度な住民負担，企業負担を求めることは人口や企業の流出を加速することにつながりかねない。また，人口や企業の流出で土地や住宅への需要が減少すると，地価や住宅価格の下落につながる。そのため，思い切った財政再建を試みたが，課税ベースが流出し，思ったほど税収が上がらず再建が進まないという事態が起こりうる。そこで本章では，財政破綻を機に明らかに住民の負担が増した夕張市を事例に，課税ベース流出の実態と特徴をみていこう。

　この章の具体的な構成は以下の通りである。第1節では，主要税目の推移について確認する。第2節では財政再建が税収に与えた影響についてみていく。具体的には個人住民税，固定資産税，法人住民税の順に変動要因をみることにする。

第1節　主要税目の推移

　図11-1は，夕張市の主要税収項目の推移を描いたものである。この図では，税収の多い税目が個人住民税所得割と固定資産税であることがわかる。財政破綻前の2005年度と2011年度の税収で比較してみると，税収が増えているのは，所得割，法人均等割，法人税割，軽自動車税となっている。入湯税は，財政破綻後に新設された税目である。一方，税収が減少しているのは，固定資産税，市町村たばこ税，都市計画税となっている。図11-1で地方税が減少していた

---

1) 本章は木村・橋本（2014）の一部を大幅に加筆修正したものである。また本章での分析の手法，データの詳細については木村・橋本（2016）を参照されたい。

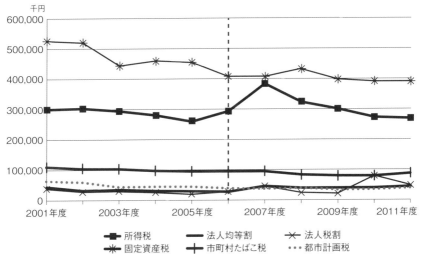

図11-1　夕張市の主要税目の推移

理由は，所得割，法人税割などの税収増加を主として固定資産税の減少が相殺してしまったためである。

　個人住民税の税収推移をさらに詳しくみたものが図11-2である。2007年度には，三位一体の改革による税源移譲により税収が増加していることがわかる。この年からは財政再建計画にもとづき超過課税も実施されている。ところがその後は税収が減少に転じている。とりわけ，2007年度から2009年度までの3年間で以前の水準に戻るほど急激に税収が落ち込んでおり，これは2006年度以前のトレンドと明らかに異なっている。これは財政再建団体入りしたことで人口流出や失業等により課税ベースが流出・縮小したことを示唆するものである。

　固定資産税についてみると，個人住民税所得割と異なり，財政再建団体入りを境に急激に減少しているわけではない。固定資産税は評価替えが3年に一度のため，税収の動きは階段状となり，地価の変動が反映されるまでラグが生じる。理論上は，人口が流出すれば土地の需要が減少するため，地価は下落するはずである。よって，過去のトレンドから外れるような人口流出があれば，地

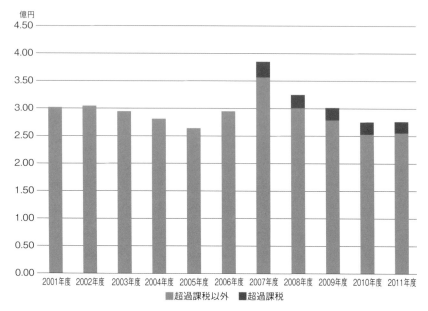

出所:総務省『市町村決算カード』各年版より作成。

図11-2　夕張市の個人住民税税収の推移

価の下落もトレンドから外れるほど大きくなるはずである。固定資産税の推移をみる限り，ラグを考慮しても地価の影響があまりみられない。

　最後に，法人税割の税収についてみると，財政破綻後にむしろ増える動きをみせている。法人税改革の議論でみられるように，法人関連の税を軽減する大きな目的の一つは企業誘致である。夕張市では，財政破綻前より法人均等割と法人税割について超過課税（均等割1.2倍，法人税割14.7％，ともに制限税率）を課しており，追加的な措置をとっていない。下水道使用料など個人課税と共通する増税負担は法人にも及ぶことから，むしろ租税公課の面で企業誘致に有利になる要素はない。

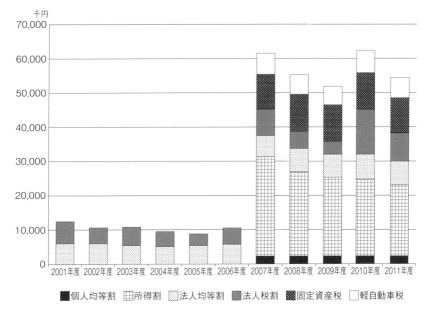

出所:総務省『市町村決算カード』各年版より作成。

図11-3　超過課税の内訳の推移

　図11-3は，夕張市における超過課税分の税収内訳の推移を描いたものである。法人住民税は，財政破綻前から超過課税が実施されている。2007年度以降に新たに超過課税がおこなわれるようになったのは，個人住民税の均等割と所得割，固定資産税，軽自動車税である。超過課税による税収増加のうち規模が大きいものとしては，個人住民税の所得割と固定資産税である。

第2節　財政再建と税収の変動

(1) 個人住民税

　個人住民税への超過課税は，税負担の増加を嫌って人口減少を加速する可能性がある。人口減少があまりにも大きくなった場合には，追加的な人口減少による税収減少を超過課税による税収増加が上回る可能性もある。そこで，ここでは簡略化した形での税収予測をおこない超過課税の有効性を確認することにした。

　表11-1は，均等割に関して超過課税の影響を調べたものである。表の人口の列は，住民基本台帳人口による実際の人口の値であり，人口予測の列は，夕張市の「財政再建計画」で利用された国立社会保障・人口問題研究所による推計値である。本章では，この人口予測と実際の人口の予測誤差を財政再建計画が実行されたことによる追加的な人口流出に等しいと仮定した[2]。次に，超過課税分を除く均等割税収決算額(d)を実際の人口(a)で割ることで，人口一人当たりの税収を求めた。人口一人当たりの税収(e)に人口予測(b)を掛け合わせたものが均等割予想税収である。これは，仮に人口減少が予測の範囲内にとどまっていた場合に，超過課税をおこなわなくても得られていた税収額となる。この予想税収の方が超過課税分を含んだ均等割決算税収額を上回るならば，超過課税は税収増加効果が追加的な人口流出によって完全に相殺されてしまったことになる。超過課税を含む決算税収は，仮に追加的な人口流出がなかった場合に予想された税収を上回っており，追加的な人口流出が生じるとしても，超過課税による税収増加効果が生じていることがわかる。

---

[2]　国立社会保障・人口問題研究所による人口予測は，夕張市の財政破綻のような経済的要因を考慮していない。そこで実際の人口推移との差が経済的な要因によるものだと考えられる。ただし，このような想定は経済的要因以外による人口問題研究所の人口予測自体の信頼性にも依存していることには注意が必要だ。

表11-1 均等割税収決算額と超過課税の影響

	人口 (人)	人口予測 (人)	予測誤差 (人)	均等割決算額（超過課税を除く） (千円)	人口一人当たり税収（円）	均等割決算額（超過課税あり） (千円)	均等割予想税収（超過課税なし） (千円)
	(a)	(b)	(c)	(d)	(e)=(d)/(a)		(b)×(e)
2007年度	12,068	12,314	246	15,453	1,280	17,848	15,768
2008年度	11,633	11,984	351	14,983	1,288	17,412	15,435
2009年度	11,213	11,663	450	14,545	1,297	16,920	15,129
2010年度	10,839	11,351	512	13,636	1,258	16,059	14,280
2011年度	10,471	11,044	573	14,552	1,390	16,908	15,349

出所：総務省『市町村決算カード』各年版より作成。

表11-2 所得割税収決算額と超過課税の影響

	人口 (人)	人口予測 (人)	予測誤差 (人)	所得割決算額（超過課税を除く） (千円)	人口一人当たり税収（円）	所得割決算額（超過課税あり） (千円)	所得割予想税収（超過課税なし） (千円)
2007年度	12,068	12,314	246	356,952	29,578	385,798	364,229
2008年度	11,633	11,984	351	301,170	25,889	325,566	310,264
2009年度	11,213	11,663	450	279,253	24,904	302,094	290,468
2010年度	10,839	11,351	512	253,461	23,384	275,773	265,434
2011年度	10,471	11,044	573	256,005	24,449	276,641	270,021

出所：総務省『市町村決算カード』各年版より作成。

表11-2は，個人住民税所得割について，均等割と同様の推計をおこなったものである。表によると，所得割の決算額の税収は，追加的な人口減少がなかった場合に予想される税収を上回っており，超過課税が増収手段として有効であったことがわかる。

以上のように，個人住民税の均等割，所得割の双方について，超過課税の有効性が確認できた。ただしこの推計は，予測誤差で示されている追加的な人口流出に人口一人当たり税収をかけたものが，財政再建計画を実施したことによ

る税収ロスだと想定したものになっている。人口一人当たり税収を税収ロスの基準としていることは、平均的な納税者が流出すると仮定していることになる。ところが、特に所得割への超過課税は、高所得層に対してより大きな夕張市からの転出へのインセンティブを生じる可能性が考えられる。そこで、以下では『市町村税課税状況等の調』の市町村データを用いて超過課税が納税者に与えた影響をより細かくみていこう[3]。

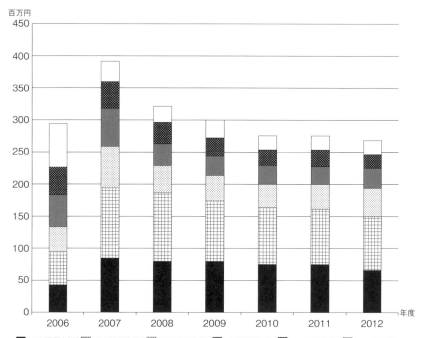

出所：総務省『市町村税課税状況等の調』各年版より作成。

図11-4　課税標準額段階別にみた夕張市の個人住民税所得割税収

---

[3] 『市町村税課税状況等の調』の市町村別データの入手については、総務省自治税務局市町村税課前課長補佐（執筆時）和田雅晴氏並びに、総務省自治税務局市町村税課課長補佐（執筆時）山本倫彦氏の協力をいただいた。

図11-4は，課税標準額段階別の所得割額の推移を描いたものである。個人住民税所得割は，前年の所得に基づいて当該年の1月1日時点における住民票の住所地で課税される。そのため，税制改革の影響はすぐに現れるが，社会経済的要因による税収の変動はラグをおいて生じる。夕張市の場合は，税源移譲の年と財政再建団体入りした年が重なっているため，いずれの影響かを慎重に判断する必要がある。例えば，2007年度に超過課税をすると決まれば，2007年度の税収に影響が出る。また，2006年末までに住民票をほかの自治体に移せば2007年度の税収は減少する。しかし，2007年の人口移動や雇用情勢による税収の変動は2008年度に現れる。

夕張市では，2007年度に税収が増加しているが，その後2009年度にかけて所得割額が減少している。2007年度の税収増加は前述したように三位一体の改革による税源移譲の影響である。詳しくみるために2007年度から2009年度にかけての所得割の税収減−23.5％を課税標準額段階別に寄与度分解すると，所得割額の約半分を占める課税標準額200万円以下の低所得層の寄与は−5.1％，200万円超400万円以下の中所得層は−14.2％，400万円超の高所得層は−4.2％となっている。減収要因としては中所得層の影響が非常に大きいのに対して，低所得層と高所得層の影響は小さい。また同期間の変化率でみると，低所得層は−10.2％，中所得層は−45.1％，400万円超の高所得層は−22.4％となっており，中所得層からの税収減が最も大きく，高所得層も次に大きい。高所得層の税収減少は，税源移譲に伴う比例税率化の影響も考えられる。

所得割額の所得源泉別割合の推移をみたものが図11-5である。所得者別にみると税収に占める比率が最も多いのが給与所得者である。その次に多いのはその他の所得者である。夕張メロンで有名な農業所得者は，税収面ではそれほど多くないこともわかる。その他の所得者には，年金生活者が含まれている。その他の所得者の税収が多いのは，年金額が比較的高い炭鉱年金（旧厚生年金3種＋石炭鉱業年金基金）の受給者が多いという夕張市特有の事情が影響していると考えられる[4]。税収の推移をみると，2007年度から2008年度にかけて夕張市では給与所得者の割合が低下し，減収にもっとも大きな影響を与えている

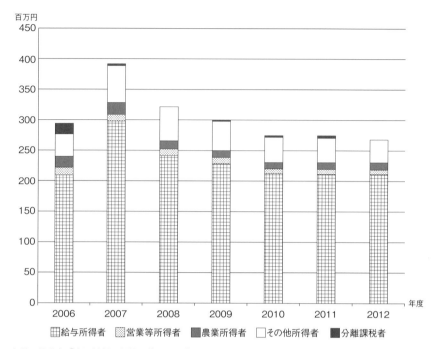

出所:総務省『市町村税課税状況等の調』各年版より作成。

図11-5 所得者別にみた夕張市の個人住民税所得割税収

ことがわかる。この減少が、所得の減少により生じた影響なのか、給与所得者が他地域に流出したことによる影響なのかをみるために、給与所得者がどのように変動したかを確認しよう。

---

4) 旧厚生年金の第3種(船員・坑内員)は、受給開始年齢が55歳と早く、年金額も一般よりも割増しされる。

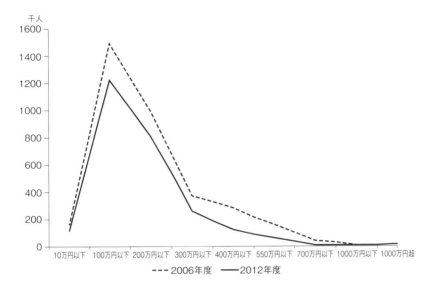

出所：総務省『市町村税課税状況等の調』各年版より作成。

図11-6　夕張市の給与所得者分布の変化

　図11-6は，財政再建計画前の2006年度と2012年度における夕張市の給与所得者の分布の変化をみたものである。この図によると1,000万円超の高所得者層にはほとんど変化がみられない。2006年度と2012年度の比較では，100万円以下から700万円以下の所得層の納税者の減少がみられる。とりわけ400万円以下の中間所得層の落ち込みが目立つ。この減少が人口流出によるものかどうかを調べてみよう。

　表11-3は，夕張市の人口，世帯数，転入・転出の推移をまとめたものである。人口，世帯数ともに2007年から2008年にかけて減少率が大きくなる。この2年間を除く2002年から2013年の世帯数の減少率が平均2.2％であるのに対し，この2年間は3％を超える。また，転出超過数は2006年までは平均で200人台だが，2007年は479人，2008年は399人と2倍近くある。人口，世帯数，転入・転出の状況をみる限り，財政破綻の影響があることは間違いないといえよう。

表11-3 夕張市の人口・世帯数及び人口動態

	人口（人）	転入（人）	転出（人）	転出超過（人）	世帯数（世帯）	（変化率）
2002年	15,081	531	676	145	7,391	—
2003年	14,626	355	668	313	7,264	－1.7%
2004年	14,134	366	685	319	7,092	－2.4%
2005年	13,806	424	621	197	7,013	－1.1%
2006年	13,268	345	532	187	6,818	－2.8%
2007年	12,631	345	824	479	6,552	－3.9%
2008年	12,068	351	750	399	6,345	－3.2%
2009年	11,633	339	601	262	6,209	－2.1%
2010年	11,213	306	551	245	6,076	－2.1%
2011年	10,839	284	467	183	5,943	－2.2%
2012年	10,471	247	443	196	5,789	－2.6%
2013年	10,042	232	480	248	5,604	－3.2%

※平均（2007－08を除く）　－2.2%

出所：総務省『住民基本台帳に基づく人口・世帯数及び人口動態』各年3月末時点。

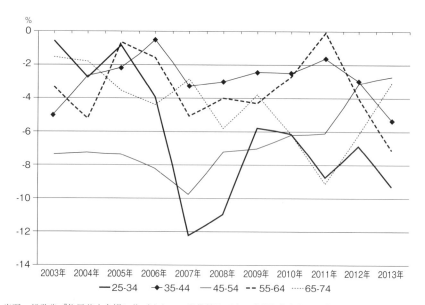

出所：総務省『住民基本台帳に基づく人口・世帯数及び人口動態』各年版より作成。

図11-7　夕張市の年齢10歳階級別人口の変化率（対前年）

次に年齢による人口減少の違いをみてみよう。図11-7は，25歳以上の年齢10歳階級別人口の変化率の推移を示したものである[5]。図から2007年と2008年に急激に人口が減少し，財政破綻の影響が最も顕著に表れているのが，25歳から34歳階級であることがわかる。また，45歳から54歳階級にも同様に破綻の影響がみられる。一方，対照的にほとんど影響を受けていないのが35歳から44歳階級であることもわかる。

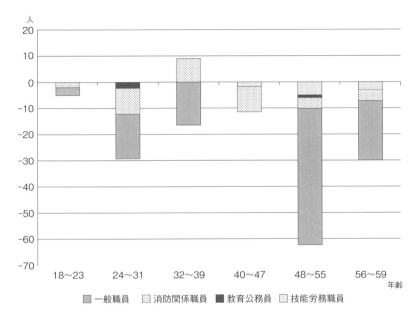

出所：総務省『地方財政状況調査』各年版より作成。

図11-8　職員構成の変化

---

5) ただし，図をみる際には，年齢ごとの人口の違いや自然減の影響を受けることに注意が必要である。また，25歳未満と75歳以上については省略してある。

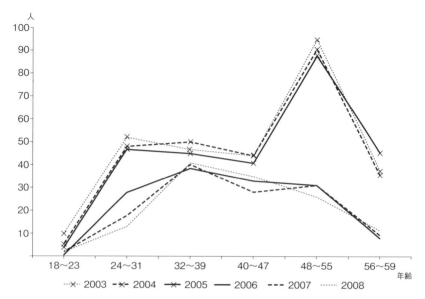

出所:総務省『地方財政状況調査』各年版より作成。

図11-9 職員数の年齢分布(4月1日時点)

　このような人口減少を生じた理由のひとつが,財政再建の過程での市職員の退職に伴う市外への転出である。図11-8は,職員構成の変化をみたものである。技能労務職員,教育公務員,一般職員,消防関係職員の順に退職率が高い。もちろん,これらの退職者が必ずしも市外に退職するとは限らない。しかし,若い世代の退職者は職を求めて市外に退職する可能性が高いものと考えられる。

　そこで,2003年から2008年までの職員の年齢分布をみたものが図11-9である。財政再建団体入りした後,20代と50代以上が多く退職していることがわかる。20代は身軽な独身が多く,50代以上は退職金や給与削減率が高いことが理由と考えられる。これは,図11-7でみた,2007年から2008年にかけての25歳から34歳,45歳から54歳階級の人口減少率の高さ,35歳から44歳階級で人口があまり減っていない事実とも合う。

表11-4 夕張市職員退職者と納税義務者（給与所得者）減少の関係 （単位：人）

年	2005	2006	2007	2008	2009
給与所得者		3,506	3,298	2,982	2,883
（対前年）			－208	－316	－99
うち 200万円超550万円以下		807	721	459	417
（対前年）			－86	－262	－42
職員数	274	270	139	127	128
（対前年）	－11	－4	－131	－12	1

備考：1）給与所得者は，各年1月1日に夕張市に住民票を有し前年所得に関し納税義務のある者。
2）職員数は，各年4月1日時点の人数。
出所：総務省『地方財政状況調査』，総務省『市町村税課税状況等の調』各年版より作成。

　最後に，夕張市職員退職者と納税義務者（給与所得者）の関係をみておこう。**表11-4**は，総務省『地方財政状況調査』，総務省『市町村税課税状況等の調』を用いて夕張市の退職者数と給与所得者数の変化を調べたものである。2007年3月31日に退職すると，職員の減少は2007年4月1日時点で反映され，納税義務者（住民票登録人口）の減少は2008年1月1日時点で反映される。この表をみると，職員の退職者（131人）は，課税標準が200万円超550万円以下で納税義務のある給与所得者の減少数（262人）の5割を占めており，納税義務のある給与所得者全体でみても，その減少数（316人）の4割を占める。2007年と2008年の職員の退職者数は143人となっている。**図11-9**でみたように，夕張市の退職者は20代と50代以上が多くを占めており，**表11-4**における給与所得者の減少の大部分を夕張市職員の退職がもたらした可能性が高いことが示唆される[6]。

---

[6] 夕張市職員の減少と納税義務者の減少の関係についてより詳細な分析は，木村・橋本（2016）を参照されたい。

(2) 固定資産税

ここでは，税収の中でも最も大きな比率を占める固定資産税への影響を，総務省『固定資産の価格等の概要調書』のデータを中心に分析する[7]。

個人や法人など課税客体が移動可能な住民税と違い，固定資産税の課税客体である土地や家屋などは移動できない。特に土地については，除却可能な家屋と違い，自治体が買い取らない限り誰かが保有する形になる。したがって，住民税では人口流出が直接税収に影響したが，固定資産税では人口流出が土地や家屋への需要減少による価格低下を通じて税収に影響することになる。

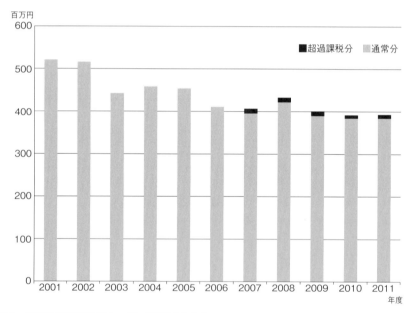

出所：総務省『市町村決算カード』各年版より作成。

図11-10　固定資産税税収の推移

---

7) 『固定資産の価格等の概要調書』の市町村別データの入手については，総務省自治税務局固定資産税課理事官（執筆時）村上浩世氏の協力をいただいた。

図11-10は、2001年度から2011年度までの夕張市の固定資産税税収の推移をみたものである。固定資産税は土地、家屋、償却資産を課税客体とする税で、このうち土地と家屋は3年ごとに評価替えをおこなっている。2003年度、2006年度、2009年度がその評価替えの年にあたるため、階段状の推移を示すことになる。この図からは、2003年度に大きく減少していることがわかる。また、2007年度以降、超過課税が実施されているものの規模は小さく、通常分についても金額的には税収の大幅な減少はみられない。しかし、金額的にはさほど減少していなくても、内訳の増減収が相殺されているかもしれない。また仮に財政破綻の影響がなければ増収であったとしたら、破綻の影響があったことになる。そこで、固定資産税の課税標準額のうち土地、家屋、償却資産の内訳の推移を検証する。

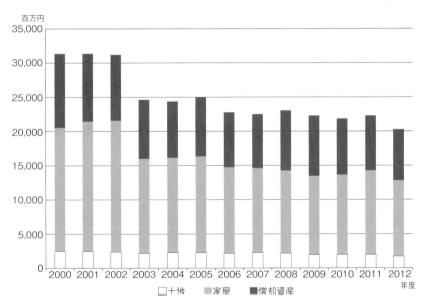

出所:『固定資産の価格等の概要調書』各年版より作成。

図11-11 夕張市における固定資産税の課税標準額の内訳

図11-11からは，夕張市における固定資産税税収は，家屋と償却資産が大きな割合を占めており，土地の割合が非常に低いことがわかる。この図からは，前述した2003年度の固定資産税税収の急減は，家屋分の減少によることがわかる。これは，2002年3月に夕張市が，松下興産が夕張市のリゾート開発から撤退した際に，ホテルを買収したことによるものだと考えられる。財政破綻後の税収の推移としては，2008年度に償却資産の税収が増加していることがわかる[8]。

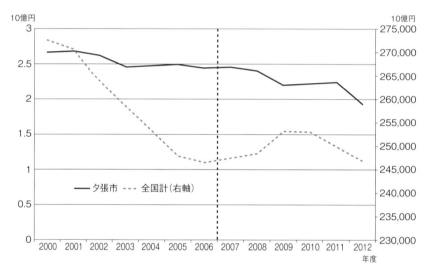

出所：『固定資産の価格等の概要調書』各年版より作成。

図11-12　夕張市と全国計における土地の固定資産税標準額の推移

---

8) 夕張市のヒヤリング調査によると，2008年度には，1999年に夕張に進出した「ほくれい㈱」を2007年に「㈱アクリフーズ」が吸収合併し，新規に設備投資を行っているとのことである。

この図をみる限り，固定資産税収に関しては財政破綻の影響はそれほど大きくないともいえる。ただし，財政破綻の影響が全くないわけではない。**図11-12**は，夕張市と全国計の土地の課税標準額の推移を比較したものである。この図では，2001年度から2006年度にかけては，全国計ではバブル崩壊による地価の大幅な下落に伴い土地の課税標準額の減少がみられるのに対して，夕張市では都市部のようにバブルによる地価高騰が生じなかったために，バブル崩壊による地価下落の影響もほとんど生じなかったことがわかる。一方で，財政破綻後の期間についてみると，2007年度から2009年度にかけては全国計では小泉政権下での景気回復と地価の持直しに伴い課税標準額が上昇しているにもかかわらず，夕張市では地価の下落に伴う課税標準額の減少がみられることがわかった。夕張市は固定資産税収に占める土地の比率が少ないとはいえ，この期間については財政破綻が固定資産税収の減少をもたらしたことになる。

(3) 地方法人課税

夕張市は，財政破綻の表面化以前から法人住民税について制限税率での超過課税（均等割は標準税率の1.2倍，法人税割は14.7％）を実施してきた。**図11-13**は，法人住民税均等割の決算額の推移を描いたものである。2007年度以降，均等割の税収は増加傾向がみられる。法人均等割は，従業員数，資本金に応じて決められているため，その税収は主に企業の参入と退出の影響を受けることになる。

図11-14は，資本金階級別の法人数の推移をみたものである。資本金1,000万円以下の法人は減少傾向がみられる。ただし，2008年度には一旦，増加に転じている。資本金10億円超の大企業については2006年度から2008年度にかけて上昇傾向がみられ，その後はゆるやかに減少している。夕張市では，2009年2月に花畑牧場が進出し，2009年7月に夕張ツムラが設立された。一方，2008年度の一時的な増加は，国関係の公共事業（道東道高速道路，夕張シューパロダム建設に係る下請け業）の影響や郵便事業法人の分割といった破綻と無関係の要因（5件）もあるが，指定管理者制度による新たな地元法人及びＮＰＯ法人の

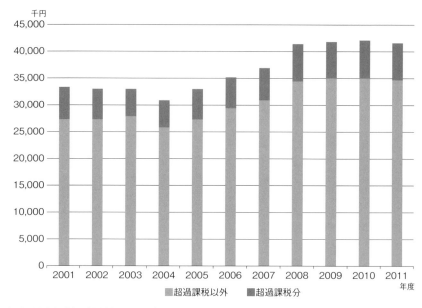

出所:総務省『市町村決算カード』各年版より作成。

図11-13 法人住民税均等割決算額の推移

設立のように財政破綻によって逆に生じたものが最も影響している(8件)[9]。

最後に、法人住民税法人税割の決算額の推移をみたものが図11-15である。この図では、毎年の変動が非常に大きいことがわかる。これは、法人税割が所得課税であるために景気の変動の影響を受けやすいためである。図では2008年度、2009年度の税収落込みが目立つ。これは、2008年9月のリーマン・ショック以降の急激な景気後退を反映したものと考えられる。2010年度、2011年度の税収増加は、花畑牧場、夕張ツムラの新規参入による影響だと考えられる。

夕張市では、財政再建の手段として法人課税に関して追加的な措置をとっていない。しかし、下水道使用料など個人課税と共通する負担増は法人にも及ぶことから、租税公課の面で企業誘致に有利になる要素はない。これに加えて、

---

9) 夕張市へのヒアリングにより確認した。

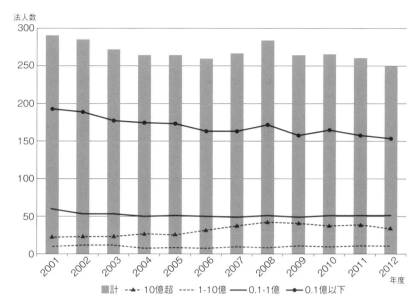

出所：総務省『市町村税課税状況等の調』各年版より作成。

図11-14　資本金階級別の法人数の推移

　市職員の大量退職や歳出削減による地域経済へのマイナスの影響を考えると，財政破綻後に法人数は大きく減少していることが考えられた。しかし，実際には，指定管理者制度の導入など財政再建策の影響で逆に法人数が増えることもありうるということが分かった。また，少ないながらも規模の大きな事業所が必ずしも条件的に有利でない夕張市に進出したことは，法人課税と企業立地に関する一般的理解と大いに異なっている。

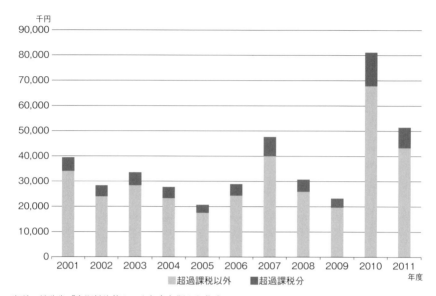

出所:総務省『市町村決算カード』各年版より作成。

図11-15 法人住民税法人税割の推移

第12章　地方財政運営の持続可能性

　この章では，地方自治体財政の持続可能性を検証する[1][2]。国と同様に，地方財政全体における長期債務残高[3]の大きさがよく指摘される[4]。また，2001年度に臨時財政対策債の発行が制度化されて以降，各地方自治体における赤字地方債の発行残高も累増している。そこで本章では，Bohn（1998a）の方法により，地方自治体の財政運営姿勢，すなわち，地方自治体が持続可能な財政運営をおこなっているか否かを検証する。また，既存研究の結果と本章における分析結果を同時に用いることにより，国と地方の財政運営姿勢に関する総体的評価も実施する。なお，以降，"持続可能な財政運営が行われている状況"を「財政運営の持続可能性」が満たされている状況"と表現する。

　本章の具体的な構成は次のとおりである。第1節では，地方財政における長期債務残高ならびに各財政指標の推移を確認し，財政運営の傾向を自治体の行政権能区分毎に考察する。第2節では，本章における分析の狙いを説明する。

---

[1]　本章は，吉田（2016）を加筆修正したものである。

[2]　本章で実施した分析に関して，本章の著者（吉田）は，JSPS科研費，基盤研究（C）・課題番号25380309の助成を受けている。ここに記して感謝の意を表したい。

[3]　地方財政の長期債務残高（普通会計ベース）は，地方債現在高，交付税及び譲与税配布金特別会計借入金残高，企業債現在高から構成される。

[4]　ただし，公的セクターの財政問題を考える際には，公的セクターを内包する日本経済全体の財務状況を確認する必要がある。日本の公的セクターが財政赤字を継続し，高水準の純金融負債を抱えていることは事実である。しかしながら，日本経済全体では過去30年以上に亘り経常収支黒字を継続し，過去20年以上に亘って世界最大の純金融資産を有する状況にある。そのため，この事実を踏まえない考察は非合理的結論に至る可能性が高い。よって，経済全体を視野に入れずに，公的セクターの財政状況のみを取り出した言説には注意されたい。日本経済全体およびセクター別のフロー，ストックの財務状況の時系列推移，国際比較に関しては，吉田（2016）第1節と補論，Yoshida（2015a）第1節を参照されたい。

第3節では，地方自治体の財政運営姿勢を検証する前段として，「公債の中立命題（Ricardian equivalence proposition）」と「経済の動学的効率性（dynamic inefficiency）」の成立の有無を調べる。第4節では分析モデルを，第5節では分析対象・期間と分析に用いるデータを，それぞれ説明する。第6節では，本章の分析結果を説明するとともに，国と地方の財政運営姿勢を総体的に考察する。第7節では，まとめを述べる。

第1節　地方財政の長期債務残高，地方債現在高，各財政指標の推移と財政運営の傾向

この節では，まず，地方財政の長期債務残高，地方債現在高の推移を，続いて，地方自治体に関する各財政指標の推移を確認する。そして，これらの作業を通じて，都道府県，政令指定都市，中核市などの地方自治体の行政権能区分ごとに，その財政運営の傾向を考察する。

(1) 国と地方財政の長期債務残高の推移と地方債現在高の推移[5]

国と地方財政の長期債務残高の推移，目的区分ごとの地方債現在高の推移ならびに地方自治体区分毎の地方債現在高の推移を，表12-1，表12-2，表12-3にそれぞれ示した。表12-1からは，国と異なり，足元では，地方財政全体の長期債務残高の累増が止まっていることがわかる。しかしながら，その残高の対GDP比の値は約40％強となっており，地方財政全体の長期債務残高の水準自体は注視する必要がある。表12-2によると，地方財政の長期債務残高の中で最も大きな存在である，地方債現在高は足元では大きく増加していないことがわかる。しかしながら，その内訳をみると，赤字地方債の水準と比率が大きくなってきていることが分かる。特に，2013年度には，2001年度から導入された赤字地方債の一種である臨時財政対策債の比率が最大となっている点には注意が必要である[6]。表12-3からは，第一に，都道府県の赤字地方債比率が市町

---
[5] ここで扱う地方財政，地方債現在高の数値は普通会計ベースの数値である。
[6] 臨時財政対策債の詳細は，本書の第4章を参照されたい。

村レベルの自治体に比べて相対的に高いこと，第二に，市町村レベルの自治体中では，政令指定都市の赤字地方債比率（赤字地方債現在高の対合計現在高比率）が相対的に低いことが分かる。

表12-1　日本の国・地方財政における長期債務残高の推移　　　　　（兆円）

	年　度	1998	2003	2008	2009	2010	2011	2012	2013	2014
国		390	493	573	621	662	694	731	770	809
	普通国債	295	457	546	594	636	670	705	744	778
	対GDP比	58%	91%	112%	125%	133%	141%	149%	154%	158%
地方		163	198	197	199	200	200	201	201	201
	対GDP比	32%	40%	40%	42%	42%	42%	42%	42%	42%
国・地方合計		553	692	770	820	862	895	932	972	1,009
	対GDP比	108%	138%	157%	173%	179%	189%	196%	201%	205%

注：2014年度数値は見込み。
出所：財務省 http://www.zaisei.mof.go.jp/num/debt/tid/3/（閲覧日2016年4月1日）より作成。

表12-2　地方債現在高の推移1（目的区分毎）　　　（単位：10億円）

目的別区分＼年度	2003	比率	2008	比率	2013	比率
一般公共事業等債	12,211	0.088	11,374	0.083	11,999	0.082
公営住宅建設事業債	5,000	0.036	4,166	0.030	3,310	0.023
教育・福祉施設等整備事業債	11,038	0.079	8,123	0.059	6,865	0.047
一般単独事業債	51,963	0.374	46,425	0.338	39,960	0.274
その他	15,478	0.111	14,385	0.105	14,480	0.099
赤字債	43,257	0.311	52,892	0.385	69,303	0.475
財源対策債	18,725	0.135	18,683	0.136	15,080	0.103
減収補塡債	4,613	0.033	4,023	0.029	3,304	0.023
減税補塡債	6,772	0.049	6,108	0.044	3,566	0.024
臨時財政対策債	9,101	0.065	21,574	0.157	44,965	0.308
その他赤字債	4,048	0.029	2,503	0.018	2,389	0.016
合　　計	138,948	1.000	137,366	1.000	145,917	1.000

注1：企業債現在高は含まない。
　2：2013年度の「教育・福祉施設等整備事業債」の値は，義務教育施設整備事業債，一般廃棄物処理事業債，厚生福祉施設整備事業債，社会福祉施設整備事業債の合計値。
　3：当該表における赤字地方債は次のとおり。減収補てん債，財政対策債，財源対策債，臨時財政特例債，公共事業等臨時特例債，減税補てん債，臨時税収補てん債，臨時財政対策債。
出所：総務省『地方財政統計年報』各年版より作成。

表12-3　地方債現在高の推移2（地方自治体区分毎）　（単位　10億円）

区分	年度	総額	都道府県	市総額	政令指定都市	中核市	特例市	都市	町村	一部事務組合	特別区
合計	2013	145,917	89,730	56,187	18,224	6,487	3,356	20,721	5,901	920	578
	2008	137,366	80,222	57,143	17,034	6,379	3,848	20,774	6,730	1,559	819
	2003	138,948	77,389	61,558	16,357	6,157	3,583	17,165	14,188	2,794	1,314
赤字地方債	2013	69,303	46,054	23,249	6,921	2,795	1,577	9,024	2,672	127	133
	2008	52,892	34,051	18,841	4,947	2,181	1,438	7,357	2,447	212	259
	2003	43,257	28,491	14,766	3,477	1,558	1,033	4,614	3,354	297	433
赤字地方債比率	2013	0.475	0.513	0.414	0.380	0.431	0.470	0.436	0.453	0.138	0.230
	2008	0.385	0.424	0.330	0.290	0.342	0.374	0.354	0.364	0.136	0.316
	2003	0.311	0.368	0.240	0.213	0.253	0.288	0.269	0.236	0.106	0.329

注1：企業債現在高は含まない。
　2：当該表における赤字地方債は次のとおり。減収補てん債，財政対策債，財源対策債，臨時財政特例債，公共事業等臨時特例債，減税補てん債，臨時税収補てん債，臨時財政対策債。
出所：総務省『地方財政統計年報』各年版より作成。

(2) 地方自治体区分毎の各財政指標の推移

表12-4 地方自治体区分毎の各財政指標の推移

(%)

区　分	指標名＼年度	1970年代前半の水準	2003	2008	2013
都道府県	経常収支比率	70.2	90.8	93.9	93.0
	実質収支比率	0.6	0.6	0.9	1.6
	実質公債費比率	…	…	12.8	13.5
	公債費負担比率	4.2	19.8	19.3	19.9
	財政力指数	0.52	0.41	0.52	0.46
市町村	経常収支比率	73.1	87.4	91.8	90.2
	実質収支比率	4.2	3.5	3.0	4.7
	実質公債費比率	…	…	11.8	8.6
	公債費負担比率	6.6	17.5	17.6	15.7
	財政力指数	0.33	0.43	0.56	0.49
政令指定都市	経常収支比率	71.0	93.1	95.6	95.4
	実質収支比率	0.1	0.5	0.6	1.8
	実質公債費比率	…	…	13.8	11.2
	公債費負担比率	7.2	21.4	20.3	20.0
	財政力指数	0.78	0.81	0.87	0.85
中核市	経常収支比率	−	82.9	90.7	89.9
	実質収支比率	−	3.4	2.9	3.9
	実質公債費比率	−	…	10.0	8.1
	公債費負担比率	−	16.7	17.6	16.1
	財政力指数	−	0.81	0.84	0.76
特例市	経常収支比率	−	87.5	91.1	90.4
	実質収支比率	−	2.7	2.9	5.0
	実質公債費比率	−	…	10.5	7.7
	公債費負担比率	−	15.7	15.8	14.7
	財政力指数	−	0.85	0.92	0.81
都市	経常収支比率	74.9	87.5	91.5	89.2
	実質収支比率	4.1	3.8	3.5	5.7
	実質公債費比率	…	…	12.6	9.0
	公債費負担比率	6.8	15.5	17.0	15.0
	財政力指数	0.57	0.65	0.68	0.60
町村	経常収支比率	71.1	85.3	88.2	84.7
	実質収支比率	6.6	5.5	4.8	6.6
	実質公債費比率	…	…	14.4	9.9
	公債費負担比率	6.4	17.3	18.1	14.2
	財政力指数	0.27	0.36	0.45	0.38
合　計	経常収支比率	71.4	89.0	92.8	91.6
	実質収支比率	2.2	2.1	1.9	3.1
	実質公債費比率	…	…	12.3	10.9
	公債費負担比率	5.3	19.4	19.2	18.5

注：1）市町村および合計の経常収支比率，実質収支比率および財政力指数には特別区および一部事務組合等は含まず，公債費負担比率にはこれらを含み，実質公債費比率には一部事務組合等を含まない；2）経常収支比率，実質収支比率，実質公債費比率および公債費負担比率は加重平均であり，財政力指数は単純平均である；3）2007年度以降の実質公債費比率は「地方公共団体の財政の健全化に関する法律」に基づき算定したものである。なお，2007年度から算定方法の一部が変更されている。
出所：総務省『地方財政白書（2015年版）』より作成。

表12-4は，地方自治体区分毎の財政指標の推移を示したものである。表からは以下の事実を確認できる。
① 財政力指数に関して，都道府県は相対的にその値が低く，一方，政令指定都市，中核市，特例市[7]，都市のそれは高い。
② 経常収支比率に関して，都道府県と政令指定都市は相対的にその値が高く，一方，それら以外の自治体区分のそれは低い。
③ 実質収支比率に関して，都道府県と政令指定都市は相対的にその値が低く，一方，それら以外の自治体区分のそれは高い。
④ 実質公債費比率と公債費負担比率に関して，都道府県と政令指定都市は相対的にその値が高く，一方，中核市，特例市のそれは低い。

(3) 地方自治体区分毎の財政運営状況

地方債現在高や既存財政指標の推移を踏まえると，地方自治体区分毎に財政運営状況（の平均的傾向）を，以下のように評価することができる。
① 都道府県は，赤字地方債比率は相対的に高く，財政力指数は低い。また，経常収支比率や実質公債費比率などが高い。これらの事実より都道府県は，財政的余力がなく，経常的な事務を実施するだけで精一杯な状況にある様子がうかがえる。
② 政令指定都市は，赤字地方債比率は相対的に低いが，財政力指数は高い。また，経常収支比率や実質公債費比率などが高い。これらの事実より政令指定都市は，自主財源は相対的に大きいものの，最終的な財政的余力が小さく，都道府県と同様に，経常的な事務を実施するだけで精一杯な状況にある様子がうかがえる。
③ 中核市や特例市は，財政力指数が相対的に高い。一方，経常収支比率や実質公債費比率などは相対的に低い。これらの事実より中核市や特例市は，短

---

7) 現在は「施行時特例市（2015年度以降）」に移行しているが，本章では「特例市」と呼称する。

期的には財政的余力があるようにみえる。しかし，政令指定都市に比べて，赤字地方債比率が高く，中長期的視野でみた場合には，財政運営上のリスクを抱えている様子がうかがえる。
④　都市や町村に関しては，概ね都道府県・政令指定都市と中核市・特例市の中間的特徴を有する。

第2節　分析の狙い[8]

　公的セクター（政府）財政の持続可能性を分析する場合には，大きく分けて2つのアプローチが存在する。一つは，将来の社会経済環境の変化も考慮したうえで，シミュレーション手法により今後の日本経済と公的セクター（政府）財政の姿を定量的に測るアプローチである[9]。もう一つは，過去のデータを用いて，公的セクター（政府）がこれまで持続可能な財政運営を行ってきたかどうか，すなわち，政府の財政運営姿勢をチェックするアプローチである。後者のアプローチの中で有力な分析方法がBohn（1998a）の方法である。

　近年，Bohn（1998a）の方法によるわが国を対象とした研究が進められている。しかしながら，著者の知る限り，日本の公的セクター中，地方自治体を対象とした研究は藤野（2006），赤松・平賀（2011），持田（2015）による都道府県レベルの研究にとどまっている。そこで，本章は，既存研究では未だ解明されていない団体における財政運営姿勢を検証するために，Bohn（1998a）の方法を用いて，「政令指定都市」と「中核市」を対象とした財政運営の持続可能性（財政運営姿勢）を検証する。

　なお，本章の分析において，政令指定都市と中核市を分析することにより，以下の効果が期待できる。
①　前節で確認した内容を踏まえると，政令指定都市と中核市の間には財政状況（財政運営姿勢）上の差異が存在する可能性がある。よって，この両者（政

8）　本節の詳細については，吉田（2016）の第1，2節を参照されたい。
9）　このアプローチの実例としては，Broda and Weinstein（2005），Ihori et al.（2006），木村・橋本（2010），Yoshida（2015b）等を参照されたい。

令指定都市と中核市）を分析することにより，「赤字地方債比率と公債費の関係性」や「地方自治体の行政権能の違いに基づく財政運営姿勢における差異の存否」などを考察することができる。
② 本章の分析結果と既存研究の結果を比較することにより，国家財政と地方財政の運営姿勢（持続可能な財政運営の存否）を総体的に考察することができる（第6節参照）。

第3節　公債の中立命題と経済の動学的非効率性[10]

地方団体の財政運営の持続可能性（財政運営姿勢）を検証する前段階として，地方自治体の財政とその自治体が存する地域経済において，①「公債の中立命題」が成立しているかどうか，②経済の「動学的非効率性」が成立しているかどうかを検証しなければならない。なぜなら，これらが成立している場合，財政運営の持続可能性が成立することは自明であるからである（ただし，後者に関しては追加条件が必要である。）。そのため，本節において，土居・中里（2004），藤井（2010），持田（2015）の主張を参照しながら[11]，次節以降の分析の前提となる上記の2つの検証課題についての想定を説明する。

(1) 公債の中立命題成立の有無について

公債の中立命題[12]とは，「政府が財源調達手段として，課税を用いても公債によるファイナンスを行っても，マクロ経済全体に与える影響は通時的には変わらない」という命題である。当該命題を成立させる前提の下では，「民間の経済主体は自らの負担を通時的に理解し，公債償還のための将来負担を織り込

---

10) 本節の詳細については，吉田（2016）の第3節を参照されたい。なお，本節の内容を難しいと感じる場合，本節を飛ばして第4節に進んでも構わない。その場合には，時間のあるときに，脚注の説明を指針としながら本節の内容に再度トライしてもらいたい。
11) 土居・中里（2004）p.61〜p.71，藤井（2010）p.102，持田（2015）p.147〜p.148を参照されたい。
12) いわゆる，「リカード＝バローの中立命題（等価定理）」である。

んで通時的に合理的な意思決定を行う（公債償還に必要な貯蓄を成す）」。そのため，当該命題が成立している場合，政府財政が持続不可能となることはない。ただし，公債の中立命題が成立するためには，以下に示す前提条件が必要となる[13]。

① 各世代は利他的動機に基づく遺産によって繋がっている。
② 家計は流動性制約（liquidity constraints）に直面しておらず，資本市場は完全である。
③ 政府は歪みのない（中立的な）税制度を採用している。
④ 不確実性は存在しない。
⑤ 経済主体は合理的で無限視野をもつ。

現行の日本の国・地方財政制度を考えた場合，上記前提条件が全て成立すると想定することは非常に難しい。また，1970-90年代の国債を対象として，当該命題の成立を実証的に検証したIhori, Doi and Kondo（2001）は当該命題が完全には成立しないことを報告している。さらに，1988-92年度の都道府県データを用いて，地方債に関する当該命題の成立を実証的に検証した赤井（1996）は1991-92年度に地域住民が地方債の将来負担を考慮しないようになったことを報告している。これら前提条件の内容，現行の国・地方財政制度ならびに既存実証分析の結果を総合的に勘案し，本章では，分析対象である政令指定都市，中核市においても公債の中立命題は成立していないとの立場を採る。

(2) 経済の動学的非効率性成立の有無について

不確実性のない経済においては「実質利子率が人口成長率を下回るとき，当

---

13) これら前提条件の内容については，標準的な財政学や公共経済学のテキストを参照されたい。例えば，畑野他（2015）p.330〜p.335など。
14) 資本が（効率的な水準を超え）過剰に蓄積されている状態のこと。この状態にある経済では，資本蓄積を減少させることにより，今期以降の各個人の消費を増加させ，効用を増加させることができる。なお，動学的非効率性の詳細については，中級以上のマクロ経済学のテキストを参照されたい。例えば，二神（2012）p.64〜p.68など。

該経済は動学的非効率な状態」にある[14]。この状況下においては，1人当たり公債残高を一定に保つ限り，基礎的財政収支（プライマリー・バランス，primary balance）[15]の赤字を続けることが可能である。一方，実質利子率が人口成長率を上回る動学的効率（dynamic efficiency）な状態にあるとき，基礎的財政収支赤字を続けることは不可能である[16]。そして，加藤（2008）は，近年では，1988-1990年のバブル経済の一時期を除き，日本経済が動学的に効率な状態にあることを報告している[17]。よって本章では，こうした関連研究の結果にもとづき，本章の分析対象期間中の日本ならびに各地域経済においては動学的効率性が満たされていたもの，すなわち，動学的非効率性は成立していなかったものと想定する。

以上の考察，判断にもとづき，本章において，日本の地方自治体，具体的には，政令指定都市と中核市を対象として，Bohn（1998a）の方法により財政運営に関する持続可能性分析を実施する（財政運営姿勢を検証する）ことは妥当であると考えられる。

第4節　分析モデル[18]

本節では，まず，本章の分析に用いるモデルの基本的枠組みを，次いで，当該モデルの具体的内容を説明する。

---

15) 「基礎的財政収支＝税収・税外収入－国債費（債務償還費や利払い費に充てられる費用，地方の場合，公債費）を除く歳出」で表される。この収支が負値のとき，基礎的財政収支は赤字，正値のとき黒字となる。つまり，基礎的財政収支赤字のケースでは，国債（地方の場合，地方債）による歳入の一部が政策的経費の原資として利用される。一方，黒字のケースでは，税収・税外収入により，利払い費や債務償還費（もしくはこれら費用の一部）を賄うことができる。

16) 麻生（2013）p.74～p.76を参照されたい。

17) また，将来の経済状態について不確実性がある経済に関しては，Abel et al.（1989）が「全ての時点・状態で，総資本所得が総投資額を上回ることが動学的効率性の十分条件である」ことを示している。さらに彼らは，アメリカや日本などの先進諸国を対象として，不確実性を有する経済下における動学的効率性をデータにより確認した。その結果，1960-84年において，日本経済は動学的効率性を満たしていたことが報告されている。

(1) モデルの基本的枠組み

まず，本章で用いるモデルの基本的枠組みについて説明する。本研究ではBohn（1998a）のモデルを踏襲し，非線形項を挿入した回帰モデルを用いることとする[19]。そして，本章における分析の貢献は以下の通りまとめることができる。

① 分析対象（第2節参照）

日本のデータを用いてBohn（1998a）モデルによる分析を実施した先行研究の多くは，国もしくは国と地方を統合した政府を対象としている。一方，地方自治体を対象とした分析は，藤野（2006），赤松・平賀（2011），持田（2015）に限られる。しかし，これらの分析では，分析対象が全て都道府県となっている。つまり，既存研究では，市以下の地方自治体を分析対象とした研究が存在しない。そこで，市レベルの自治体の財政運営姿勢を検証するため，また，行政権能による財政運営の差異が存在するのかどうかを検証するため，本研究では「政令指定都市」と「中核市」を分析対象とした。

② 分析手法

藤野（2006），赤松・平賀（2011），持田（2015）と同様に，本研究ではパネルデータによる分析を実施する[20]。

③ 地方財政健全化法の影響

北海道夕張市の財政破綻（準用財政再建団体化）以降，地方自治体におけ

---

18) 本節の詳細については，吉田（2016）の第4節を参照されたい。特に，Bohn（1998a）モデルの理論的背景については，吉田（2016）の第4節ならびにBohn（1998b）を参照されたい。

19) なお，日本政府や日本の地方自治体の財政運営の持続可能性をBohn（1998a）の方法により分析した先行研究である，Ihori et al.（2001），土居・中里（2004），藤野（2006），藤井（2010），赤松・平賀（2011），持田（2015）等でも，本章の分析と同趣旨の対応がなされている。

20) 赤松・平賀（2011），持田（2015）では，本章の分析と同様に，誤差項における1階の系列相関を処理した分析がなされている。なお，「パネルデータ分析の基礎」を本章末の補論にまとめたので，適宜参照されたい。

る財政運営の健全性に関する国民の関心が高まった。こうした流れの中で「地方財政健全化法」が制定され，地方自治体の財政運営の評価方法が見直されることとなった。当該法律は2008年度から施行されており，本章ではこの制度改革が地方自治体の行動に変化をもたらしたかどうか（構造変化の有無）を検証する。なお，当該分析と同様の試みは持田（2015）でもなされている。しかし，持田（2015）に準拠した回帰モデルを設定した場合には多重共線性（multicollinearity）[21]の発生が危惧される[22]。そのため，本章では当該問題の発生を回避するようにモデルを設定する，つまり，冗長となる可能性が高い説明変数の使用は控える方針で分析を進める（第6節参照）。

(2) 本章の分析モデル

続いて，本章の分析モデルを以下に示す。

$$s_{i,t} = \alpha_0 + \beta_1 d_{i,t} + \beta_2(d_{i,t} - \overline{d})^2 + \alpha_G GVAR_{i,t} + \alpha_Y YVAR_{i,t}$$
$$+ \gamma_1 D_t d_{i,t} + \gamma_2 D_t (d_{i,t} - \overline{d})^2 + \mu_i + \varepsilon_{i,t}$$

(12-1)

$$GVAR_{i,t} \equiv (G_{i,t} - G^*_{i,t})/GRP_{i,t}$$

$$YVAR_{i,t} \equiv (1 - GRP_{i,t}/GRP^*_{i,t})(G^*_{i,t}/GRP_{i,t})$$

---

21) 多重共線性とは，説明変数間の相関が強いために，本来有意であるはずの説明変数が有意とならない状態のこと。この詳細や多重共線性が発生した場合の対処方法などについては，標準的な計量経済学のテキストを参照されたい。例えば，浅野・中村（2009）p.113～p.124など。

22) 持田（2015）では，説明変数として，経常収支比率，公債費負担比率，実質収支比率，ならびにそれらの変数と地方健全化法の施行前後を識別するダミー変数との交差項も説明変数として用いられている。しかし，本章の分析対象である政令指定都市に関して，2011-2013年度のデータを用いて経常収支比率，公債費負担比率，実質収支比率間の相関係数を計測したところ次のとおりであった。（経常収支比率，公債費負担比率）= 0.251，（経常収支比率，実質収支比率）= -0.602，（公債費負担比率，実質収支比率）= -0.349。

$$D_t = \begin{cases} 0, & t < 2007 \\ 1, & t \geq 2008 \end{cases}$$

ここで $s_{i,t}$ は基礎的財政収支対（当該地方自治体が存する地域の）域内総生産（GRP, gross regional product）[23]比を，$d_{i,t}$ は前年度末地方自治体債務残高対 GRP 比を，$\bar{d}$ は $d_{i,t}$ の推定期間中の平均値をそれぞれ表す．続いて，$GVAR_{i,t}$ は当該年度の地方自治体の歳出水準を，$YVAR_{i,t}$ は景気循環の状況をそれぞれ表す．なお，当該 2 変数により，$s_{i,t}$ における循環的挙動をコントロールしている．そして，当該 2 変数の定義式中における，$G_{i,t}$ は歳出項目の公債費と積立金を控除した地方自治体の歳出（以下「利払い費控除歳出」という）を，$G_{i,t}^*$ は $G_{i,t}$ の基調的部分を，$GRP_{i,t}$ は当該地方自治体が存する地域の GRP[24] を，$GRP_{i,t}^*$ は $GRP_{i,t}$ の基調的部分をそれぞれ表す．なお，当該モデルにおける，$GVAR$ と $YVAR$ の定義は Bohn（1998a）が引用した Barro（1986）の定義に従った[25]．また，D_t は地方財政健全化法の施行前後を識別するダミー変数[26]（以下「健全化ダミー変数」という）である．そして，$D_t d_{i,t}$ は健全化ダミー変数と政府債務残高の交差項，$D_t (d_{i,t} - \bar{d})^2$ は健全化ダミー変数と政府債務残高の 2 乗項との交差項である．つまり，これら交差項の有意性の可否で構造変化の有無が測られることになる．そして，μ_i は各地方自治体特有の効果を，$\varepsilon_{i,t}$ は誤差項[27]をそれぞれ表す．また，下添え文字 i は政令指定

---

23) 一国経済を対象とした GDP の一地域版が GRP である．GRP の具体例としては，県内総生産などがある．
24) つまり，アメリカ連邦政府を分析対象とした Bohn（1998a）における GDP（Y，集計総所得）に該当する．
25) $YVAR$ に関しては，本章の分析とは異なる定義を採用している先行研究もある．なお，本章の分析と同じ定義を採用している先行研究に藤野（2006），藤井（2010）がある．
26) 分析に用いたい変数が，連続的な値をとる量的変数（量的データ）ではなく，離散的な値をとる質的変数（質的データ）である場合がある．後者の場合に，当該変数の質的な差を数量化するために，ダミー変数が用いられる．例えば，対象の変数が性別である場合，男性 = 0，女性 = 1 というようにダミー変数を設定することができる．

都市または中核市を，t は年度をそれぞれ表す。ただし，年度の表記について，D_t は期首（前年度末）で，それ以外の変数は期末を表している点に留意されたい。

次に，2乗項の取扱いについて説明する。本章の分析では，Bohn（1998a）における「制限付き非線形項挿入モデル」による分析ならびに持田（2015）と同様に，2乗項を加える際には $max\,(0,\,d_t-\overline{d})$ という制約をかける[28]。その理由は以下のとおりである。

① 回帰モデルに2乗項を加える目的は「政府債務残高（対 GRP 比）がある閾値を超えた場合に政府の財政再建姿勢が加速されるかどうか」を検証する点にあると考えられるため。

② 「地方自治体債務残高（対 GRP 比）」と「回帰モデル中の循環的部分を除去した基礎的財政収支（対 GRP 比）」の関係を，（前者を水平軸に後者を垂直軸に取ることにより）2次元のグラフで表現した場合に，その形状が下に凸になることを想定するケースが考えられる。しかしながら，2乗項を単純に導入することによりそれを表現しようとすると，その分析は上記グラフがその極小点を通る垂直線を対象軸とした「線対称」になっていると想定した分析になってしまう。しかし，当該想定は必ずしも事実と整合的であるとは考えられないため[29]。

最後に，上記回帰モデルの利用に際して，分析者が注意すべき点について説明する。それは，(12-1) 式中，非線形性を表現している2乗項の存在が「多重共線性」を引き起こす可能性がある点である。この点は Bohn（1998a）自

---

[27] ただし，当該誤差項は各地方自治体特有の効果 μ_i と当該誤差項から構成される元の誤差項から前者を控除した残差。

[28] 持田（2015）以外のほとんどの先行研究は $max\,(0,\,d_t-\overline{d})$ という制約をかけずに2乗項を導入している。

[29] 2乗項を加える際に $max\,(0,\,d_t-\overline{d})$ という制約をかけないモデルはここで説明した線対称を仮定したモデルとなっている。実際，地方財政全体ならびに都道府県を分析対象とした持田（2015）で描かれている当該グラフをみると，必ず線対称のグラフが描かれるとはいい難い。なお，持田（2014）のグラフからはこの線対称性はさらに支持できない。

体で指摘されている[30]。しかしながら，著者の知る限り，日本のデータを用いて Bohn（1998a）モデルによる分析を実施した先行研究のうち，この問題を十分に考慮している分析は存在しない。そこで本章の分析では，回帰分析の実施に際して，前述した健全化ダミー変数による交差項と併せて2乗項の冗長性の検証も実施し，より真実に近いモデルの構築を図る（第6節参照）。

第5節　分析対象・期間とデータ

本節では，まず，本章の分析における分析対象と期間を，次いで分析に用いるデータについて説明する。

(1) 分析対象・期間

本章の分析ではパネルデータ分析を実施する[31]。そのため，横断面（cross-section），時系列（time-series），ならびにサンプル数という3要素間のバランスを考え，分析対象を表12-5のとおりに決定した。なお，政令指定都市，中核市とも，分析対象会計は決算統計上の普通会計である。

政令指定都市に関しては，1980年度以前から政令指定都市であった都市を分析対象とした。ただし，神戸市は1995年1月に発生した阪神・淡路大震災の影響を強く受けたデータの動きとなっていたため，今回の分析対象から外している。そして，政令指定都市に関する分析期間は1980-2012年度である。

中核市に関しては，1998年度以前から中核市であった都市を分析対象とした。ただし，1998年度以降に政令指定都市に移行した都市は除いている。そして，中核市に関する分析期間は1997-2012年度である。また，中核市に関する今回の分析には1996年度以降のデータが必要となるが，1996年度時点では未だ中核市に移行していなかった都市[32]の財政データは中核市となる以前の当該都市のデータを用いている。

---

30) Bohn（1998a）p.958参照。なお，Bohn（1998a）では「過剰適合（overfitting）」問題も指摘している。
31) 本章の分析ではバランスド・パネルデータ（balanced panel data）を用いる。

表12-5 分析対象都市:政令指定都市と中核市

政令指定都市				中核市					
1	札幌市	6	大阪市	1	秋田市	6	岐阜市	11	高知市
2	横浜市	7	広島市	2	郡山市	7	豊田市	12	長崎市
3	川崎市	8	北九州市	3	宇都宮市	8	姫路市	13	大分市
4	名古屋市	9	福岡市	4	富山市	9	和歌山市	14	宮崎市
5	京都市			5	金沢市	10	福山市	15	鹿児島市

(2) データ

続いて,本章の分析で用いたデータについて説明する。まず,GRPデータについて説明する。都道府県を分析対象とした先行研究である藤野(2006),赤松・平賀(2011),持田(2015)では,GRPデータとして県内総生産のデータを用いている。県内総生産のデータは『県民経済計算』(内閣府)より得ることができるが,パネルデータ分析に必要なだけの,都道府県未満のGRPデータを揃えることは難しい[33]。そこで,本章の分析では市レベルにおけるGRPの代理変数として「課税対象所得[34]」を用いた。当該所得は各年度の個人の市町村民税の所得割の課税対象となった前年の所得金額であり,当該所得の変動はGRPの変動と概ね連動するものと考えられる。実際,2001-2012年度の政令指定都市GRPと2000-2011年度の課税対象所得の相関係数を測ると,0.679という高い正の相関を示した[35]。なお,課税対象所得データは前述のとおり前年の所得金額を表すため,当該データを用いる際には,1カ年度過去にスライドさせて用いた点に留意されたい[36]。

---

32) 具体的には以下の都市が該当する。① 1997年度に中核市へ移行した都市:秋田市,郡山市,和歌山市,長崎市,大分市。② 1998年度に中核市へ移行した都市:豊田市,福山市,高知市,宮崎市。
33) 一部の地域(地方自治体)では足元の(最近の)GRPデータは公表されている。
34) ただし,分離課税の対象となる退職所得を除く。雑損控除等地方税法第314条の2の各所得控除を行う前の所得である。
35) さらに,特に人口規模が大きい横浜市と大阪市を除いた場合,当該値は0.900まで上昇する。

表12-6 データ出所

	カテゴリー	出所
1	歳出総額、公債費、積立金、地方債、繰入金	(1) 『地方財政統計年報』（総務省） (2) 『市町村別決算状況調』（総務省） ※ (1)では足りないデータを補う。
2	地方債残高、基金残高	(1) 『市町村別決算状況調』（総務省）
3	（政令指定都市の）経常収支比率、公債費負担比率、実質収支比率	(1) 『市町村別決算状況調』（総務省）
4	（政令指定都市の）GRP	(1) 各政令指定都市HP。 ※ 内閣府HPに各政令指定都市へのリンクを掲示しているサイト（以下のURL）あり。 http://www.esri.cao.go.jp/jp/sna/sonota/kenmin/todouhukensi/todouhukensi.html （閲覧日2016年4月1日）
5	課税対象所得	(1) 『市町村税課税状況等の調』（総務省） ※ 内閣府HP内の以下のURLからデータを入手。 http://www5.cao.go.jp/keizai-shimon/kaigi/special/future/keizai-jinkou_data/file09.xls （閲覧日2015年11月10日）
6	GDPデフレーター	(1) 『国民経済計算』（内閣府）

　次に，基礎的財政収支には，持田（2015）に倣い，歳出項目の「公債費」と「積立金」の合計から歳入項目の「地方債」と「繰入金」を差し引いた金額を採用した[37]。地方自治体債務残高には，「地方債残高」から「基金残高」を差し引いた金額を用いた。次に，利払い費控除歳出は各地方自治体の歳出総額か

---

36) 例えば，2001年度の課税対象所得データは2000年度のGRPの代理変数データとして扱われる。

37) 都道府県を分析対象とした藤野（2006）と赤松・平賀（2011）では，国からの財政移転である補助金や地方交付税の効果を除いた分析もなされている。しかし，本研究では，現行の財政システムを前提としたうえで，地方自治体の財政運営姿勢を評価することを目的としている。そのため，本研究では，基礎的財政収支の概念は持田（2015）に倣うこととした。

ら歳出項目の「公債費」と「積立金」を控除することで用意した。また，利払い費控除歳出の基調的部分とGRP（本研究では課税対象所得）の基調的部分は，Hodrick-Prescott Filter（HPフィルター）[38]を用いて，それぞれ，利払い費控除歳出と課税対象所得のデータから抽出した。なお，本研究で用いた金額データは全てGDPデフレーター（2005年暦年=100）を用いて実質化されている。

最後に，本章の分析で用いたデータの出所を表12-6に，推定に用いたデータの記述統計量を表12-7に示す。なお，表12-6には第4節と本節の説明に用いたデータの出所も併せて示している。

表12-7　記述統計量（Descriptive Statistics）

政令指定都市	単位	平均	標準偏差	最大値	最小値	サンプル数	年度
公債費	100万円	88,909	54,689	248,023	9,777	297	1980-2012
積立金	100万円	11,726	15,562	118,361	336	297	1980-2012
地方債	100万円	92,340	66,034	442,289	12,373	297	1980-2012
繰入金	100万円	20,259	33,391	225,975	0	297	1980-2012
歳出総額	100万円	780,215	424,883	2,140,996	175,621	297	1980-2012
課税対象所得(1)	100万円	2,642,695	1,573,712	7,531,030	662,570	297	1980-2012
地方債残高	100万円	931,269	672,372	2,900,365	76,597	297	1979-2011
基金残高	100万円	68,001	77,590	784,813	3,772	297	1979-2011
課税対象所得(2)	100万円	2,596,016	1,579,236	7,531,030	575,024	297	1979-2011

中核市	単位	平均	標準偏差	最大値	最小値	サンプル数	年度
公債費	100万円	18,566	5,349	31,555	8,392	240	1997-2012
積立金	100万円	2,599	2,420	14,902	8	240	1997-2012
地方債	100万円	15,994	7,772	61,110	2,484	240	1997-2012
繰入金	100万円	2,814	3,021	30,730	26	240	1997-2012
歳出総額	100万円	151,781	32,187	242,781	93,470	240	1997-2012
課税対象所得(1)	100万円	594,049	134,437	876,506	344,905	240	1997-2012
地方債残高	100万円	171,966	52,293	313,794	78,562	240	1996-2011
基金残高	100万円	23,858	11,853	70,535	3,185	240	1996-2011
課税対象所得(2)	100万円	604,969	135,320	876,506	344,905	240	1996-2011

注：課税対象所得(1)，(2)はデータの年度の違いによる。

---

[38] 当該フィルターの詳細についてはHodrick and Prescott（1997）を参照されたい。また，肥後・中田（1998）は経済変数から基調的部分（長い周期を持つ基調的変動成分）を抽出する時系列的手法のパフォーマンスを包括的に分析している。適宜参照されたい。

第6節　分析結果と国と地方の財政運営姿勢に関する総体的考察

本節では，まず，本章の分析モデルの推定方法と推定結果について説明する。その後，既存研究の結果と本章の分析結果から，日本の国家財政と地方財政の運営姿勢（財政運営の持続可能性が満たされているか否か）を総体的に考察する。

(1) 推定方法

(12-1)式のモデルをパネル最小二乗法で推定すると，誤差項に一階の系列相関がみられた。そのため，これを除去するため，誤差項に以下の関係が成立するとみなした。

$$\varepsilon_{i,t} = \rho_i \varepsilon_{i,t-1} + \nu_{i,t}$$

(12-2)

$$E(\nu_{i,t}) = 0,\ E(\nu_{i,t}^2) = \sigma_{vi}^2,\ E(\nu_{i,t}\nu_{i,s}) = 0 \text{ for } t \neq s$$

そして，上記の誤差項の設定に対応するよう，(12-1)式および(12-2)式で表されるモデルをパネル非線形最小二乗法で推定した。さらに，各説明変数の有意性の検定に際しては，地方自治体間（cross-section）での不均一分散ならびに（同時）相関に関しても堅牢なWhiteの標準誤差に基づく係数共分散行列を使用した。

(2) 推定結果

本章の分析における推定結果を**表12-8**と**表12-9**に示した。なお，各回帰モデルにおいて，「各地方自治体の特有効果は同じ」という帰無仮説をF検定で検証したところ，政令指定都市，中核市とも全ての回帰モデルにおいて，当該帰無仮説は5％有意水準で棄却されなかった。そのため，本章の分析におい

ては,「固定効果モデル」ではなく,「プーリング回帰モデル」の結果にもとづき考察を進める[39]。よって,表12-8,表12-9には「プーリング回帰モデル」の結果が示されている。また,表12-8,表12-9の結果に関する補足資料として,表12-10に説明変数間の相関行列を示した。

これらの表からは以下の知見を得ることができる。

① 表12-9の冗長変数の推定結果からは,政令指定都市,中核市ともにモデル番号1の回帰モデルが支持される。

② ①からは,非線形性を表す地方自治体債務残高（対GRP比率）の2乗項,健全化ダミー変数と地方自治体債務残高（対GRP比率）の交差項,健全化ダミー変数と地方債務残高（対GRP比率）の2乗項との交差項の有意性は認められない。この結果は,Bohn (1998a) のモデルにもとづく分析をおこなう際には,慎重に説明変数の設定・選択をおこなう必要があることを示している。

③ なお,②の結果は,Bohn (1998a) 自体で指摘されている,政府債務残高の2乗項の導入は「多重共線性」を引き起こす可能性があるという問題意識,ならびに表12-10で示されている説明変数間における相関係数の絶対値の大きさとも整合的であると考えられる（特に,地方自治体債務残高（対GRP比率),地方自治体債務残高（対GRP比率）の2乗項,ならびに健全化ダミー変数による交差項間の相関は相対的に高くなっている)。

---

39) 本章の分析では,「ランダム効果モデル」と「プーリング回帰モデル」間との比較においても,後者を選択した。その理由は次のとおりである。本章の分析における推定はEviews (Version 8) を用いて実施した。しかし,Eviews (Version 8) では,誤差項に1階の系列相関を想定した「ランダム効果モデル」を推定できない。そのため,「ランダム効果モデル」に関しては,Stata (Version 13) を用いて推定した。その結果,中核市のモデル番号2のモデルを除く全ての回帰モデルで,誤差項のうち各地方自治体の特有効果による分散はゼロと推定された（中核市のモデル番号2のモデルは最終的に採択されなかったモデルであり,かつ,各地方自治体特有効果による分散の推定値は $s_{i,t}$ の値と比較し微小であった)。こうした分析結果に基づき,本章の分析では「プーリング回帰モデル」を選択した。

④　モデル番号1の回帰モデルにもとづくと，政令指定都市は，地方自治体債務残高（対 GRP 比率）の増進に対応するよう基礎的財政収支（対 GRP 比率）の改善に，ある程度，努めていることがわかる。つまり，政令指定都市は，ある程度，持続可能な財政運営をおこなっているといえる。一方，中核市にはそうした財政運営姿勢はみられない。この推定結果は，第1節で確認した「政令指定都市は地方債残高中，赤字地方債の比率が相対的に低いが，毎年度の公債費は相対的に大きい。一方，中核市と特例市は政令指定都市とは逆の状況にある」という事実と整合的である。

⑤　政令指定都市，中核市ともに，利払い費控除歳出が基調的部分を上回ると基礎的財政収支が悪化することがわかる。

⑥　また，中核市においては，不景気になると基礎的財政収支が悪化する傾向にあることがわかる。この結果はBohn（1998a）や藤井（2010）の非線形項を挿入しないモデルの結果と整合的である。この結果は，中核市においては景気が悪くなると財政規律が緩む傾向にあることを示唆している。

⑦　最後に，②の帰結として，本章の分析結果からは，地方財政健全化法の施行後，政令指定都市と中核市の財政運営姿勢が変化したとの結論を得ることはできなかった。

表12-8 推定結果1

回帰モデル番号	政令指定都市：年度1980-2012			中核市：年度1997-2012		
	1	2	3	1	2	3
定数項	-0.0167	-0.0168	-0.0171*	0.0000	0.0003	0.0015
	(-1.6080)	(-1.6069)	(-1.7429)	(0.0069)	(0.0354)	(0.1761)
$d_{i,t}$	0.0364*	0.0341*	0.0355	0.0242	0.0203	0.0118
	(1.8343)	(1.7435)	(1.4405)	(0.8482)	(0.7639)	(0.3978)
$(d_{i,t}-\bar{d})^2$			-0.0108			0.8072
			(-0.0830)			(1.1195)
$GVAR$	-0.5656***	-0.5705***	-0.5707***	-0.1386**	-0.1383**	-0.1394**
	(-5.5827)	(-5.6958)	(-5.6450)	(-2.2372)	(-2.2321)	(-2.2710)
$YVAR$	-0.1527	-0.1513	-0.1509	-0.3853***	-0.3875***	-0.3731***
	(-1.3192)	(-1.3120)	(-1.2914)	(-2.9767)	(-2.8807)	(-2.7053)
$D_t d_{i,t}$		0.0058*	0.0063		0.0063	0.0135**
		(1.8949)	(0.5834)		(1.2582)	(2.2408)
$D_t(d_{i,t}-\bar{d})^2$			-0.0077			-1.0841
			(-0.0532)			(-1.4965)
ρ	0.8609***	0.8551***	0.8551***	0.6592***	0.6515***	0.6395***
	(8.7428)	(8.5125)	(8.6674)	(6.9627)	(7.1100)	(6.8561)
Adjusted R^2	0.8179	0.8180	0.8168	0.5053	0.5048	0.5041
S.E.	0.0080	0.0080	0.0080	0.0088	0.0088	0.0088
Durbin-Watson 比	2.0342	2.0702	2.0694	1.9670	1.9594	1.9408
サンプル数	288	288	288	225	225	225

注：1．（ ）内はWhiteの標準誤差に基づくt値．
　　2．***，**，*はそれぞれ有意水準1％，5％，10％で帰無仮説（当該説明変数の係数はゼロ）が棄却されたことを示す．

第12章 地方財政運営の持続可能性　289

表12-9　推定結果2

回帰モデル番号	政令指定都市：年度1980-2012			中核市：年度1997-2012		
	1	2	3	1	2	3
固定効果F値	0.5110 [0.8478]	0.5634 [0.8075]	0.5624 [0.8083]	1.2734 [0.2261]	1.2754 [0.2249]	1.3738 [0.1684]
冗長変数F値						
$\beta_2 = 0$			0.0150 [0.9026]			1.1020 [0.2950]
$\gamma_2 = 0$			0.0033 [0.9545]			1.6731 [0.1972]
$\beta_2 = 0 \ \& \ \gamma_2 = 0$			0.0013 [0.9888]			0.8379 [0.4330]
$\gamma_1 = 0$		1.2263 [0.2691]			0.7567 [0.3853]	

注：1. 固定効果F値は「各地方自治体の特有効果は同じ」という帰無仮説検定のための検定統計量。
　　2. 冗長変数F値は，表に示した各係数制約（帰無仮説）検定のための検定統計量。
　　3. [　] 内はP値（帰無仮説が真のときに帰無仮説を棄却するという誤り，すなわち，第1種の誤りを起こす確率）。

表12-10　説明変数間の相関行列

政令指定都市	$d_{i,t}$	$(d_{i,t} - \bar{d})^2$	$GVAR$	$YVAR$	$D_t d_{i,t}$	$D_t (d_{i,t} - \bar{d})^2$
$d_{i,t}$	1.0000					
$(d_{i,t} - \bar{d})^2$	0.8605	1.0000				
$GVAR$	-0.1139	-0.1934	1.0000			
$YVAR$	0.1749	0.1354	-0.3502	1.0000		
$D_t d_{i,t}$	0.4969	0.4894	0.1118	0.0082	1.0000	
$D_t (d_{i,t} - \bar{d})^2$	0.5229	0.5767	0.0981	0.0201	0.9092	1.0000
中核市	$d_{i,t}$	$(d_{i,t} - \bar{d})^2$	$GVAR$	$YVAR$	$D_t d_{i,t}$	$D_t (d_{i,t} - \bar{d})^2$
$d_{i,t}$	1.0000					
$(d_{i,t} - \bar{d})^2$	0.5916	1.0000				
$GVAR$	-0.0417	-0.1354	1.0000			
$YVAR$	0.0264	0.0446	0.0017	1.0000		
$D_t d_{i,t}$	0.4235	0.4162	0.0557	0.0860	1.0000	
$D_t (d_{i,t} - \bar{d})^2$	0.3626	0.8334	-0.0655	0.0884	0.5854	1.0000

続いて，本章における分析の推定結果と実際のデータとの整合性を視覚的に確認するために，「地方自治体債務残高（対GRP比）」と「回帰モデル中の循環的部分を除去した基礎的財政収支（対GRP比）」の関係を図12-1, 図12-2

に示した。なお，後者は，本章の推定結果を踏まえ，政令指定都市と中核市でそれぞれ次の式により算出した。

$$\text{政令指定都市 } s_{i,t} - \alpha_G GVAR_{i,t}, \quad \text{中核市 } s_{i,t} - \alpha_G GVAR_{i,t} - \alpha_Y YVAR_{i,t}$$

図12-2より，中核市に関する推定結果は概ねデータと整合的である。つまり，地方自治体債務残高（対GRP比）と基礎的財政収支（対GRP比）の間に明確な関係性を見出すことは難しいと考えられる。

一方，政令指定都市に関して，図12-1に基づき本研究の推定結果と実際のデータとの整合性について考察すると，以下の点を指摘することができる。

① 全体的にみると，高い地方自治体債務残高（対GRP比）は基礎的財政収支（対GRP比）の改善を促していると考えられる。

② しかし，多くの政令指定都市において，地方自治体債務残高（対GRP比）が非常に低いときにも良好な基礎的財政収支（対GRP比）状況が出現している。

③ 京都市のように実際のデータが4次関数的な状況を示している都市も存在する。

以上の考察に基づくと，政令指定都市の財政運営姿勢を評価するためには，今後，上記の②，③に対応するような回帰モデルを開発していく必要があると考えられる。なお，図12-1をみる限り，第4節で説明した単純な「線対称」性は支持されない可能性が高い。そのため，地方自治体債務残高（対GRP比）に関する単純な2乗項の導入により，回帰モデルの改良を済ますことは好ましくないと考えられる。結局，この問題に対応するためには，地方自治体債務残高（対GRP比）が低いときの政令指定都市の財政運営を本章の分析で用いた（制限付き）非線形項挿入モデルよりも上手く説明するモデルが必要となる。

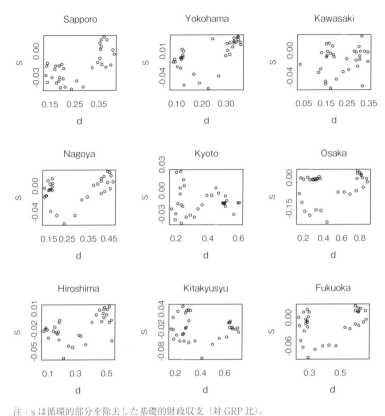

注:sは循環的な部分を除去した基礎的財政収支(対GRP比)。

図12-1 基礎的財政収支(s)と地方自治体債務残高(d)(対GRP比):政令指定都市

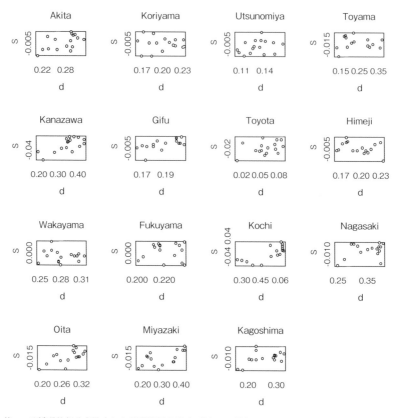

注:sは循環的部分を除去した基礎的財政収支(対 GRP 比)。

図12-2 基礎的財政収支(s)と地方自治体債務残高(d)(対 GRP 比):中核市

(3) 国と地方の財政運営姿勢に関する総体的考察

　最後に,日本政府,日本の(地方自治体財政の総体としての)地方,ならびに地方自治体における財政運営の持続可能性を Bohn (1998a) の方法により分析した既存研究の結果と本章の分析結果を利用し,日本の国家財政と地方財政の運営姿勢を総体的に評価してみよう。そのため,**表12-11**に関連研究の結果をまとめた。また,当該表の理解を助けるために「推定結果」の見方を付した。

第12章　地方財政運営の持続可能性　293

表12-11　Bohn（1998a）の方法による研究結果まとめ

対象		パネル・モデル	期間（年度）	推定結果 d	dの2乗項	財政の持続可能性
Ihori et al. (2001)	国（一般会計）		1965 – 1998	N	N	不支持
土居・中里（2004）	国（一般会計等）+地方全体（普通会計）		1965 – 2000	N	N	不支持
藤井（2010）	国（一般会計）		1992Q2 – 2007Q1	−	+	支持
藤野（2006）	都道府県	固定効果	1975 – 2001	−	+	支持
赤松・平賀（2011）	都道府県	固定効果	1990 – 2007	−	+	支持
持田（2015）	地方全体（普通会計）		1980Q1 – 2011Q4	−	+	支持
	都道府県	固定効果	1985 – 2011	−	+	支持（地方圏）
				+	N	支持（東京都）
				N	N	不支持（都市圏）
本研究	政令指定都市	プーリング	1980 – 2012	+	N	支持
	中核市	プーリング	1997 – 2012	N	N	不支持

（注）1：「d」は地方自治体債務残高（対GRP比）を，「N」は当該説明変数が統計的に有意でないことを，「+」は当該説明変数の係数が有意に正値で推定されたことを，「−」は当該説明変数の係数が有意に負値で推定されたことをそれぞれ示す。また，期間における「Q」は四半期を表す（Qを用いて分析対象期間が表現されている研究は四半期データを用いた分析である）。
2：土居・中里（2004）の国には，国債整理基金特別会計（うち一般会計分）と交付税及び譲与税配布金特別会計が含まれる。
3：持田（2015）では，財政指標を用いたクラスター分析により，都道府県を6つのクラスターに分類したうえで，クラスター毎に分析を実施している。なお，都市圏は，神奈川県，愛知県，大阪府などの都心部の府県から構成されている。
4：各研究においては，複数の期間設定の下，複数のモデルが分析されている。当該表で示している結果は，それらのうち，期間が直近のもの，かつ，主たる分析結果と認められるものである。この点留意されたい。

［表12-11中の推定結果の見方］[40]

　表12-11中の推定結果の見方について説明するために，以下に2つの図を用意した。これらの図は，「分析対象団体（国や地方自治体など）の債務残高（対GDPもしくはGRP比），d」と「Bohn（1998a）の方法に基づく回帰モデル中の循環的部分を除去した基礎的財政収支（対GDPもしくはGRP比），s」の関係を2次元のグラフで模式的に表したものである。これらのグラフの内Panel Aでは両変数の関係が下に凸の2次の関数（非線形関数）で表されてい

40）図12-1，図12-2も参照されたい。

る。両変数の関係がこのケースにあてはまる場合，説明変数 d の係数は有意に負値に，かつ，d の 2 乗項の係数は有意に正値に推定される。一方，Panel B では両変数の関係が右上がりの線形関数で表されている。両変数の関係がこのケースにあてはまる場合，説明変数 d の係数は有意に正値に推定されるものの，d の 2 乗項の係数は有意に推定されない。

そして，Panel A のケースでは d の値がある閾値（threshold）を超えると s の値が大きくなるという関係性がみられる。つまり，当該ケースにあてはまる分析対象団体は債務残高がある水準を超えると基礎的財政収支を改善させるため，その財政運営は持続可能なものであると判断される。一方，Panel B のケースでは d の値が大きくなると s の値も大きくなる関係にあることから，当該ケースにあてはまる分析対象団体の財政運営が持続可能なものであると判断されることは明らかであろう。

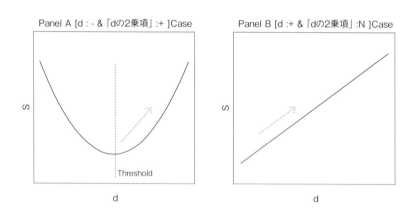

当該表にもとづくと，日本の国と地方の財政運営姿勢を以下のように評価できるであろう。
① 分析期間や分析対象によって結果が異なる。
② 国や地方全体を対象とした分析においては，近年のデータを用いた分析ほど，財政運営の持続可能性を支持する傾向にある。

③　全都道府県を同時に分析した場合には，その財政運営の持続可能性が支持される傾向にある。
④　持田（2015）では，東京都を除く，都市圏に存在する府県の財政運営の持続可能性は支持されない一方，地方圏の道県のそれは支持されている。このように，都道府県財政の運営姿勢に関しては，その都道府県地域が有する特性によって評価が異なっている[41]。
⑤　本章の分析結果からは，政令指定都市の財政運営の持続可能性は支持される一方，中核市財政のそれは支持されない。このように，市町村レベルでの，財政運営の持続可能性に関しては，その自治体区分（行政権能区分）によって評価が異なっている。
⑥　以上より，既存研究と本章の分析結果にもとづく限り，これまでのところ，日本の国と地方の財政運営は全体的には持続可能的であった可能性が高い。しかし，各地方自治体区分もしくは個別地方自治体においてはそれが認められない場合がある，と総評することができるであろう[42]。
⑦　なお，都道府県を対象とした既存研究では固定効果モデルが採択される傾向にあるが，本章の分析においては，プーリング回帰モデルが採択された。この結果の差異については次のように考察することが可能であろう。本章の分析では，同じ「行政権能」を持った市を対象とした分析を行った。そのため，本研究における分析対象の設定は，結局，比較的似た社会経済・財政状況下にある分析対象をサンプリングするという意味を持っていたものと推測できる。

---

41)　なお，当該表では詳述できていないが，藤野（2006），赤松・平賀（2011）でも，地方自治体毎もしくは財政上似た性質をもつ自治体グループ毎の分析が実施されている。
42)　ただし，今後の日本経済や政府財政の持続可能性を包括的に吟味するためには，ここで論じている，過去のデータに基づく政府の財政運営姿勢に関する分析だけでは不十分である。なぜなら，今後，人口構成などの社会条件が変化したときにも，これまで採用されてきた財政運営手法が通用するとは限らないからである。そのため，ここで論じている分析と併せて，第2節で紹介した，日本経済と公的セクター（政府）財政の将来の姿に関するシミュレーション分析も必要となる。この点には留意されたい。

第7節　まとめ

　本章の分析では，日本の公的セクター中，市レベルの地方自治体（政令指定都市，中核市）における財政運営の持続可能性，すなわち，財政運営姿勢を検証した。本章における分析結果から，ならびに既存研究の結果も用いた考察からは以下の知見を得た。

　第1に，政令指定都市と中核市に関する回帰モデルでは，非線形項挿入モデルは棄却される。第2に，政令指定都市と中核市を対象とした場合，財政運営において，地方財政健全化法施行の影響がみられない。第3に，政令指定都市は，ある程度，持続可能な財政運営をおこなっている一方，中核市にはそうした財政運営姿勢はみられない。なお，本章の分析結果は「政令指定都市は地方債残高中，赤字地方債の比率が相対的に低いが，毎年度の公債費は相対的に大きい。一方，中核市と特例市は政令指定都市とは逆の状況にある」という事実と整合的であると考えられる。第4に，中核市においては景気が悪くなると財政規律が緩む傾向がある。第5に，既存研究と本章の分析結果にもとづく限り，日本の国と地方の財政運営姿勢は，これまでのところ，全体的には持続可能的であった可能性が高い。しかし，各地方自治体区分もしくは個別地方自治体においてはそれが認められない場合がある。

　最後に，残された課題について述べる。まず，本章の分析モデルには改善の余地があると考えられる。特に政令指定都市の分析モデルについては，「多くの政令指定都市において，地方自治体債務残高（対 GRP 比）が非常に低いときにも基礎的財政収支（対 GRP 比）は良好な値を示している」状況をより適切に取り込める回帰モデルの開発が必要であろう。また，地域特性のコントロール方法の精緻化も必要と考えられる。最後に，本章の分析では扱うことができなかった特例市以下の市町村の分析なども実施する必要があろう。

補論：パネルデータ分析の基礎

以下では，パネルデータ分析を始めるにあたって最低限理解しておくべき事項とソフトウェアに関する情報などについて説明する。

(1) パネルデータとは？

実証分析に用いられるデータは大きく分けて，①時系列データ：time series data　②横断面データ：cross-section data　③パネルデータ：panel dataの3つに分類される[43]。そして，「個体数または集計値数」と「時点数」の2要素から，これらデータの特性はそれぞれ下表のとおり整理することができる。

データの特性

	個体数または集計値数	時点数
時系列データ	単数	複数
横断面データ	複数	単数
パネルデータ	複数	複数

よって，パネルデータの具体的な外観は（個体毎にデータを並べた場合）以下のようになっている。

---

[43]　データの説明は，樋口他（2006, 第2章）を参考にしている。

パネルデータの外観

年	社名	売上高	売上原価	販売費および一般管理費
2001	A	100	30	15
2002	A	120	35	14
2003	A	115	36	20
2004	A	113	32	16
2005	A	120	33	17
.	.	.	.	.
.	.	.	.	.
.	.	.	.	.
2001	Z	200	60	30
2002	Z	220	70	33
2003	Z	213	66	42
2004	Z	190	62	38
2005	Z	225	73	45

(2) パネルデータ分析の基本モデル

パネルデータ分析の基本モデルを，筒井他（2007，第7章），北村（2005，第3章），松浦・マッケンジー（2001，第10章）にもとづき説明する。

パネルデータを用いた場合，以下の（A1）式に示した「プーリング回帰モデル（最小二乗法モデル，OLS: Ordinary Least Squares Model）」の他に，観測不可能な個体特有の効果を取り扱う，（A2）式の「固定効果モデル（Fixed Effect Model）」と（A3）式の「変量効果モデル（Random Effect model）」にもとづく分析を実施することが可能となる。

$$y_{i,t} = \alpha + \beta' X_{i,t} + \nu_{i,t} \quad i = 1, ..., N, t = 1, ..., T, \nu_{i,t} \sim iid(0, \sigma^2) \quad \text{(A1)}$$

$$y_{i,t} = \alpha + \beta' X_{i,t} + \mu_i + \varepsilon_{i,t} \quad i = 1, ..., N, t = 1, ..., T, \varepsilon_{i,t} \sim iid(0, \sigma^2) \quad \text{(A2)}$$
$$Cov(\mu_i, X_{i,t}) \neq 0$$

$$y_{i,t} = \alpha + \beta' X_{i,t} + \mu_i + \varepsilon_{i,t} \quad i = 1, ..., N, t = 1, ..., T, \varepsilon_{i,t} \sim iid(0, \sigma^2) \quad \text{(A3)}$$
$$Cov(\mu_i, X_{i,t}) = 0$$

ここで，$y_{i,t}$ は被説明変数を，β は説明変数の係数ベクトルを，$X_{i,t}$ は説明変数行列を，μ_i は各主体特有の効果を，$\varepsilon_{i,t}$ は誤差項[44]をそれぞれ表す。また，下添え文字 i は各主体を，t は期をそれぞれ表す[45]。

なお，固定効果モデル，変量効果モデルの具体的推定方法に関しては，上記3文献，ならびに標準的または中級以上の計量経済学のテキスト，例えば，浅野・中村（2009，第12章），Wooldridge（2009，ch.14），Green（2003，ch.13）などを参照されたい。

(3) モデルの選択

パネルデータを用いた分析においては，(2)で示した「プーリング回帰モデル」，「固定効果モデル」，「変量効果モデル」の内，どのモデルを採用するかを吟味しなければならない。そこで以下に，モデル選定に関する検定方法をまとめておく。なお，検定方法の詳細は(2)で挙げた文献などを参照されたい[46]。

① プーリング回帰モデル vs. 固定効果モデル：F 検定
　・帰無仮説：$\mu_1 = \mu_2 = \cdots = \mu_N$
② プーリング回帰モデル vs. 変量効果モデル：Breusch-Pagan LM 検定
　・帰無仮説：$Var(\mu_i) = 0$
③ 固定効果モデル vs. 変量効果モデル：Hausman 検定
　・帰無仮説：$Cov(\mu_i, X_{i,t}) = 0$

(4) ソフトウェア

本章の分析は，有料のソフトウェアである，Eviews, Stata を用いて実施した。しかし，フリーのソフトウェアである「R」や「gretl」を用いても，パネ

---

44) ただし，当該誤差項は各主体特有の効果 μ_i と当該誤差項から構成される元の誤差項から前者を控除した残差。
45) なお，"〜 *iid*" は「independent and identically distributed（独立に同一分布に従う）」を表している。
46) ただし，浅野・中村（2009）は除く。

ルデータ分析を実施することができる。そこで,以下に,上記両ソフトウェアに関する解説本を紹介しておこう。
① R について
　・福地純一郎・伊藤有希（2011）『R による計量経済分析』朝倉出版（R のインストール方法の解説：第 1 章,基本的なパネルデータ分析の解説：第 11 章）
　・秋山裕（2009）『R による計量経済学』オーム社（パネルデータ分析は扱っていない。しかし,計量経済学理論と R の使用法の双方が非常に分かり易く解説されている。また,Excel による,基礎的な計量経済学手法の実践方法も説明されている。）
② gretl について
　・加藤久和（2012）『gretl で計量経済分析』日本評論社（gretl のインストール方法の解説：第 0 章,基本的なパネルデータ分析の解説：第 6 章）

　なお,分析実施にあたり,R はプログラミングが必要である[47]。一方,gretl は GUI（graphical user interface）形式のソフトウェアであるため,プログラミングは必要なく,ボタン操作のみで分析を実施することができる。ただし,"プログラミングが必要なソフトウェア" と "GUI 形式のソフトウェア" の間には,当然,長所,短所に関するトレード・オフが存在する。つまり,前者を利用する場合,「ユーザーは,当該ソフトウェアを操作できるようになるために,ある程度の労力をかける必要がある」という短所があるものの,「当該ソフトウェアの操作性は高い」という長所がある（後者を利用する場合はこの逆）。よって,使用するソフトウェアの選択に際しては,自らの分析目的などをよく考慮する必要がある。この点を留意されたい。

---

[47] ここでは,既存コマンドを利用したプログラミングにより,R を操作することを想定している。

文献案内

　本書は，近年の地方財政改革を通じて，地方財政を学ぶというスタイルを採用している。そのため，一般的な地方財政のテキストと比較すると，少し守備範囲がせまくなっている。公務員試験対策で地方財政を学ぶ場合には以下に紹介する標準的なテキストも利用して欲しい。

(1) 林宏昭・橋本恭之『入門地方財政（第3版）』中央経済社
(2) 中井英雄・齊藤愼・堀場勇夫・戸谷裕之『新しい地方財政論』有斐閣
(3) 伊多波良雄『地方財政システムと地方分権』中央経済社
(4) 小西砂千夫『基本から学ぶ地方財政』学陽書房

　(1)は，複雑な地方財政制度をコンパクトにまとめた入門書である。(2)は，ミクロ経済理論を取り入れることで近年地方財政の研究が進展してきたことを考慮して執筆されたテキストである。地方財政の理論的な説明にも力を入れている。(3)は，地方財政システムに関する経済学の基本理論を更に詳細に学びたい場合に役立つ。(4)は，地方財政制度を更に詳細に学びたい場合に役立つ。本書で学んだことを生かして，卒業論文をまとめようとする学生諸君には，本書の参考文献リストで示した書籍，論文も参考にして欲しい。

　卒業論文の題材としては，地方財政は魅力的なテーマであり，材料も豊富である。特に地方公務員を目指す学生諸君には，自分が受験する地方団体をテーマに研究をおこなえば面接対策にもつながる。地方団体の研究をおこなうには，まず，総務省のホームページをみて欲しい。そこでは地方財政制度の解説だけでなく，さまざまなデータが利用できる。なかでもお勧めのページが
決算カード（http://www.soumu.go.jp/iken/zaisei/card.html）
である。決算カードには，各地方団体の歳出，歳入の内訳など基本的な情報が掲載されている。ただし，残念ながら決算カードは，PDF形式での公開となっており，そのままの形では統計処理を行えない。

　表計算ソフトで利用可能な形で提供されている地方団体の統計データを入手

したい場合には，
地方財政統計年報（http://www.soumu.go.jp/iken/zaisei/toukei.html）
が存在する。ただし，個別の地方団体別のデータは掲載されていない。個別の地方団体の状況を調べるなら
財政状況資料集（http://www.soumu.go.jp/iken/zaisei/jyoukyou_shiryou/）
が便利である。ただし，年度ごとのファイルは，それぞれダウンロードする必要がある。

　これに対して，個別の地方団体の人口や税収などのデータを時系列で入手する場合には，
地域別統計データベース（https://www.e-stat.go.jp/SG1/chiiki/CommunityProfileTopDispatchAction.do?code=2）
が便利である。

【索　引】

【あ】
赤字法人　3, 23
足による投票　9
新しい税源配分論　33
安定性　30, 31

【い】
一括交付金化　161
一般会計　109
一般補助金　153, 163
入口ベースの交付税　108

【お】
応益原則　31
応益性　30, 31, 32
応能原則　31

【か】
外形標準化　3, 4, 23, 25, 29
外形標準課税　29
外部効果　8
課税自主権　24
簡素　30

【き】
機関委任事務　2
起債　196
基準財政収入額　104, 107, 135
基準財政需要額　98, 106, 123, 125, 128, 130
義務教育費国庫負担金　3
義務的な補助金　13
均等割　25, 28

【く】
国と地方の財源配分機能　96

【け】
経済安定機能　7, 8
形式収支　195
契約理論　9
原産地原則　27
健全化指標　194, 201, 223
健全化法　194, 200, 201, 202

【こ】
公営企業会計　224
公共財　7
公債の中立命題　274, 275
構造改革　2
交付税率　96
公平　30
効率　30
個人均等割　22
個人市町村民税　17
個人住民税　17
個人道府県民税　17
国庫委託金　153
国庫支出金　1, 153
国庫負担金　153
国庫補助金　153
固定資産税　12, 17, 28, 260, 261

【さ】
財源調達機能　197
財源保障機能　110
財政健全化団体　199
財政再生計画　207
財政再生団体　199

財政政策の補完　197
財政調整機能　112
財政的外部性　33
裁量的な財政政策　8
三位一体の改革　1，3，4，11，23，26，36，156，157

【し】

事業税　3，23，25，29
事業費補正　101
資源配分機能　7，8
資産課税　20
自然増収　8
自治事務　2
市町村税　17，20
市町村優先の原則　1
実質赤字比率　194，200
実質公債費比率　194，198，200
実質収支　195
指定管理者制度　230
仕向地原則　27
シャウプ勧告　1，32
受益者負担　9
宿泊税　33
純粋公共財　7
消費課税　20
消費譲与税　26
情報の経済学　9，10
情報の非対称性　10
将来負担比率　195，198，199，200
奨励的な補助金　12
所得課税　20
所得再分配機能　7，8
所得譲与税　3
所得割　25
新型交付税　3，101，102
伸張性　30，31

【す】

垂直的財政調整システム　112
垂直的な財政調整　119
水平的財政調整システム　112
水平的な財政調整　119
スピルオーバー　33

【せ】

税源移譲　1，3，11，23，36，159
税源の分離　32
世代間の公平　197

【そ】

測定単位　99
租税競争　12，34
租税原則　30
租税の外部性　34
租税輸出　12，33
ソフトな予算制約　10，101
損益通算　26

【た】

大規模償却資産　28
態容補正　101
単位費用　98
段階補正　101
段階補正見直し　147

【ち】

地方公共財　8
地方交付税　1，24，121
地方財政計画　108
地方財政健全化法　1，4，193
地方財政対策　109
地方財政法第5条　195
地方消費税　4，17，26，27
地方譲与税　104

地方税固有の原則　32
地方分権一括法　2
地方法人税　24
地方法人特別税　4，24
地方法人特別譲与税　24
超過課税　22，248，250，251
長期債務残高　268
徴税コスト　30

【て】
定率補助金　153
適債事業　196
出口ベースの交付税　108
伝統的税源配分論　32

【と】
動学的非効率性　275，276
投資補正　101
道府県税　17，20
等量消費　9
特定口座　26
特定定率補助金　163
特定補助金　153
特別会計　110
特別交付税　95
独立税主義　32

【な】
ナショナル・ミニマム　111，119，120

【ね】
年度間調整　197

【の】
納税協力費　30
納税制度　63

【は】
排除原則　8
パネルデータ　281
パネルデータ分析　297，298
パレート効率　9

【ひ】
非排除性　9
ひもつき補助金　161
標準財政規模　195
標準税率　22
ビルトイン・スタビライザー　8
比例税率化　3，11，24，26，36，42，46，
　　　47，49，50，51，59

【ふ】
付加価値　3，23
負担金　176，184
負担分任　30，31
普通交付税　95
普通税　20
普遍性　30，31
プライマリー・バランス　195
フリーライダー　9
ふるさと納税制度　1，4，61，62
分割基準　29
分権化定理　9

【へ】
変動係数　37，60

【ほ】
包括算定経費　101，102，103，118，131，
　　　149
法人均等割　22
法人事業税　17，29
法人税割　22，28，33

法定受託事務　2
法定普通税　104
法律補助　154
補助金　153, 162
補正係数　99

【み】
密度補正　101

【も】
目的税　20

【や】
ヤード・スティック方式　114, 115

【よ】
予算補助　154

【り】
留保財源　104, 116
臨時財政対策債　96, 195
臨財債　110

【れ】
連結実質赤字比率　194, 197, 200

【日本語文献】

・赤井伸郎（1996）「地方債の中立命題：住民の合理性の検証—日本の地方制度を考慮した分析」『フィナンシャル・レビュー』第40号，pp.65-94.
・赤井伸郎（2006）『行政組織とガバナンスの経済学 官民分担と統治システムを考える』有斐閣.
・赤井伸郎・佐藤主光・山下耕治（2003）『地方交付税の経済学：理論・実証にもとづく改革』有斐閣.
・赤松礼奈・平賀一希（2011）『都道府県財政の持続可能性について』Discussion Paper Series 2011-02（京都産業大学）.
・秋山裕（2009）『Rによる計量経済学』オーム社.
・浅野皙・中村二朗（2009）『計量経済学（第2版）』有斐閣.
・麻生良文（2013）「財政の持続可能性」『フィナンシャル・レビュー』第115号，pp.73-94.
・跡田直澄（2008）「地方自治体への寄附と政策」『三田商学』第50巻第6号，pp.33-43.
・跡田直澄・前川聡子・末村祐子・大野謙一（2002）「非営利セクターと寄附税制」『フィナンシャルレビュー』第65号，pp.74-92.
・跡田直澄・橋本恭之（1991）「硬直化する補助金行政」本間正明編『地方の時代の財政』第4章所収，pp.87-116，有斐閣.
・荒井貴史（2009）「地方財政健全化法と自治体の財政運営」『尾道大学経済情報論集』vol.9，No.2，pp.235-251.
・石川達哉（2013）「地方財政の健全化は進んだのか？—その3：景気変動下の地方税収と税制改正」『ニッセイ基礎研レポート』，2013-03-29.
・石田三成（2014）「地方交付税制度が徴収率に与える効果の推定—行革インセンティブ算定の効果と交付税制度に内在する歪みの検証—」『経済分析』第188号，pp.22-43.
・石原信雄（2016）『新地方財政調整制度論（改訂版）』ぎょうせい.
・石弘光・長谷川正・秦邦昭・山下道子（1983）「政府行動と補助金」『受益と負担の地域別帰着と補助金の役割』第9章所収，pp.115-133，内閣府.
・池上岳彦（2004）『分権化と地方財政』岩波書店.
・李熙錫（2014）「北海道夕張市の地方財政再生計画とその可能性」『城西国際大学紀要』第22巻第1号，pp.69-90.
・井堀利宏・岩本康志・河西康之・土居丈朗・山本健介（2006）『基準財政需要の近年の動向等に関する実証分析—地方交付税制度の見直しに向けて—』Keio Economic Society Discussion Paper Series, No.06-1.

・梅原英治（2009）「北海道夕張市の財政破綻と財政再建計画の検討」『大阪経大論集』第60巻第3号，pp.107-129.
・梅原英治（2009）「北海道夕張市の財政破綻と財政再建計画の検討（Ⅱ）」『大阪経大論集』第60巻第3号，pp.1-22.
・オーツ，W. E.（米原淳七郎・岸昌三・長峯純一訳）（1997）『地方分権の財政理論』第一法規（W. E. Oates（1972）*Fiscal Federalism*, New York: Harcourt Brace Javanovich）．
・大阪府総務部市町村課財政グループ（2006）「行政改革など経営努力の地方交付税への反映について」『自治大阪』5月号．
・岡本直樹・吉村恵一編（2002）『「論・説」地方財政改革シミュレーション：地方主権への道標』ぎょうせい．
・大杉覚（2006）「自治体補助金改革と行政評価の課題」『会計検査研究』第33号，pp.103-119.
・岡部真也（2010）「市町村の財政運営⑴―市町村税の「税収格差」―」『ファイナンス』第46巻第4号，pp.43-50.
・岡本全勝（1995）『地方交付税　仕組と機能』大蔵省印刷局．
・岡本全勝（2002）『地方財政改革論議　地方交付税の将来像』ぎょうせい．
・加藤慶一（2010）「ふるさと納税の現状と課題―九州における現地調査を踏まえて」『レファレンス』平成22年2月号，pp.119-130.
・加藤久和（2008）「90年代の財政運営と減税政策の評価」『会計検査研究』第37号，pp.29-42.
・加藤久和（2012）『gretl で計量経済分析』日本評論社．
・川瀬憲子（2008）「地方財政健全化法と自治体財政への影響」『静岡大学経済研究』vol.12, No.4，pp.73-90.
・川瀬憲子（2011）『「分権改革」と地方財政：住民自治と福祉社会の展望』自治体研究社．
・川本敏郎（2010）『医師・村上智彦の戦い　夕張希望のまちづくりへ』時事通信社．
・北村行伸（2005）『パネルデータ分析』岩波書店．
・木村真（2007）『総務省方式の自治体バランスシートは財政破綻を予測できるか～財政再建団体の事例研究～』HOPS Discussion Paper Series（北海道大学公共政策大学院附属公共政策学研究センター）No.3，pp.1-23.
・木村真・橋本恭之（2010）「多部門世代重複モデルによる財政再建の動学的応用一般均衡分析」『経済分析』第183号，pp.1-24.
・木村真・橋本恭之（2014）『自治体の財政破綻と税収への影響―夕張市財政を事例に―』日本地方財政学会第22回大会報告論文．

【日本語文献】

- 木村真・橋本恭之（2016）「夕張市の財政再建と税源流出」『地方財政』第55巻第7号，pp.169-195.
- 木村真・吉田素教・橋本恭之（2004）「三位一体改革のシミュレーション分析」『会計検査研究』第30号，pp.65-79.
- 木村真・吉田素教（2005）「三位一体改革による財政への影響と効果（改革期間：平成16年～21年度）」『地方財政』第44巻第12号，pp.125-147.
- 黒田武一郎編（2007）『三位一体改革と将来像―地方税・地方交付税』ぎょうせい.
- 黒田東彦（1986）「補助金と交付税に関する理論的分析」『フィナンシャルレビュー』第2号，pp.1-11.
- 小池拓自（2007）『地方税財政改革と税収の地域間格差―ふるさと納税を巡る議論を超えて―』国立国会図書館 ISSUE BRIEF NUMBER 593.
- 小林航・岡部真也（2011）「地方税の偏在性に関する要因分析」『フィナンシャルレビュー』第4号（通巻第105号），pp.4-20.
- 齊藤愼（1989）『政府行動の経済分析』創文社.
- 齊藤愼（1997）「転換期を迎えた地方交付税」『都市問題研究』第49巻 第10号，pp.56-67.
- 財務省大臣官房文書課（2006）『ファイナンス別冊 平成18年度 税制改正の解説』大蔵財務協会（http://dl.ndl.go.jp/view/download/digidepo_1005824_po_f1808betu.pdf）.
- 佐々木忠・河合博司（2007）「夕張市財政の現状と「破綻」の主な要因」保母武彦・河合博司・佐々木忠・平岡和久『夕張　破綻と再生』第2章所収，pp.31-69，自治体研究社.
- 佐藤主光（2007）「ふるさと納税導入の是非（上）」日本経済新聞，経済教室，2007年5月29日付け朝刊記事.
- 佐藤主光（2011）『地方税改革の経済学』日本経済新聞社.
- 神野直彦・金子勝（1998）『地方に税源を』東洋経済新報社.
- 神野直彦（2006）『三位一体改革と地方財政到達点と今後の課題』学陽書房
- 鈴木善充・橋本恭之（2015）「国庫支出金の構造変化について」『生駒経済論叢』第13巻第1号，pp.41-68.
- 鈴木善充（2016）「基準財政需要・収入の構造変化について」『生駒経済論叢』第14巻第1号，pp79-106.
- 菅原宏太（2013）「地方財政健全化法の施行と地方公共団体の健全化行動―関西の市町村データによる考察―」『会計検査研究』No.47，pp.39-54.
- 鷲見英司・中村匡克・中澤克佳（2004）「税源移譲のシミュレーション分析―三位一体改革の東北市町村財政への影響―」『総合政策論集』第4巻第1号，pp.97-124.
- 高木健二（2007）「夕張市の財政再建と財政健全化法」『自治総研』第342号，pp.49-91.

- 高木健二（2008）「地方財政健全化法と今後の地方財政」『自治総研』No.353，pp.117-135.
- 高木健二（2008）『地域間格差と地方交付税』公人社.
- 高木健二（2008）「地財計画と自治体決算の比較」『自治総研』第362号，pp.19-40.
- 高木健二（2010）「夕張市の財政再生計画」『自治総研』第382号，pp.1-17.
- 田中利彦（2011）「自治体崩壊と財政危機要因」『産業経営研究』第30号，pp.1-27.
- 近澤将生（2007）「交付税の算定方法を簡素化する「新型交付税」の導入〜地方交付税法等の一部を改正する法律案〜」『立法と調査』第265号，pp.13-22.
- 筒井淳也・平井裕久・秋吉美都・水落正明・坂本和靖・福田亘孝（2007）『Stataで計量経済学入門』ミネルヴァ書房.
- 土居丈朗・中里透（2004）「公債の持続可能性」井堀利宏編『日本の財政赤字』岩波書店，第3章所収.
- 土居丈朗（2004）『三位一体改革ここが問題だ』東洋経済新報社.
- 土居丈朗（2014）「「謝礼品合戦の「ふるさと納税」をどうする─地方創生の「目玉政策」問題点と解決策 題点と解決策─」東洋経済オンライン」http://toyokeizai.net/articles/50954.
- 土居丈朗・外山昌毅・吉岡大（2011）「財務状況把握の財務指標と地方財政健全化の判断指標」『フィナンシャル・レビュー』No.105，pp.113-145.
- 東京都税制調査会（2000）『東京都税制調査会答申─21世紀の地方主権を支える税財政制度─』.
- 飛田博史（2011）「地方交付税算定の現状と課題─2010年度算定にみる算定構造の空洞化─」『自治総研』第394号，pp.1-47.
- 内閣府（2004）『経済財政運営と構造改革に関する基本方針2004』.
- 内閣府（2011）『世界経済の潮流 2011年Ⅱ』.
- 内閣府（2011）『平成13年度経済財政白書』.
- 中井英雄（1988）『現代財政負担の数量分析』有斐閣.
- 中里透（2007）「ふるさと納税導入の是非（下）」日本経済新聞，経済教室，2007年5月30日付朝刊記事.
- 中澤克佳（2007）「税源移譲のシミュレーション分析─住民税フラット化の市町村財政への影響─」『国際税制研究』No.18，pp.105-115.
- 長沼進一（2012）『現代日本地方財政 地方財政の構造と改革』，勁草書房.
- 長峯純一（2000）「地方交付税の算定構造・配分構造に関する分析」『公共選択の研究』第35号，pp.4-20.
- 西川雅史（2005）「税源移譲に関する一考察：住民税の比例税率化と均等割交付金の比較」

『計画行政』28（4），pp.34-43.
・西川雅史（2010）「地方交付税制度の再構築への指針：留保財源率引き下げという選択」『租税研究』第726号，pp.257-273.
・西川雅史（2011）『財政調整制度下の地方財政』勁草書房.
・西村宣彦（2009）「財政再建計画抜本変更の論理と倫理」日本財政学会編『財政研究』第5巻第11章所収，有斐閣.
・野口悠紀雄（2007）「「超」整理日記（Number 386）「ふるさと納税」が招くモラルの低下」『週刊ダイアモンド』第95巻第41号，pp.150-151.
・西尾勝（2007）『地方分権改革』東京大学出版会.
・橋本徹（1988）『現代の地方財政』東洋経済新報社.
・橋本恭之（2008）「地方法人課税の改革」『関西大学経済論集』第57巻第4号，pp.227-243.
・橋本恭之（2013）「地方消費税の改革―清算基準について―」『会計検査研究』第47号，pp.55-73.
・橋本恭之（2015a）「個人住民税のあり方について」『税研』，Vol.31，No.2，pp.46-51.
・橋本恭之（2015b）「ふるさと納税制度の検証―大阪府下の事例を中心に」『租税研究』第792号，pp.131-148.
・橋本恭之・木村真（2014）「夕張市の財政再建の現状と課題」『関西大学経済論集』第64巻，第2号，pp.1-31.
・橋本恭之・木村真（2015）「夕張市における公営事業と国保事業の現状と課題について」『関西大学経済論集』，第64巻第2号，pp.87-105.
・橋本恭之・鈴木善充（2012）『租税政策論』清文社.
・橋本恭之・鈴木善充（2015）『ふるさと納税制度の検証』日本財政学会第72回大会報告論文.
・橋本恭之・鈴木善充（2016）「ふるさと納税制度の現状と課題」『会計検査研究』第54号，pp.13-38.
・橋本行史（2007）『改訂版・自治体破綻「夕張ショック」の本質』地方自治ジャーナルブック No.42，公人の友社.
・橋本行史（2008）『自治体破綻・「夕張ショック」の本質　財政論・組織論からみた破たん回避策』公人の友社.
・畑農鋭矢・林正義・吉田浩（2015）『財政学をつかむ（新版）』有斐閣.
・畑山栄介（2008）「夕張市の財政再建について」『地方財政』6月号，pp.91-115.
・林宏昭・吉田素教・木村真・小川亮（2004）「関西社研「三位一体改革のシミュレーション分析」の概要」『地方財務』604号，pp.165-186.
・東裕三・西垣泰幸（2013）「地方政府間におけるヤードスティック競争の実証分析」『社会

科学研究年報（龍谷大学）』43巻，pp.21-33.
- 東裕三・西垣泰幸（2015）「地方政府間におけるヤードスティック競争に関する研究の展望」『社会科学研究年報（龍谷大学）』45巻，pp.35-51.
- 樋口美雄・太田清・新保一成（2006）『入門パネルデータによる経済分析』日本評論社.
- 肥後雅博・中田祥子（1998）「経済変数から基調的変動を抽出する時系列的手法について」『金融研究（日本銀行金融研究所）』第17巻第6号，pp.39-98.
- 広田啓朗・湯之上英雄（2015）「地方財政健全化指標における相互依存関係の実証分析」MPRA Paper No. 61223.
- 広田啓朗・湯之上英雄（2016）「基準財政需要額の算定構造の再検証―都道府県パネルデータによる実証分析―」『会計検査研究』第53号，pp.13-28.
- 深澤映司（2011）「地方における課税自主権拡大に伴う経済的効果」『レファレンス』No.727，pp55-71.
- 深澤映司（2012）「地方における独自減税の本質―租税競争とヤードスティック競争の識別の観点から―」『レファレンス』2012年12月号，pp.27-46.
- 福地純一郎・伊藤有希（2011）『Rによる計量経済分析』朝倉書店.
- 藤井隆雄（2010）「日本の財政の持続可能性に就いて―H. Bohnの手法による再検証」日本財政学会編『財政研究』第6巻，pp.97-117.
- 藤野次雄（2006）「地方自治体の財政運営―財政構造・財政規律と地方債務の持続可能性の観点から―」『信金中金月報』第5巻第3号，pp.11-26.
- 二神孝一（2012）『動学マクロ経済学―成長理論の発展』日本評論社.
- 星野菜穂子（2010）「新型交付税・頑張る地方応援プログラムと財源保障」『自治総研』第380号，pp.25-48.
- 保母武彦・河合博司・佐々木忠・平岡和久（2007）『夕張　破綻と再生』自治体研究社.
- 堀場勇夫（1999）『地方分権の経済分析』東洋経済新報社.
- 堀場勇夫（2008）『地方分権の経済理論：第1世代から第2世代へ』東洋経済新報社.
- 北海道新聞取材班（2009）『追跡・「夕張」問題―財政破綻と再起への苦闘』講談社.
- 本間正明（1991）「地方交付税：機能とその評価」『日本財政の経済分析』第8章所収，pp.287-342，創文社.
- 前澤貴子（2007）「地方自治体の財政問題と再建法制」『調査と情報』No.585，pp. 1 -11.
- 松浦克己・コリン・マッケンジー（2001）『Eviewsによる計量経済分析』東洋経済新報社.
- 光本伸江編（2011）『自治の重さ　夕張市政の検証』敬文堂.
- 光本伸江・金井利之（2010）「夕張市政の体制転換と公共サービス編制の変容（上）（中）（下）」『自治体総研』第377号，pp. 1 -29，第380号，pp. 1 -24，第381号，pp. 1 -30.

- 宮崎毅（2007）『地方交付税におけるソフトな予算制約の検証：経常経費における補正係数の決定』ESRI Discussion Paper Series, No.183.
- 宮崎毅（2010）「地方交付税改革が市町村合併に及ぼす影響―段階補正の見直しと地方交付税の削減」『日本経済研究』第63号，pp.79-99．
- 持田信樹（2014）『地方政府債務の持続可能性』CIRJE-J-260（東京大学 Discussion Paper）．
- 持田信樹（2015）「地方政府債務の持続可能性」日本財政学会編『財政研究』第11巻，pp.141-165．
- 門前直孝・福重元嗣（2001）「補助金行政から見た市町村合併のインセンティブ」『地域学研究』第33巻第1号，pp.309-322．
- 森裕之・平岡和久（2004）「「三位一体の改革」と地方財政―「三位一体の改革」と「段階補正の見直し」に関するシミュレーション分析―」『政策科学』11巻3号，pp.253-269．
- 保田隆明（2014）「地方自治体のふるさと納税を通じたクラウドファンディングの成功要因―北海道東川町のケース分析―」『小樽商科大学 商学討究』，第64巻第4号，pp.257-272．
- 山内直人（1997）『ノンプロフィットエコノミー　ＮＰＯとフィランソロピーの経済学』日本評論社．
- 山内直人（2014）「NPO に関する研究・教育の系譜と展望」『東京経大学会誌』第281号，pp.71-91．
- 山下耕治・赤井伸郎・佐藤主光（2002）「地方交付税制度に潜むインセンティブ効果―フロンティア費用関数によるソフトな予算制約問題の検証―」『フィナンシャル・レビュー』第61号，pp.120-145．
- 読売新聞北海道支社夕張支局（2008）『限界自治夕張検証　女性記者が追った600日』梧桐書院．
- 吉田和男（1998）『財政改革が日本を救う：高負担社会からの脱却』日本経済新聞社．
- 吉田素教・赤井伸郎（2003）「地方財政需要の見直しによる地方財政健全化シミュレーション―基準財政需要の算定手法を用いた地方交付税と国庫支出金の削減―」『会計検査研究』第27号，pp.61-88．
- 吉田素教・木村真・小川亮（2004）「シミュレーション分析からみた三位一体改革の効果」『国際税制研究』No.13, pp.179-187．
- 吉田素教（2016）『政令指定都市と中核市財政の持続可能性』Discussion Paper New Series（Osaka Prefecture University）No.2016-4．
- 鷲田小彌太（2007）『「夕張問題」』祥伝社．

【外国語文献】

- Abel, A. B., N. G. Mankiw, L. H. Summers, and R. J. Zechhauser (1989), "Assessing Dynamic Efficiency: Theory and Evidence," *Review of Economic Studies*, Vol.56, No.1, pp.1–19.
- Barro, R. J. (1986) "U.S. Deficits Since World War I," *The Scandinavian Journal of Economics*, Vol.88, No.1, pp.195–222.
- Becker, G. S. (1974), "A Theory of Social Interactions", *Journal of Political Economy*, Vol.6, pp.1063–1093.
- Bohn, H. (1998a), "The Behavior of U.S. Public Debt and Deficits," *The Quarterly Journal of Economics*, Vol.113, No.3, pp.949–963.
- Bohn, H. (1998b), "Technical Appendix to: The Behavior of U.S. Public Debt and Deficits," unpublished appendix, pp.A1–A8 (http://www.econ.ucsb.edu/~bohn/papers/qje98app.pdf). (Accessed on April 1, 2016)
- Bucovetsky, B. (1991), "Asymmetric tax competition," *Journal of Urban Economics*, Vol.30, pp.167–181.
- Broda, C. and D. E. Weinstein (2005), "Happy News from the Dismal Science: Reassessing the Japanese Fiscal Policy and Sustainability," in Ito, T., H. Patrick, and D. E. Weinstein eds., *Reviving Japan's Economy*, Cambridge: The MIT Press.
- Dahlby, B. (1996), "Fiscal externalities and the design of intergovernmental grants," *International Tax and Public Finance*, Vol.3, pp.397–412.
- Feldstein, M. (1975a), "The income tax and charitable contributions: Part 1 - Aggregate and Distributional effcts," *National Tax Journal*, Vol.28, pp.81–100.
- Feldstein, M. (1975b), "The income tax and charitable contributions: Part 2 - The Impact on Religious, Educational and other organizations", *National Tax Journal*, Vol.28, pp.209–226.
- Feldstein, M. (1980), A Contribution to the Theory of Tax Expenditures: The Case of Charitable Giving, in: H.J. Aaron and M.J. Boskin, eds., *The Economics of Taxation* (Brookings, Washington, DC) pp.99–122.
- Feldstein, M. and Amy Taylor (1976), "The Income Tax and Charitable Contributions", *Econometrica*, Vol. 44, No. 6, pp.1201–1222.
- Greene, W. H. (2003), *Econometrics Analysis*, 5th ed., Upper Saddle River, New Jersey: Prentice-Hall.

- Hodrick, R. J. and E. C. Prescott (1997), "Postwar U.S. Business Cycles: An Empirical Investigation," *Journal of Money, Credit and Banking*, Vol. 29, No.1, pp.1-16.
- Ihori, T., T. Doi, and H. Kondo (2001), "Japanese Fiscal Reform: Fiscal Reconstruction and Fiscal Policy," *Japan and the World Economy*, Vol. 13, No.4, 351-370.
- Ihori, T., R. R. Kato, M. Kawade, and S. Bessho (2006), "Public Debt and Economic Growth in an Aging Japan," in Kaizuka, K. and A. O. Kruger eds., *Tackling Japan's Fiscal Challenges*, New York: Palgrave Macmillan.
- Musgrave R.A. and T.Thin (1948), "Income Tax Progression, 1929-48," *The Journal of Political Economy* Vol. 56 (6), pp.498-514.
- Tiebout, C.M., (1956), "A Pure Theory of Local Expenditures", *Journal of Political Economy*, Vol. 64, No. 5, pp.416-424.
- Wildasin, D.E. (1988), "Nash equilibria in models of fiscal competition," *Journal of Public Economics*, Vol.35, pp.229-240.
- Wilson, J.D. (1986), "A theory of interregional tax competition," *Journal of Urban Economics*, Vol.19, pp.296-315.
- Wilson, J.D. (1991), "Tax competition with interregional differences in factor endowments *Regional Science and Urban Economics*," Vol.21, pp.423-451.
- Wooldridge, J. M. (2009), *Introductory Econometrics: A Modern Approach*, 4th ed., Mason, OH: South-Western Cengage Learning.
- Yoshida, M. (2015a), "Is Direct Underwriting of Public Bonds by the Central Bank an Effective Policy in Japan?" Discussion Paper New Series (Osaka Prefecture University) No.2015-1.
- Yoshida, M. (2015b), "Effects of Direct Underwriting of Public Bonds by the Central Bank in Japan," *Journal of Business & Economic Policy*, Vol. 2, No. 4, pp.109-125.
- Zodrow, G.R. and P.Mieszkowski (1986), "Pigou, Tiebout, property taxation, and the underprovision of local public goods," *Journal of Urban Economics*, Vol.19, pp.356-370.

【執筆者紹介】

橋本　恭之（はしもと　きょうじ）
1960年生まれ，大阪大学大学院経済学研究科博士後期課程単位取得後退学
現在　関西大学経済学部教授，博士（経済学）
主著　『日本財政の応用一般均衡分析』清文社，2009年（第18回租税資料館賞）

鈴木　善充（すずき　よしみつ）
1975年生まれ，関西大学大学院経済学研究科博士後期課程修了
現在　近畿大学短期大学部准教授，博士（経済学）
主著　『租税政策論』清文社，2012年（共著）

木村　真（きむら　しん）
1975年生まれ，大阪大学大学院経済学研究科博士後期課程単位取得後退学
現在　兵庫県立大学大学院シミュレーション学研究科准教授，博士（経済学）
主要論文　「多部門世代重複モデルによる財政再建の動学的応用一般均衡分析」，『経済分析』第183号，pp.1-24，2010年（共著）

小川　亮（おがわ　りょう）
1977年生まれ，大阪大学大学院経済学研究科博士後期課程単位取得後退学
現在　大阪市立大学大学院経済学研究科准教授，博士（経済学）
主要論文　「立地要因分析から見た地方都市の工場誘致」，『地域学研究』第46巻第2号，pp.199-212，2016年（共著）

吉田　素教（よしだ　もとのり）
1969年生まれ，大阪大学大学院経済学研究科博士後期課程中途退学
現在　大阪府立大学大学院経済学研究科准教授，博士（経済学）
主著　『自治体歳出配分行動の政策評価』中央経済社，2007年

【執筆分担】

序章　地方分権改革の潮流……………………………………………橋本恭之

第1部　地方税改革
第1章　地方税改革の概要……………………………………………橋本恭之
第2章　三位一体改革の税源移譲と地域間税収格差………………小川亮
第3章　ふるさと納税制度の検証……………………………………橋本恭之
　　　　　　　　　　　　　　　　　　　　　　　　　　　　　　鈴木善充

第2部　地方交付税改革
第4章　地方交付税改革の概要………………………………………橋本恭之
　　　　　　　　　　　　　　　　　　　　　　　　　　　　　　鈴木善充
第5章　地方交付税改革の検証………………………………………鈴木善充
第6章　三位一体改革と交付税―夕張市の事例……………………鈴木善充

第3部　補助金改革
第7章　国庫支出金改革の概要………………………………………橋本恭之
　　　　　　　　　　　　　　　　　　　　　　　　　　　　　　鈴木善充
第8章　国庫支出金の構造変化について―夕張市の事例…………鈴木善充

第4部　財政再建
第9章　地方財政健全化法の概要……………………………………橋本恭之
第10章　夕張市における財政再建の現状と課題……………………橋本恭之
　　　　　　　　　　　　　　　　　　　　　　　　　　　　　　木村真
第11章　夕張市の財政破綻と税収への影響…………………………木村真
　　　　　　　　　　　　　　　　　　　　　　　　　　　　　　橋本恭之
第12章　地方財政の持続可能性………………………………………吉田素教

地方財政改革の検証

2017年4月14日　発行

著　者　橋本　恭之／鈴木　善充／木村　真
　　　　小川　亮／吉田　素教　Ⓒ

発行者　小泉　定裕

発行所　株式会社　清文社
　　　　東京都千代田区内神田1-6-6（MIFビル）
　　　　〒101-0047　電話 03(6273)7946　FAX 03(3518)0299
　　　　大阪市北区天神橋2丁目北2-6（大和南森町ビル）
　　　　〒530-0041　電話 06(6135)4050　FAX 06(6135)4059
　　　　URL http://www.skattsei.co.jp/

印刷：大村印刷㈱

■著作権法により無断複写複製は禁止されています。落丁本・乱丁本はお取り替えします。
■本書の追録情報等は、当社ホームページ（http://www.skattsei.co.jp）をご覧ください。

ISBN978-4-433-63887-0